共に創り出す
公教育へ

―社会知性を身につけた教師として―

嶺井　正也・森田　司郎・福山　文子 編著

山口　晶子・真壁　直人・五十嵐卓司

Public education

八千代出版

執筆者一覧 (掲載順)

森田司郎　　専修大学法学部教授　　　　第1章、第6章、第8章

山口晶子　　専修大学法学部兼任講師　　第2章、第3章

嶺井正也　　専修大学名誉教授　　　　　第4章1・2、特論1

真壁直人　　仙台市立中学校校長　　　　第4章3・4、特論2

福山文子　　専修大学経営学部准教授　　第5章、第7章、第10章

五十嵐卓司　帝京大学教育学部講師　　　第9章

笹谷聰史　　石川県立飯田高等学校校長　コラム1

矢吹聡子　　東京都小学校教諭　　　　　コラム2

尾西奈緒佳　茨城県中学校教諭　　　　　コラム3

岩崎七夏　　東京都中学校教諭　　　　　コラム4

萩原由香理　元・神奈川県中学校教諭　　コラム5

村舘公大　　茨城県高等学校教諭　　　　コラム6

宮坂恵美子　NHK学園高等学校教諭　　　コラム7

牧野光子　　神奈川県職員　　　　　　　コラム8

は し が き

　いま、教育政策の課題として「令和の日本型学校教育」が求められ、それを担う教員の在り方が示されようとしている。こうした時代に教職をめざす皆さんは何を学ぶようになっているのか、何を学ぶべきか。その問いに答えるのが本書である。

　2021（令和3）年1月26日、文部科学大臣の諮問機関である中央教育審議会は「『令和の日本型学校教育』の構築を目指して～全ての子供たちの可能性を引き出す、個別最適な学びと、協働的な学びの実現～」と題する答申を出した。本答申が示す「日本型学校教育」とは「①学習機会と学力の保障、②社会の形成者としての全人的な発達・成長の保障、③安全・安心な居場所・セーフティネットとしての身体的、精神的な健康の保障、という3つの保障を学校教育の本質的な役割として重視」する学校教育のことである。答申は「令和」という時代においては、Society 5.0やIoTなど新たな社会に生きるために必要な資質・能力を育む学校教育が必要だとする。それを可能にするには「個別最適な学び」（指導の個別化＋学習の個性化＝個に応じた指導を学習者の視点から整理した概念）と「協働の学び」（「個別最適な学び」が「孤立した学び」に陥らないよう、探究的な学習や体験活動等を通じ、子ども同士で、あるいは多様な他者と協働しながら行う学び）を学校教育においてともに保障する必要がある。

　鍵を握るのがICT（Information and Communication Technology）活用だ、と答申はいう。この答申作成と平行してGIGAスクール構想の前倒しが行われ、2021（令和3）年度の開始に際して、義務教育諸学校の児童生徒一人ひとりにタブレット端末が配付された。

　したがって、これから学校教育を担う教員にはICT活用能力が不可欠となる。本答申においてもそのことに言及しているが、文部科学大臣は2021年3月12日に中教審に対し、「『令和の日本型学校教育』を担う教師の養成・採用・研修等の在り方について」を諮問している。現在、中教審で審議が進められて

いるが、途中の「審議のまとめ」においては、これまでも求められてきた「学び続ける教師」に向けて、教師にも「個別最適な学び」と「協働の学び」が必要であるとする基本枠組みを示している。

　この諮問に対する答申は、いうまでもなく、大学における教職課程の学修内容に大きな影響を与える。しかし、基本的なところは文部科学省策定の「教職課程コアカリキュラム」(平成29年11月17日) に示されており、そこでは先の答申にしめされたICT活用、特別支援教育の充実などがすでに含まれている。

　本書は「教職課程コアカリキュラム」を基本としつつ、中教審の動向をも加味した構成と内容となっている。第1部は「教育の理念並びに教育に関する歴史及び思想」(第1～3章) であり、第2部は「教職の意義及び教員の役割・職務内容」(第4章)、「教育に関する社会的、制度的又は経営的事項」(第5章)、「教育課程の意義及び編成の方法」(第6章)、「道徳の理論及び指導法」(第7章)、「総合的な学習の時間の指導法」・「特別活動の指導法」(第8章)、「教育の方法及び技術」(第9章)、「生徒指導の理論及び方法」(第10章) となっている。

　本書の姉妹本ともいえる『公平な社会を築く公教育論』(2015年、八千代出版) の「はしがき」で、筆者は教員を目指すものとして教育 (公教育や学校教育を含む) を考えるためには、①原理的視点、②歴史的視点、③比較的視点が必要だとした。「令和の日本型学校教育」を意識した本書においても、この3つの視点に基づく論述がなされている。政策的に提示されている「令和の日本型学校教育」を教育や学校の本来的在り方から問い、歴史的に位置づけ、諸外国との比較や国際的比較をも加味して分析している。

　本書を参考として学校教育や教員の在り方を考えるとき、特に比較的視点を大事にしてほしい。それは「令和」とか「日本型」とかいう言葉によって、例えば「教員の働き方」問題の本質が見えなくなるという懸念があるからである。また、特論1で論じている「インクルーシブ教育システム」(障害者の権利に関する条約第24条) に対する日本の政策的認識はかなり偏っているからである。それゆえ、OECDやユネスコといった国際機関による日本の学校教育分析、諸

外国との比較研究などに学びながらたえず日本の公教育を相対化する必要がある。

　この他、特論 2 本とコラム 8 本が加わっている。特論 2「校長となって見える学校経営」や 8 本のコラムの執筆者はいずれも専修大学で教職課程を履修した卒業生である。小学校、中学校、高等学校、特別支援学校、通信制高等学校で教員として活躍している。1 名だけは福祉職関係者であるが、学校教育や社会福祉の現場で活躍している先輩たちからの、皆さんに対するエールになっている。ぜひ、熟読してほしい。

　さて本書の書名は『共に創り出す公教育へ─社会知性を身につけた教師として─』である。公教育の定義については本書第 5 章を参照してほしいが、筆者は学校教育の公共性を担保するために公権力が何らかの形で関与する教育であるととらえる。公権力の中心は国家であるが、国家は国民や市民によって支えられてはじめて存在する。確かに国家は一方では国民や市民を統治するものであるが、しかし、それは国民や市民の理解や協力なしには続かないし、効力をもたない。

　教育の公共性は、教育がすべての子どもたち（国民・市民）に開かれ、差別なく保障されてはじめて担保されるものである。それは日本国憲法第 26 条が国民の「教育を受ける権利」を、教育基本法第 4 条が教育の機会均等を、そして日本も批准している国際人権 A 規約（社会権規約）第 13 条が「教育についてのすべての者の権利」を規定していることによく示されている。

　こうした学校教育を中核とした公教育は、公権力による直接、間接の関与を受けながらも社会共同事業として、様々な関係者の協働によって営まれる必要がある。「共に創り出す公教育へ」という書名にした理由はここにある。

　副題は「社会知性を身につけた教師として」とした。「社会知性」とは「専門的な知識・技術とそれに基づく思考方法を核としながらも、深い人間理解と倫理観を持ち、地球的視野から独創的な発想により主体的に社会の諸課題の解

決に取り組んでいける能力である」（専修大学 21 世紀ビジョン）。これは教員養成においてもそのまま妥当する。地球的視野を持ちながら、深い人間・子ども理解と職業的倫理観および教科に関する専門的な知識・技能を持つ実践力のある教員になってほしい、との願いを込めて、この副題をつけた。

　理念としての公教育と現実の公教育とが異なっていることは、例えば「教育格差」、「子どもの貧困」、各種の不平等といったまさに社会的に生み出された課題などが多々存在することから容易に察しがつく。社会知性を身につけて教員になった暁には、目の前の子どもたちの背後にあるそれぞれの課題をも考慮し、子どもたちと向き合い、時に他の教職員や保護者、地域の人々と課題を共有し、解決に向け一歩を踏み出してほしい。

　さて、法規には出てこないものの、例えば中央教育審議会答申などの政策文章では用いられるし、また社会的によく使われる用語に「教師」という用語がある。一方、法律用語としては「教員」「教職員」さらには「教育職員」が使われている。しかし、この「はしがき」においても本書全体でもこれらの用語を厳密に使い分けてはいない。その点を了解してもらいたい。

　本書をひもとくと、各部と各章に「写真」が掲載されていることに気づくだろう。いずれも編者 3 人が実際に写したり、借用したものである。部や章の内容とぴたりと一致するものではないが、何かを感じてもらえたらと選んだものである。

　最後に、本書の編集と刊行について適切なアドバイスと多大なるご支援をいただいた八千代出版株式会社の森口恵美子取締役社長および御堂真志氏に、この場を借りて御礼を申し上げることとする。

嶺井　正也

目　　次

第 2 部　学校教育

第1部

教育原論

中学リーダーシッププログラム［アメリカ］

第1章

教育の基本的概念／教育の理念

高校国際交流クラブイベント
［アメリカ］

1　教育とは何か

　教育について学んでいく中で、はじめにつまずいてしまう（少なくとも筆者にとってはそうであった）問いは、「教育とは何か」というものではないだろうか。その難しさの理由の一つは、教育という用語の持つ意味の幅広さであろう。われわれの多くは、これまで多くの教育的な経験を積み重ねてきている。このために、いざ教育について客観的に理解しようとしても、各々の経験に引っ張られてしまう傾向がある。この章では、われわれが教育について議論を進めるうえでの共通認識を得るために、教育の基本的概念や理念を掘り下げていく。すなわち、「教育とは何か」という問いに対して、その語源、歴史、そして形態と機能に注目して検討していく。この作業は少々難しいと感じられるかもしれない。しかし、教育の本来の構造を理解することで、これまでわれわれが無意識のうちに受け入れてしまっている前提について批判的に自覚し、俯瞰的、客観的に教育を眺めることができるようになる。そこに、「教育とは何か」という問いについて考えることのメリットの一つがあるのではないだろうか。

（1）語源から見る教育

　現在の**教育**という言葉が意味するものは、「（学校などにおいて）意図的、計画的に個人の能力を伸ばすこと」として捉えることができる。これは、現在広く流通している辞典においても説明されている。

　例えば、教育とは「教え育てること。望ましい知識・技能・規範などの学習を促進する意図的な働きかけの諸活動」（「教育」『広辞苑　第6版』岩波書店）であったり、「ある人間を望ましい姿に変化させるために、心身両面にわたって、意図的、計画的に働きかけること。知識の啓発、技能の教授、人間性の涵養などを図り、その人のもつ能力を伸ばそうと試みること」（「教育」『デジタル大辞泉』小学館）である。

　さらに、「教育」に相当する英語「education」の現代的な意味を確認すると、それは日本語の「教育」よりもさらに明確に学校教育が前提におかれていることがわかる。それは、例えば、「1a 教育；学校教育；教育課程；教育学、b（品性・能力などの）訓育、養成；ためになる（思いがけない）経験；（動物の）仕込み、2（教育の結果としての）知識、学識、教養、徳性（など）；教育的経験、教訓、よい勉強、3（ハチ・バクテリアなどの）飼育、培養」（「education」『リーダーズ英和辞典　第3版』研究社）である。

　この節の目的は、教育について客観的に理解することである。そのために、「教育」という言葉の語源を整理していきたい。まず、漢語の「教育」について。この言葉の使用例は、今から2000年以上の昔に著された中国の古典『孟子』にあるという。そこでの「教育」の意味は「教え育てること」ではあるが、対象とされるのはあくまでも「天下の英才」など支配階級の子弟などのエリート層であって、一般庶民の「子ども」は含められてはいなかった。

　江戸時代までの日本では、子どもの養育や成長に関わる様々な事柄を語る時には、「教育」という漢語よりも、「おしえる」や「そだてる」などの和語が使われていた。「おしえる」の語源は「愛しむ」であり、愛情をもって接することを意味している。また、「そだてる」の語源は「副立つ」であり、助け導くという意味を持つ。どちらも、幼子を慈しむ感情が込められた日常語である。

ここで補足すると、語源的にみれば、「教える」という行為には子どもに向かう姿勢に関する矛盾が潜在的に含まれている。和語の「おしえる」が愛情をもって接することを意味するのに対して、漢字の「教」には「上から施す」者が「下からならう」者に対して鞭撻する（鞭打って励ます）という意味がある。これまでの教育の世界でも、この矛盾を解消するために、例えば「愛の鞭」や「愛情のある厳しい指導」のような表現が持ち込まれたりしてきた。しかし、子どもの人権尊重の意識が高まっている現在、教育における「愛情」と「鞭撻」の在り方やそれらのバランスについて、われわれは十分に考えなければならない。持続可能な部活動の在り方に関する議論の中で、部活動における厳しい指導の必要性を問い直す動きがあることなどは、非常に興味深い。

　話を「教育」に戻そう。日本で「教育」という言葉が、家庭での子育てや学校での教授活動、そして国の政策を指すものとして広く使われるようになるのは、明治時代になってからである。明治時代以降、「教育」は英語のエデュケーション（education）の翻訳語として使われるようになった。

　英語のエデュケーションの用法は、漢語の「教育」よりもはるかに広く、多岐にわたっている。歴史的にみれば、education の対象は子どもや若者ばかりではなく、動物を飼い慣らしたりすることもその意味に含まれていた。また、education を行う主体も教師や親のような人間ばかりでなく、世間（world）や周囲の状況（circumstance）であったりした。この名残は、現在の education にも「（動物の）仕込み、訓練、調教」や「（ハチ・バクテリアなどの）飼育、培養」という意味があることからも窺える。英語の education およびフランス語の éducation（エドゥカシオン）という言葉の語源については諸説あるが、通説によればその起源は「養い育てる」を意味するラテン語のエドゥカーレ（educare）にあるとされている。educare の対象は人間のみならず、動物をも含めた子を養い育てる営みとして捉えられている（白水浩信「教育・福祉・統治性―能力言説から養生へ」『教育学研究』第 78 巻第 2 号、2011 年）。

　洋の東西を問わず、元来は「養い育てる」（educare）や「愛情をもって助け導く」（「おしえる」と「そだてる」）といった意味での教育を表す言葉が、大人社会

からの子どもの存在の切り離しと学校の成立という社会の変化に伴って、大人世代から子ども世代への意図的・計画的な働きかけを重視する「education」や「教育」という言葉に置き換えられてきたことは興味深い（宮寺晃夫「教育」『日本大百科全書（ニッポニカ）』小学館、2021年8月1日閲覧）。

（2）人類の誕生と教育

　教育とは何かについて考えるうえで、人類が生物学上の「ヒト・homo」として誕生した後にどのようにして社会的な諸能力を獲得した「人・human」になるのかを考察することは大いに参考となる。

　ヒトとチンパンジーの最後の共通の祖先は、今からおよそ600万年前に確認されている。その後、そこから進化して枝分かれした初期ヒト属が地球上（おそらく現在のアフリカ大陸あたり）に誕生した。その存在が確認されているはじめてのヒト属は、およそ250万年前の東アフリカで、先行する猿人から進化したアウストラロピテクス属である。約200万年前、この太古の人類の一部が故郷を離れて北アフリカ、ヨーロッパ、アジアの広い範囲に進出して住み着いた。それぞれの地域で生き延びるためにはその環境に適した異なる特性を必要としたので、それぞれの地に暮らす人類は、異なる方向に進化していった。その結果、いくつかの別個の種が誕生していった。それらの種はそれぞれの環境に適応して進化を続け、大柄なものや小柄なもの、恐ろしい狩人や温和な植物採集者など、その生態は多様化していったが、すべてがヒト属に属した人間であった。その中には、約20万年前に東アフリカで進化してきた、われわれ自身の種である**ホモ・サピエンス**（「賢いヒト」の意）も含まれていた。

　人類の起源と発展に関する壮大な仮説を打ち出したハラリによれば、ホモ・サピエンスは、およそ7万年前から3万年前にかけて、地球上のあらゆる地域に進出して、ネアンデルタール人をはじめとする他種を一掃してしまった。そして、1万3000年前にホモ・フローレシエンシスが絶滅したことで、サピエンスが地球上の唯一の人類種となった。サピエンスは、「認知革命」と呼ばれるような新しい思考と意思疎通の方法を身につけることで、他種との生存競

争に打ち勝ち、生き残った。「認知革命」の原因はいまだ明らかにされていないが、その結果としてサピエンスだけが、柔軟な言語を用いて「全く存在しないもの」についての情報を伝達する能力を獲得したとされる。これによって「虚構」、すなわち架空の事物について集団で語り想像できるようになったサピエンスだけが、伝説や神話、神々、宗教といった物語を創造することが可能になった。この集団での想像力が、大勢で柔軟に協力するという空前の能力をサピエンスに与えたのだった。そして、無数の赤の他人と著しく柔軟な形で協力できる能力を備えたサピエンスが、世界を席巻することとなった（ユヴァル・ノア・ハラリ『サピエンス全史』河出書房新社、2016 年）。

　言語を媒体として「虚構」を集団で信じる能力を獲得したことで、サピエンスは遺伝子や環境の変化を全く必要とせずに、環境に合わせて短期間で自分たちの行動様式を変化させることができるようになった。サピエンスは、こうして獲得した行動様式を、世代を超えて後の世代へと意図的に伝えていくことで、地球上に確固たる地位を築くことができた。このように、「ヒト」は文化を次世代に教育することによって「人」となり得たのである。

(3) 教育の形態と機能

　「教育」という用語は非常に幅広い意味を持っている。このため、教育について議論をする際には、対象とする「教育」が具体的に指し示す内容（形態、機能など）を明確にする必要がある。さもなければ議論はかみ合わずに混乱し、期待する成果を得ることは難しいだろう。ここではまず、「教育」をその形態に注目して、広義のものと狭義のものに区別して整理する。次に、教育の機能に注目して、社会にとっての機能と個人にとっての機能とに分けて整理する。

　「教育」をその形態（狭義か広義か）に注目して捉えると、**フォーマルエデュケーション**（formal education）と**インフォーマルエデュケーション**（informal education）に分けて理解することができる。

　狭義に「教育」の形態を捉えた場合、それは組織的、定型的で意図的な人間形成作用を指す。この代表的なものは学校教育である。つまり、目的や目標を

設定して、その実現のために必要な内容を選び、それを効果的に伝える方法を工夫するような教育の実践である。補足すると、こうした場面で教えられる教育内容は、その場面にとってのふさわしさ、善さ、適切さ、適当さ、好ましさや有効性などの価値判断を常にまとっている。すなわち、ここではあらかじめ価値があると判断された内容が意図的に選択され、教育されることになる。

　この形態の教育はフォーマルエデュケーションとも呼ばれる。フォーマルエデュケーションは、「高度に制度化され、年齢によって構造化され、階層的に構成された、小学校から大学に至るまでの教育」であり、実際には学校教育のことを指す。あえて学校教育をフォーマルエデュケーションと呼ぶ背景には、学校のみを教育の場とする教育観から、教育を学習と同義に捉え、「教育は学齢期に限らず生涯を通じて行われるもの」と考える教育観への転換がある。すなわち、学校教育はあくまでも人間が生涯にわたって経験する教育の一部にすぎないという考え方である。

　このように、フォーマルエデュケーションという語は、人間の教育の場を学校に限定せずに、必ずしも学校に就学せずとも教育を提供できること、就学年齢を過ぎても教育が提供される必要があること、学校と学校以外の場における教育を相互に関連させることを前提としている。すなわち、単なる学校教育の別称ではなく、教育全体を見渡した生涯学習体系の一つの構成要素として学校教育を捉えたという点に、狭義な教育であるフォーマルエデュケーションの意義があるといえる（渋谷英章「フォーマルエデュケーション、インフォーマルエデュケーション、ノンフォーマルエデュケーション」『生涯学習研究e事典』日本生涯教育学会、2006年）。

　これに対して、広義に「教育」の形態を捉えた場合、「教育は人間の身体面・精神面のどちらの面にも影響を与えるすべての作用」として幅広く理解することができる。この作用には、家庭生活や社会活動を通して自然に与えられる影響のように、「作用を及ぼす者、作用を受ける者両者ともに意識していない部分」も含まれる。また、それは「家庭のような小規模の社会から、地域社会、市民社会、国家、民族というような規模の大きな社会まで、（学校以外の）どのよ

うな社会にも事実として付随」して、「社会のなかで現になされている教育のことであり、社会を維持し保存していく根源的な機能」である（宮寺、前掲書）。この形態の教育は「無意図的」であるとともに、あらゆる社会の場面で実際に機能しているため「機能としての教育」と呼ぶことができる。さらにこれは、学校以外の場所で行われる教育であるので「非制度的教育」である。これらの条件から、この広義の教育をインフォーマルエデュケーションと呼ぶこともできる。インフォーマルエデュケーションは、「あらゆる人々が、日常的経験や環境との触れ合いから、知識、技術、態度、識見を獲得し蓄積する、生涯にわたる過程」であり、組織的、体系的ではない「習俗的、無意図的な教育機能」である。具体的には、家庭、職場、仲間集団や遊びの場で自発的に学ぶ、インターネット、動画、テレビやラジオを通して自ら学ぶこと等があげられる。また、これを広く捉えれば、オープンエデュケーションやフリースクール等の、伝統的学校教育に対する改革運動として提唱された子どもの自発的な学びを重視した教育形態のことも指す。インフォーマルエデュケーションは、教育を包括する学習という概念に注目して**インフォーマル学習**とも呼ばれる（丸山英樹「持続可能な開発とノンフォーマル教育のグローバルガバナンス」『国際開発研究』第25巻第1・2号、2016年）。そして、これは、人類が誕生した時から存在する教育および学習の形態である。インフォーマルエデュケーション（学習）は、教育における学校の特権的役割が重視される高度に「学校化」された社会においても、人々の生涯にわたる学習の大部分を占め、その影響力は大きい（渋谷、2006）。

　不登校の児童生徒数の増加や、オンライン授業の普及をはじめとするICT環境の劇的な向上など、社会状況の急激な変化の中で学校教育の意義と役割について改めて問い直される機会も多い。われわれが生活する社会において行われている教育の全体像を捉え、その中で学校が果たすべき役割について再考する際に、広義の教育であるインフォーマルエデュケーション（学習）の視点がもたらす示唆は多い。

　ここまで述べてきた狭義の教育であるフォーマルエデュケーション（学校教育）と広義の教育であるインフォーマルエデュケーション（学習）の中間に位置

するのが**ノンフォーマルエデュケーション** (nonformal education) である。これは、「フォーマルエデュケーション (学校教育) の枠組みの外で、特定の集団に対して一定の様式の学習を用意する、組織化され、体系化された (この点でインフォーマルエデュケーション [学習] と区別される) 教育活動」を指す (渋谷、2006)。つまり、ノンフォーマルエデュケーションは、学校外の意図的、組織的で体系化された教育、すなわち「学校外教育」である。ノンフォーマルエデュケーション (学校外教育) の機能に注目することは、学校教育の限界とともに、学校以外の組織的教育の機会がもたらす可能性と重要性をわれわれに認識させてくれる。

次に、教育をその機能に注目して分類すると、大きく2つに分けられる。1つ目は微視的な視点、すなわち個人に焦点を合わせた場合である。この場合の教育は、潜在的な発達の可能性を持って生まれてくる人間 (子ども) に働きかけて発達させていく営みである。この観点からは「教育とは子どもが発達していくのを援助することである」という定義がしばしばなされる (宮寺、前掲書)。これに対して2つ目は巨視的な視点、すなわち社会の側の観点から捉えた場合である。この場合の教育は、社会の文化や言語や生活様式や決まりなどを新たに社会に加わってくる人々 (子どもたち) に伝えていき、社会の成員にしていく営みである。この観点からは、「教育とは子どもを社会に適応させることである」という定義がなされる。「教育とは**社会化** (ソーシャリゼーション：socialization) である」といわれることもある。

微視的に眺めれば、教育は発達の助成であるが、巨視的に眺めれば、教育は社会化であり社会による統制である。この2つの観点と定義は、ちょうどメダルの表裏の関係にあって切り離すことができない。子どもの発達を助けることは、その子どもを社会の中に適応させるためになされることであり、反対の側からみれば、子どもの社会的適応を促すことが子どもの発達を助成することになる (宮寺、前掲書)。

教育をその形態に即してフォーマル、ノンフォーマル、そしてインフォーマルに分類した。これらそれぞれにおいて、「子どもの発達援助」と「子どもの社会化」の2つの機能がメダルの表裏のように共存している。このように、

形態や機能に注目して教育という営みを整理、分類することで、教育という抽象的な事象をより具体的に捉えて議論の俎上に載せることが可能になる。

2　教育の3領域

　現在の教育は、大まかに分ければ、家庭、学校そして地域社会あるいは社会団体において展開され、それぞれ**家庭教育**、**学校教育**、**社会教育**と呼ばれている。日本では、2006年に改正された教育基本法第13条における「学校、家庭及び地域住民等の相互の連携協力」についての規定の中で、「学校、家庭及び地域住民その他の関係者は、教育におけるそれぞれの役割と責任を自覚するとともに、相互の連携及び協力に努めるものとする」と新たに明記されるようになった。これを受けて、教育における家庭、学校、そして地域社会の役割がどれも重要であることが再認識され、様々な社会的な政策にも反映されている。この背景には、明治維新の近代以降に学校教育制度が整備され普及して以来、教育を担う中心的役割が主に学校に委ねられるような状況が続いてきたことに対する問題提起がある。すなわち、その結果、制度的にも心情的にも学校教育に対する過度な依存状況が生まれ、家庭教育や社会教育の役割やその整備に対する十分な関心が向けられてこなかったということに対する反省である。そこで、学校教育についてはもとより、家庭教育や社会教育についても、その基本原理を理解しておくことは重要である。

(1) 家庭と教育

　実は、「家庭教育」に関する定義はまだ定まっていない。しかし、一般的に家庭教育は、「家族の触れ合いを通して、子供が、基本的な生活習慣や生活能力、人に対する信頼感、豊かな情操、他人に対する思いやり、基本的倫理観、自尊心や自立心、社会的なマナーなどを身につけていく上で重要な役割」を果たすものとして理解されている（文部科学省「家庭教育ってなんだろう？」https://katei.mext.go.jp/contents1/index.html〔2021年8月1日閲覧〕）。

教育基本法 (2006 年) では、新たに家庭教育 (第 10 条) についての条項が設けられた。

> 第 10 条　父母その他の保護者は、子の教育について第一義的責任を有するものであって、生活のために必要な習慣を身に付けさせるとともに、自立心を育成し、心身の調和のとれた発達を図るよう努めるものとする。
> ②　国及び地方公共団体は、家庭教育の自主性を尊重しつつ、保護者に対する学習の機会及び情報の提供その他の家庭教育を支援するために必要な施策を講ずるよう努めなければならない。

　かつて、子どものいる各家庭と地域社会がつながりを保ち共同体社会を形成していた時代には、各家庭でのしつけと地域社会における成人式や祭りなどの**通過儀礼** (イニシエーション) が有機的につながっていた。子どもたちは各家庭におけるしつけを通して、それぞれの社会の習慣、規範、文化や価値観を獲得する。そして、通過儀礼においてそれが公的に承認されていくという人間形成システムである。この時代には、地域社会ごとにユニークな通過儀礼も多くみられた。このように、かつては家庭や地域社会における教育力には一定の信頼や魅力があり、その方法の多様性や独自性は保障されていたといえる。これまでも、家庭教育は「親の責任と判断において」「親の価値観やライフスタイルに基づいて」行われるもの (生涯学習審議会答申「社会の変化に対応した今後の社会教育行政の在り方について」1998 年 9 月) として、その多様性や独自性、プライベートな側面に対する理解もなされてはいた。ところが、近年の日本では、1980 年代頃から地域社会のつながりの薄れとともに「家庭の教育力」の低下が議論されてきた。その結果として、子どもの社会性、モラル、意欲、公徳心、生活習慣等が低下しているという認識が形成された。この問題の対策として、子どもや若者の「社会化」の主体である家庭、親・保護者の責任が注目されるようになり、政策的な議論の中心となってきた。さらには、親や保護者の責任だけを強調するのではなく、それぞれの家庭が置かれている社会的・心理的状況を踏まえた支援や、親や保護者自身の主体的な学びの重要性も指摘されるように

なってきた。こうした中で、教育基本法に家庭教育条項が新設され、家庭教育の重要性に対する社会的な関心も高まってきている。

　一方で、1990年代中頃から「家庭教育」のハウツーを扱う雑誌記事・新聞記事や書籍などのマスメディアやSNS等が顕著に増加してきている。ここでの社会的関心の焦点は、子どもの入試などの「選抜」における成功に置かれている。さらに、その成功のためにはかつての「受験学力」的な知的能力に特化したものだけではなく、意欲や関心、さらには対人能力など、従来であれば「社会化」の領域に属していた内面的・人格的な諸特性、いわゆる「人間力」的なものまで幅広く必要になってきている（本田由紀『「家庭教育」の隘路』勁草書房、2008年）。これに加え、メディア等で脳科学や学習科学の研究成果の一部が強調して紹介され、「早期教育」も流行している。このように、現在では「社会化」に重点を置く政策的な動向と、「選抜」を勝ち抜くための「優秀さ」に重点を置く社会的な関心が相まって「家庭教育」の重要性を押し上げているように見受けられる。一方で、「家庭教育」に対する社会的な関心が高まることは、いくつかの重大な問題を浮かび上がらせもする。ここでは、この中でも特に重要な2つの点について述べる。

　まず、教育基本法に子への教育についての第一義的責任が父母およびその他の保護者にあることが明記されたことによって、家庭の教育責任が過度に追及されてしまう危険性である。次に、いわゆる「良い家庭教育」に対する社会的な関心が高まることによって、暗黙のうちに「あるべき教育」像や「あるべき親」像が各家庭に押しつけられてしまう危険性である。

　かつてに比べ現代の日本では、都市化や核家族化、少子化、雇用形態の変化などによって、地縁的なつながりや親同士や親戚などの人間関係が希薄化している。これによって、親・保護者が身近な人から子育ての知恵や文化を学んだり、親としてともに成長していくような仲間を得る機会が減少している。

　このような状況の中で家庭の教育責任が強く求められてしまうと、親になるための十分な教育機会を得ることができなかった親に対しては、強い精神的負担をかけてしまうことになる。その他にも、様々な状況によって子育てに困難

を感じていたり、悩みなどを相談できる人がいない親にとっても、このような暗黙のプレッシャーは大変強く重く感じられることだろう。その結果、精神的に追い込まれたり、孤立化してしまうような家庭が少なくない。こうしたストレス状況は、時には虐待等の問題として表面化する場合もある。さらに、昨今のコロナ禍において、このような家庭の教育環境の格差問題が一層深刻な状態で顕在化してくるケースも多い。

　こうした問題に対する特効薬を探すことは難しいが、各自治体が中心となって行っている様々な**家庭教育支援**政策の役割は大きい。例えば、地域社会の実態に即して、独自の「家庭教育支援条例」を制定する地方自治体が出てきている。また、各自治体や教育委員会の HP には「家庭教育支援」の特設ページが設けられていることがほとんどである。そこでは、地域に根差した支援活動を行っている「家庭教育支援チーム」と各家庭を結びつける工夫がみられたり、「親力アップ」(千葉県) や「親の学習」プログラム (埼玉県) など独自の教材や情報も掲載されている。筆者も実際に千葉県の HP にある「親力自己診断」に挑戦してみたが、5 問中 3 問正解という何とも褒められない結果であった。しかし、問題の解説などは子育てに関する理解を深めるきっかけにもなり、各家庭と家庭教育支援事業の接点づくりの工夫としては有意義ではないかと感じた。今後は、各自治体が家庭教育支援チームなどの地域団体と連携を密にして、各家庭の多様な実情に適した具体的な支援を提供していくための工夫が期待される。こうした取り組みが草の根レベルで行き渡っていくことで、時には失敗を許容し合いながら、子どもと親・保護者がお互いに補い合いながら育っていくという、相互補完的な家庭教育像が浸透することが望まれる。すなわち、教育よりも共育を展開することである。このためには、母親だけではなく父親およびその他の保護者、大人たちも積極的に家庭教育に関わることのできる仕組みを社会全体で知恵を出し合いながら実現していくことが強く求められる。

　次に、家庭教育における**子どもの権利保障**の問題がある。近年では子どもが伸びる子育て方法、才能を伸ばす早期教育や脳トレ等のトピックが書籍、インターネットやメディア等で盛んに取り上げられている。これに加えて、コロナ

禍における休校や分散登校等の対策によって、子どもたちが家庭内で過ごす時間が著しく増加してきた。このように、現代はかつてないほど家庭教育における「子どもの学習」の（理想的な）あり方がクローズアップされている。熱心な家庭では、子どもの将来のために良いとされる教育内容や教育方法が積極的に取り入れられている。しかし、こうした状況が行き過ぎると、家庭教育における子どもの位置づけがもっぱら「教育を受ける側」「成長させられる存在」として矮小化、固定化されてしまうおそれがある。学習における「客体」としての子どもの存在のみに焦点が当てられると、時には親・保護者の成長を促す存在ともなり得る学習の「主体」としての子どもの側面が見落とされてしまう。かつては各家庭の責任で親の価値観によってなされることが多かった「しつけ」を中心とする家庭教育においては、こうした傾向が強くなる。子どもの主体的な意思が見過ごされたまま、しつけや教育の名のもとで親・保護者の意向のみが押し通される場合が少なくない。

　こうした状況を改善して家庭教育の中心に子どもの存在を据えるためには、いまいちど、すべての子どもを権利主体として尊重することが家庭教育の基本であると明確にする必要がある。このためには、**子どもの権利条約**（1989 年に国連により採択）の基本的精神に立ち返る必要がある。すなわち、一人ひとりの子どもの人権を誕生したその日から認め合い、子どもをしつけや教育の単なる対象としてではなく、家庭における権利主体に据えることである。家庭教育とは、適切な環境の中での有益な相互作用の中で子どもと親・保護者がともに育っていくものだという発想を常識化していく必要がある。

(2) 学校と教育

　ここで、皆さんには、「教育」と聞いてどのような言葉が連想されるか「教育」という用語から思い浮かべてもらいたい。これまで扱ってきた内容は、主に学校以前の教育の歴史や学校以外の家庭教育に関する話であるが、依然として多くの人が「学校」という言葉を連想するのではないだろうか。このように、学校はわれわれの意識の中に、時には想像以上に大きな影響力を持って存在して

いる。これはおそらく、われわれの多くがこれまでに何らかの形で学校と関わり、現在の人格形成に学校から少なからぬ影響を受けているからではないか。ところが、われわれの多くが学校教育を経験しているという事実が、学校について客観的に理解することをかえって難しくしてしまう側面もある。ここでは、それぞれの個人の記憶の中にある学校のイメージを相対化して、個々の学校経験を包括するより広く客観的な学校像をつかむための話を進めていきたい。

1 義務教育とは

日本国憲法第26条には「すべての国民は、法律の定めるところにより、その能力に応じて、ひとしく教育を受ける権利を有する。②すべて国民は、法律の定めるところにより、その保護する子女に普通教育を受けさせる義務を負ふ。義務教育は、これを無償とする」とあるように、教育を受けさせることは「義務」であり、教育を受けることは「権利」であると明記されている。そして、この権利を保障するのが国家の制度としての**義務教育**を行う学校、いわゆる義務教育諸学校であり、現在の小学校、中学校、義務教育学校および特別支援学校の小学部・中学部である。

学校に対して堅苦しく窮屈なイメージを持ち、半ば強制的に通わされたような経験をしてきた人が義務教育と聞くと、学校で教育を受けることを子どもの義務として捉えてしまうようである。しかしこれは誤りで、義務教育の本来の意味を確認することは基本的な重要事項である。

2 近代公教育制度のはじまり

学校の存在を当たり前に感じている人には意外かもしれないが、欧米の国々において現在のような学校教育の形式（**近代公教育制度**）が整備されたのは今からおよそ百数十年前の19世紀後半のことにすぎない。近代公教育制度とは、国家などの一定の社会がその子どもたちを、その社会の存続のために学校を通じて育成する公的な教育制度である。日本においても、1872（明治5）年の「学制」公布によって西欧の制度を取り入れた公教育制度が立ち上げられて、学校教育の基本形がスタートした。これはそれほど昔のことではない。公教育制度には国や文化を超えて共通する三原則があるといわれている。それらはすなわ

ち、①全学齢児を対象とし、大人 (社会) はすべての子どもに教育を受けさせる義務を持つとする「義務制」、②教育機会を平等に保障する「無償制」、③特定の宗教の原理から切り離されなければならないとする「世俗教育／非宗教性」である。19 世紀後半から 20 世紀初頭にかけて世界的な広がりをみせた近代公教育制度には、この 3 つに④内容と形式を標準化し、すべての子どもに基本的に共通なものを教える「標準性・共通性」を加えた、4 つの特徴が共通してみられる。

　このように過去を概観すると、まず制度としての学校教育が国際的に整備されてきたことがわかる。当初の初等義務教育制度は、その内容や教育方法に関してはナショナリズムの高揚と資本主義の展開過程と強く結びついていた。多くの場合、学校で教えられていた教育内容は 3 R's (Reading, Writing, Arithmetic の頭文字で、読・書・算の基礎学力) と労働力として必要な一定の科学的知識・技術に加えて、国家主義的な道徳であった。そこで採用されていた教育方法は、経済性・効率性を優先して、少数の教師が一度に多数の子どもに教えることができる一斉教授であった。そこでは子どもの個性は無視され、教師中心の詰め込み的な教育がメインとならざるを得なかった。こうした公教育のあり方を批判し、一人ひとりの子どもの人格や個性を最大限に尊重し伸ばそうとする運動が、19 世紀末から 20 世紀初頭にかけて世界的な規模で展開されていく。様々な思想や実践が生まれたこの新教育運動に共通する特徴として、子どもの自由・自発性の尊重や興味・経験の重視、自然の中での教育、生活と教育の統合や労作教育 (労働と教育の統合)、個別学習の重視などを挙げることができる。この国際的な新教育運動は、日本の学校教育にも大きな影響を与えることになった。

　このように、近代公教育制度については、まず 19 世紀後半頃からその基本的制度がつくられ、次に 19 世紀末から 20 世紀初頭にかけて子どもを中心とした教育内容・方法が整えられ、現在のような学校教育につながってきたといえる。

　先に述べたように、現代の日本において教育と学校は密接な関係にある。日本に限らず世界各国において、近代公教育制度が整備されてから現在に至るまでの約120〜130年の間、教育は学校を中心として行われてきた。ところが、これからの社会は人工知能 (AI: Artificial Intelligence)、IoT: Internet of Things、ロボットなどの先端技術があらゆる産業や日常生活に取り入れられる Society 5.0 と呼ばれるような時代に向けて大きく変化していくと予想される。さらに、2019年末から全世界で流行してきた新型コロナウイルス感染症 (COVID-19) の影響によって、われわれの日常生活は大きく変わることを余儀なくされている。コロナ禍による全国的な休校措置や、通常通りに登校して学習することが困難な状況を補う方法として、ICT を活用したオンライン授業が大規模かつ急速に普及してきた。これにより、文部科学省が当初は2024年度までにその実現を目指していた **GIGA スクール構想**は、その実現が大幅に早まる見込みである。GIGA スクール構想とは、簡潔にいえば「児童生徒向けの一人一台端末と、高速大容量の通信ネットワークを一体的に整備し、多様な子どもたちを誰一人取り残すことなく、公正に個別最適化された創造性を育む教育を、全国の学校現場で持続的に実現させる構想」である。GIGA とは Global and Innovation Gateway for All の略である。

　このように、オンライン授業に象徴されるような ICT を活用した教育方法が普及することは、われわれに学校の意義についての問い直しを迫っている。コロナ禍によって教室 (現実空間) で子どもたちが一緒に教育を受けることができない場合に、オンライン授業 (仮想空間) の中で教育機会を保障するための画期的な手法として ICT は歓迎されてきた。これまでは対面して行われていた授業等の教育活動が突如オンラインで代替されるようになった当初は、多くの人々が戸惑いや違和感を抱いていただろう。しかし、ひとたびオンライン授業に慣れてくると、対面よりもむしろオンラインを望むようになっている人も多いのではないか。つまり、われわれの多くが、これまで対面で行われてきた教育活動をオンラインで行った場合にも、部分的にせよ、ある程度の教育効果を

得ることができると実感している。

　このことは、コロナ禍が沈静化した後に、学校教育は元通りの姿に戻るのか（またはその必要があるのか）という問いを投げかけている。この問いに対する回答は「ノー」だろう。すでにICTを活用した教育方法は幅広く普及し、何よりもわれわれが身をもってその有効性を経験して恩恵を得ている。コロナ後には、これまでの教室（現実空間）における対面中心の教育から、オンライン（仮想空間）を活用した教育の機会がますます増えていくだろう。教育における不易と流行の話はよく耳にする。今はまさに、現実空間における教育にはどのような意義があり、どの程度残していくべきか、つまり学校教育における不易の部分は何かが問われている。

　コロナ禍以前より、不登校の児童生徒数は高い水準で推移している。また、YouTube等の動画サイトが誰にでも気軽に利用できるようになり、子どもの学習の仕方にも大きな変化が表れている。すなわち、学習において子どもにとって見本や手本となるのは、もはや教師や身近な大人だけではない。子どもは、自分の興味、関心のあることについては熱心にネット検索をして、関連する情報を発信している動画サイトを探し出す。そしてそれらの動画を参考にして、まさに自主的、主体的な学習をしている。ここ数年の間に、動画サイトの活用は、子どもの学習方法の一つとして広まってきている。これはいわゆる勉強だけにとどまらない。子どもたちは、文化祭、合唱祭、体育祭などの学校行事での発表内容を考案する際にも動画サイトを参考にしている。さらに、部活動のトレーニングなどに動画サイトを積極的に取り入れている子どもたちも多い。かつては、安易に不確かな情報を教えてくれるために「YouTube先生」などと揶揄されていたツールが、今や主流となりつつあり、子どもの自主的、主体的な学習を助けている。こうした状況は、これまでの学校教育のあり方に対して、子どもから発せられた問題提起として捉えることができる。われわれは学校の意義、とりわけ学校という現実空間に人々が集まって学ぶことの意義と必要性について、いま一度深く考えなければならない。

　確かに、学習者が特定の知識やスキルを短期間で効率的に学びたいという明

確な目的を持つ場合には、インターネットでの学習が優れていることもあるだろう。筆者もかつては動画サイトで語学を学ぼうとしていたこともあり、特定の学習におけるインターネットの優位性は実感している。しかし、それでは学校は必要ないのか、この問いに対する回答も「ノー」であるといっておきたい。このためには、子どもの成長にとって、学校に通うこと、友人や教師と実際に関わりながら学ぶこと、そしてそもそも他者と対面して学ぶことの意味はどこにあるのか、われわれが真摯に考えた回答を目の前の子どもたちに地道に伝えていかなければならない。

（3）社会と教育

　これまでみてきたように、人は誕生すると乳幼児として家庭で保育および教育を受け、学齢期からは家庭教育に加えて学校教育の対象となる。われわれが教育と聞くと、主にこの家庭教育と学校教育が思い起こされがちだが、実はわれわれは学校を終えた後の教育にこそ莫大な時間を費やしている。ここでの教育は、社会教育と呼ばれる。教育基本法（2006年）第12条では、社会教育について次のように定められている。

> 第12条　個人の要望や社会の要請にこたえ、社会において行われる教育は、国及び地方公共団体によって奨励されなければならない。
> ②　国及び地方公共団体は、図書館、博物館、公民館その他の社会教育施設の設置、学校の施設の利用、学習の機会及び情報の提供その他の適当な方法によって社会教育の振興に努めなければならない。

　この条文では、社会教育とは「個人の要望や社会の要請にこたえ、社会において行われる教育」と理解することができる。この「個人の要望」には、個人の趣味や教養、知的関心の充足などに加えて、職業的な知識や技術の習得、向上なども含まれているものと考えることができる。一方で「社会の要請」については、「社会の存続や発展にとって不可欠な課題」のように幅広い内容が含まれるため、その内容を具体的に示した資料等は少ない。しかし、例えば、中

央教育審議会答申「新しい時代を切り拓く生涯学習の振興方策について」(2008年) の中では「各個人が社会の急激な変化に対応し、人間性豊かな生活を営むために、学習する必要のある課題 (現代的課題)」のように表現されている。一方で、1949 (昭和24) 年に制定された**社会教育法**では、第2条において次のように社会教育が定義されている。

> 第2条　この法律において「社会教育」とは、学校教育法 (昭和22年法律第26号) 又は就学前の子どもに関する教育、保育等の総合的な提供の推進に関する法律 (平成18年法律第77号) に基づき、学校の教育課程として行われる教育活動を除き、主として青少年及び成人に対して行われる組織的な教育活動 (体育及びレクリエーションの活動を含む。) をいう。

　ここでは、社会教育が学校教育や家庭教育以外の場で行われる組織的、意図的な教育であることが示されている。教育基本法と社会教育法の2つの法律における規定から、社会教育とは、学校教育や家庭教育以外の場で「個人の要望」や「社会の要請」にこたえるために行われる教育や学習、文化活動であると捉えることができる。そして、社会教育が行われる施設には、図書館、博物館、美術館、公民館、公園施設などをはじめ、生涯学習センター、青少年教育施設、女性教育施設、企業やNPOなどの民間教育団体、カルチャーセンター、スポーツクラブ、地域住民のサークルなどがある。さらに、近年ではSNS等を活用したインターネットで学ぶ機会も増えてきている。

　日本では1980年代から学校教育、家庭教育、社会教育の教育体系全体を改革、再編する原理として**生涯学習**という考え方が示されるようになった。(1984～1987年にかけての臨時教育審議会による4次にわたる答申) そして、教育基本法 (2006年) 第3条において「生涯学習の理念」が次のように新設されることになった。

> 第3条　国民一人一人が、自己の人格を磨き、豊かな人生を送ることができるよう、その生涯にわたって、あらゆる機会に、あらゆる場所において学習することができ、その成果を適切に生かすことのできる社会の実現が図られな

図 1-1　生涯学習の構造

生涯学習

〈教育〉教育的（教える－学ぶ）関係による学び		
家庭教育	学校教育	社会教育
保護者による教育（しつけや基本的生活習慣）	幼・小・中・高・大・専修学校などにおける組織的・意図的教育	国・地方公共団体や公民館等の公共施設、NPO等の民間団体、市民団体、企業、民間事業者等による組織的・意図的教育

〈自己学習〉　学習者個人による学び

読書、インターネット等での自主学習　スポーツ活動　文化活動　奉仕活動　多様な体験活動　趣味やレクリエーションにおける学習など

出典：筆者作成。

ければならない。

　生涯学習は図 1-1 に示したように、家庭教育、学校教育、社会教育、そして自己学習を、学習者の視点から捉えた包括的な概念である。

　生涯学習の理念のもとでは、すべての国民が誕生から生涯にわたり、いつでもどこにいても学習することができ、その成果が適切に生かされたり評価されたりする社会が目指されている。そして、こうした「生涯学習社会」の実現のためには、家庭教育、学校教育、社会教育が学習者の利益を中心に据えて有機的に連携していくことが欠かせない。

【参考図書】

滝川一廣『学校へ行く意味・休む意味─不登校って何だろう？』日本図書センター、2012 年

丸山英樹・太田美幸編『ノンフォーマル教育の可能性─リアルな生活に根ざす教育へ』新評論、2013 年

八木成和・杉浦健編著『人間教育の基本原理─「ひと」を教え育てることを問う』

ミネルヴァ書房、2020 年

第2章

教育の歴史

庄内藩藩校　致道館

　第2章では、世界や日本において公教育がどのようにつくられ、どのように変わり現在に至っているのかをみていく。これからの教育に何が必要となるのか、特に子どもたちにとって大切な教育とは何かを考えていこう。

1　学校の成立

　「学校」を百科事典で調べると、「一定の教育目的を達成するために、継続的、計画的に教育活動の営まれる組織であり、教育をする者、教育を受ける者、および教育活動に必要な施設設備を中心に構成される」（日本大百科全書〔ニッポニカ〕より）と説明される。このように、社会の中で教育目的を定め、継続的・計画的に教育活動を営むこと、その営みが「学校」という場で組織的に行われるようになったのは比較的最近のことである。歴史的な区分でいくと、近代と呼ばれる時期以降に学校は誕生した。それでは、学校とはどのような必要性のもとに誕生したのだろうか。

(1) 学校の起源

　学校の起源は、古代エジプトや古代メソポタミアにあるとされている。これらの地域では、農耕文化が発生したことで、学校の起源となるものが誕生したとみられている。学校と農耕文化との関係とは一体何だろうか。

　農耕が栄える以前は、狩猟採集の社会であった。狩猟採集の社会では、必要な技術や知識を日々の生活の中で自然と身につけていくことができるため、学校のように組織的な施設は必要とされなかった。しかし、農耕とは計画的に自然へと働きかける行為であることから、高度で複雑な知識や技術を要する。農耕が発達すると、余剰生産物も生まれ交易がはじまる。こうしてやりとりをするにあたっては、文字によって記録をする必要性が出てくる。そこで、文字を学びそれを使いこなす力を身につける場として学校が開設されたと考えられている。読み書きは高度な専門技術でもあったことから、これらは主に特権階級によって身につけられていった。

(2) 古代・中世の学校

　古代ギリシアのポリス（都市国家）であるアテネでは、子どもたちは音楽・文芸・体育を教師のもとに通って学んでいたとされる。青年期になると公共の体育場であるギムナシオンで心身の調和を目指した鍛錬が行われた。これらは、学校という名称ではなくとも、学校に近い形の教育の場であった。

　学校を英語にすると school であるが、school の語源とされるのが、ギリシア語の **schole**（スコーレ）で、閑暇つまりヒマを意味する言葉である。学校の語源をたどると、日常的な生活や労働から解放された余暇の場という意味にたどり着く。余暇の場とは違うかもしれないが、日常生活や労働から離れて一定の場で過ごし学ぶという点は、現在の学校に通じるだろう。

　古代にみられた学校的な特徴は、中世にも受け継がれていく。中世はキリスト教により支配された時代である。寺院や教会・修道院などが学校の役割を果たし、教育内容は修行・修養に重点が置かれていた。公的な学校へ通っていたのは基本的に支配階層の子どもたちである。それは、学校での学びつまり文字

の情報を独占することが、支配のうえでは必要だったからである。民衆の子どもたちは、生活の場や労働の場で一人前の人間として育てられていった。

　また、中世には大学も成立しはじめた。ボローニャ大学（法学）、サレルノ大学（医学）、パリ大学（神学と教養）、オックスフォード大学（神学と教養）などがこの時期に誕生している。

(3) 近代における学校の成立

　われわれの知る学校、すなわち公教育制度としての学校ができたのは、近代と呼ばれる時期に入ってからである。近代とは、市民革命や産業革命の後の時代である。国によってその成立過程は異なるものの、いずれの国でも市民革命後の 18 世紀末頃から約 100 年かけて公教育制度が完成している。公教育制度とは、市民革命を経て誕生し、近代西欧型の民主主義国家において整備・運営されている、すべての国民を対象とした学校教育制度のことであり、**無償制、義務制、宗教的中立の三原則**に基づくものである。

　すべての国民を対象とした学校はなぜ誕生したのか。それは、国家が市民革命などを経て民主主義を目指すようになったからである。民主主義の国家においては、すべての国民が身分によらず平等な権利を持ち、政治に参加し、国家を運営していくことになる。政治に主体的に参加するには、そして選挙によってリーダーを選出するためには、一人ひとりがある程度共通した教育を受けることが前提となる。そのために、無償で義務制の国家が運営する学校教育制度ができあがったのである。国民の教育を受ける権利の保障は、民主主義を実現することにつながるからである。

　学校が誕生した理由はもう一つある。それは、国家を強くするために国民が一体となって産業の発展に向かわなければならないという点である。産業の発展のためには、産業界における優れたリーダーが育成されると同時に、普通の労働者においても一定の知的能力と、規律や命令に従順に従う態度や勤勉性を育てる必要があった。学校は、産業の発展に必要な、勤勉な労働者を育成する仕組みでもあったといえる。

このように、社会の体制が変わっていく歴史の中で、国民一人ひとりが教育を受ける必要性が高まり、近代公教育制度が成立していった。欧米各国が公教育制度を成立させるまでには、およそ100年かかったとされているが、日本では一体どのくらいの期間で公教育制度が成立したのだろうか。

2　江戸時代の教育

明治期の教育の下地をつくったといわれるのが、近世社会の教育、江戸時代における教育である。江戸時代は、身分制社会であった。支配的な武士と、被支配的な百姓・町人が基本的な身分である。江戸時代の教育の特徴は、それぞれの身分に応じる形で学べる場が設けられていた点にある。国として制度化された学校というものはなかったが、教育機関は様々に存在していた。また、そこでは活発に教育活動が行われ、教育への熱が高かった。それではどのような教育機関があったのだろうか。

(1) 昌平坂学問所

江戸幕府直轄の学校で、幕臣の教育が行われた。もとは1630年に林羅山が徳川将軍家の援助を得て上野忍岡に設けた家塾がはじまりである。1690年に将軍綱吉の命令で湯島に移転、1797年にその施設を幕府直轄の学問所とした。幕末には、学問所で学び、江戸幕府が行う試験である学問吟味に合格した幕臣が、対外関係の要職に登用されたという。藩校の教師も輩出されている。

(2) 藩　　校

各藩が設立した学校。藩士やその子弟の就学が義務づけられていた。一部の藩では庶民の出席も許されていたという。諸藩で藩政改革のための人材育成の必要性が高まったことから、藩校の設立が進み、1871年までに255校が建てられた。代表的なものには、会津の日新館、米沢の興譲館、水戸の弘道館、熊本の時習館などがある。明治維新の後、多くの藩校は廃校となるが、旧制中学

校等へと引き継がれたところもある。

(3) 郷学（郷校）

　幕府・藩または民間人が共同で設けた簡易的な学校。藩士の子弟など武士を主な対象とするものと、将軍や藩主が領民を対象として設立した庶民向けのものがある。最初の郷学は 1670 年に岡山藩主池田光政によってつくられた閑谷学校で、領内 120 あまりの寺子屋（手習所）の中心としての役割が期待された。後のものでは、1724 年大阪に有力町人らの出資によってつくられた懐徳堂などが有名である。寺子屋や私塾は個人が設立しているが、郷学は領主や民間の有志者、あるいは両者の協力によるなど公的な性格を持つ。

(4) 私　　　塾

　個人が自宅などを教場として開設した教育機関。江戸時代の私塾は、明治政府が編纂した『日本教育史資料』に挙がっているだけでも約 1500 ヶ所ある。設立者の学識や人格を慕い、全国から身分を問わず塾生が集まった。有名な私塾の出身者の中には、後に活躍した人材も多くいる。例えば、吉田松陰が主宰した私塾である松下村塾（儒学・兵学）は、明治維新から明治新政府において活躍した高杉晋作、伊藤博文、山縣有朋などを輩出している。幕府や藩によって設けられたものではなくとも、重要な教育機関の一つであったことがわかる。

(5) 寺子屋（手習所）

　庶民の子どもを対象に、読み書き算の初歩を教えるために設置された民間の教育施設。幕末までに全国で 5 ～ 6 万以上の寺子屋が開業したとされる。江戸時代の商業の発展に伴い、読み書き算の能力が必要となったことが寺子屋普及の背景にあった。普通 7、8 歳で入学し、13、14 歳ないし 18 歳くらいまで在籍する例が多い。往来物と呼ばれる教材の読み書きを通して、地域の生活に即した様々な知識を習得、あわせて道徳教育も行われた。男女別では男児が圧倒的に多かったものの、都市部の庶民街では女児も多かった。

寺子屋は、庶民が子どもたちに日々の労働や村など共同体の中での生活に必要な能力を身につけさせるために、幕藩の強制も援助も受けずに積極的に通わせた教育機関である。全国的に共通する制度的な規定は存在せず、読み書き算の能力を身につけさせることだけを目的とした、自然発生的な教育機関である点に教育史上大きな意義があるとされている。

　ほかにも、教育機関として開設されたものではないが、職人の世界では職能集団が形成され、徒弟奉公のもとで、技術の伝達や育成が行われていた。職人には職人の世界での教育的な営みがあったといえる。このように、身分制度の中でそれぞれ学ぶ場は異なっていたものの、教育機関は様々あったことがわかる。こうした江戸時代における活発な教育活動が、明治期の公教育制度へとつながっていったのである。

3　明治期の教育

　明治期には、現在の教育につながる「すべての子どもたちを対象とした教育」を行う公教育制度がつくり上げられていった。現在の公教育制度の基礎は、さかのぼると明治期につくられた制度にたどり着くということである。

　制度の詳細をみる前に、まずはこの時期の歴史的背景を確認しよう。1867年に出された王政復古の大号令により、長く続いた徳川幕府は滅び、明治新政府ができた。こうした一連の変革は、今では明治維新と呼ばれている。明治新政府は、欧化政策を掲げ、欧米の制度や知識、技術、文物を積極的に取り入れることで日本の近代化を目指した。江戸時代に鎖国をしていた日本は、ペリー来航などによって他国との遅れを知ることとなった。他国からの遅れは、日本が侵略される可能性があることを意味する。明治新政府は、他国に追いつき、そして侵略されないために近代化を進めていったのである。

（1）明治新政府の教育改革

　近代化のためには、教育改革が重要である。明治新政府の教育改革の特徴は、大きく２つある。一つは国民全体の知識水準を高めること、これがすべての国民が学べる環境を整えることにつながる。そしてもう一つが、外国の知識や技術を取り入れてエリート人材を育てることである。

　国民一人ひとりの知識水準を高めるためには、すべての人が学べる環境を整えることが必要である。そのための法制度として 1872 年 9 月 5 日に**学制**が公布された。これは、日本で出された最初の包括的な教育に関する法令である。主にフランスの教育制度を参考につくられ、教育行政、学校制度、教育内容・方法、教員養成など教育全般にわたる内容が規定されている。

　「学制」が発布される前日には、これからの教育の基本精神を表したものとして**学事奨励に関する被仰出書**が出された。これは「学制」の序文にあたるもので、民衆に向けて学校で学ぶことの必要性や重要性を説くことを目的としている。この中では「国民皆学」が述べられ、身分や性別にかかわらず国民はみな学問に励むこと、すべての人が学ぶことが示された。立身出世の考えや子どもの就学における親の責任も述べられている。

　次に、「学制」ではどのような仕組みがつくられたのかをみていこう。フランスの制度にならって、教育行政は「学区制」をとった。「学区制」とは、地方を大学区（全国を 8 区分）、中学区（各大学区を 32 区分）、小学区（各中学区を 210 区分）に区画し、監督するというものである。当時は学区制に基づき、各学区に大学、中学校、小学校を各 1 校ずつ設立することが構想されていた。例えば、小学区一つにつき 1 校の小学校をつくることが目指されていたのである。さて、当時小学校を全国に何校つくろうとしていたのだろうか。ぜひ、手元で計算してみてほしい。ちなみに、過去に日本でもっとも小学校数が多かったのは、1957（昭和 32）年の 2 万 6988 校である。あわせて、直近の統計では全国に小学校がいくつあるのかを調べてみてほしい。明治期の目標がどのくらい壮大なものであったのかということが感じられるだろう。

　学校は、小学校（下等小学 4 年、上等小学 4 年）、中学校、大学、師範学校が置

かれ、特に小学校教育と師範教育に力を入れた。国民の知識水準を向上させるためには、最初の段階である小学校を充実させていく必要があるからである。それと同時に、教える側である教師のレベルアップも重要となる。

　こうして明治期に入ってから、学制のもとで公教育制度が整備されていくこととなった。しかし、当初の小学校の就学率は30％程度であったという。地域によっては就学の拒否や、小学校の焼打ちをする動きもあった。なぜ、就学率は3割程度と低かったのだろうか。

　その理由は、一言でいうと人々には学校の重要性があまり感じられなかったからである。現在のわれわれの感覚では、学べる環境が整うことを望ましいと感じるであろう。しかし、当時のごく普通の人々にとってはそうではなかった。当時の一般庶民は、基本的に村のような共同体の中で生活していた。人々は、村の中で生まれ、育ち、働く中で、村での生活に必要なことを学び一人前の共同体の一員へと成長していく。こうした暮らしをする人々にとっては、学校で学ぶ知識はあまり重要ではなく、寺子屋のような場所で読み書き算の基本が学べれば十分だったのである。つまり、明治政府は「これからの日本を担う人材の育成」を目指していたが、人々にとっては「一人前の共同体（この村）の一員を育てる」ことが重要なのだから、それぞれのみている方向が違うのである。あくまで村の中で過ごす人々にとっては、村の一員として成長しながら、生活に必要なことが学べれば十分であった。だから、学校で得られる知識にはあまり魅力を感じなかったのである。また、子どもは当時貴重な労働力でもあったことから、就学させることに賛成していない家も多くあった。

　明治新政府は、日本の近代化のために、優秀な人材を集め海外の知識や技術を学ばせるエリート人材の育成にも力を入れた。具体的には、海外の先進的な知識や技術を取り入れるために、国費留学生の派遣や、「お雇い外国人」を雇うなどが行われた。「お雇い外国人」とは、様々な分野の近代化を図るために、国がお金を払って雇った外国人教師のことである。その総数は、明治期を通して3000人にのぼるとされている。ラフカディオ・ハーン（小泉八雲）や、W. S. クラーク、E. S. モースなどが有名である。エリート人材の育成としては、「貢

進生制度」がつくられた。これは、各藩から 16 〜 20 歳までの優秀な人材を数名選抜し（選ばれた人を貢進生という）、大学南校で欧米の新しい学問を学ばせるというものである。こうして、明治期の日本は教育にも力を入れ、国民全体の知識水準を高めるとともに、エリート人材を育成することで、国力を高め他国に負けない国を目指したのである。

（2）公教育制度の成立過程

　次に、学制が発布された後、戦前の公教育制度としての学校の仕組みがどのように整備され、成立していったのかをみていこう。

　先にみたように、学制を出した後も就学率は思わしくなく、また新政府による画一的な政策への批判も地方から出てくるようになった。例えば、小学区につき 1 校の小学校を設置するなどは、地方の実情によって難しいところもある。そこで、1879 年に学制をやめ「教育令（自由教育令）」を公布した。地方分権を取り入れるとともに、学区制の廃止や、小学校の設置原則をある程度緩和するなど、地方の実情を考慮した措置がとれるよう規制を緩めた。しかし、これにより、小学校の設置を取りやめるところが出てくるなど、政府の目指す国民皆学とは逆方向に進むこととなった。また、就学率の向上にもつながらなかったことから、翌 1880 年に「改正教育令」を出し、就学義務の強化、中央集権的な教育政策を進める方向へと転換した。1885 年には内閣制が施行され、初代総理大臣には伊藤博文が就き、初代文部大臣には森有礼（第 3 章、p. 56）が任命された。翌年の 1886 年に森有礼が**学校令（諸学校令）**を出し、これに基づいて戦前の学校制度の基本体系がつくられていったのである。

　歴史的にみて、森有礼が出した「学校令」によってつくられた学校体系をもって、日本の近代公教育制度の基礎がつくられたとされることが多い。それはなぜだろうか。公教育制度の「義務制」に着目して確認していこう。

　「学校令」の一つである「小学校令」では、小学校を尋常小学校、高等小学校の 2 段階とし、それぞれ 4 年とすること、そして尋常小学校の 4 年間を義務教育化することが規定された。具体的には、小学校令第 3 条において、「父

母後見人等ハ其学齢児童ヲシテ普通教育ヲ得セシムルノ義務アルモノトス」と規定され、保護者に子どもを就学させる義務を課すことが明記されている。保護者の「義務」という語が登場したのはこれが最初であることから、これをもって日本における公教育の「義務制」のはじまりであると位置づけられている。「学制」においても、子どもを就学させるのは保護者のやることであるとは示されているのだが、厳格に義務とするような規定ではない。小学校令が出されたことで明確に義務化され、就学率が高まっていくことになる。しかしながら、この時点では授業料の無償（「無償制」）は導入されておらず、授業料は受益者負担の原則がとられていた。

　授業料無償の原則は、1900年の「小学校令改正」によって実現する。さらに、1907年の「小学校令改正」で義務教育は6年となった。こうして、われわれの知っている6年制の小学校ができあがり、日本の公教育制度の基礎が形づくられたのである。

(3) 教育勅語と国家が求める人材の育成

　教育には国家が求める人材を育てるという側面がある。明治期の教育はどのような人材の育成を目的としていたのだろうか。

　戦前の日本における教育の根本理念は、1890（明治23）年に発布された**教育ニ関スル勅語（教育勅語）**にある。これは、明治天皇の勅令つまり天皇からのお言葉として出されたもので、教育を通して形成すべき「臣民」像が示されている。具体的には、天皇・国家にすべてをささげる人間となることが求められているものである。例えば、「一旦緩急アレハ義勇公ニ奉シ以テ天壌無窮ノ皇運ヲ扶翼スヘシ」とは、「ひとたび非常事態のときには大義に勇気をふるって国家につくし、そうして天と地とともに無限につづく皇室の命運を助けるべき」ということである。

　学校教育においても、教育内容に歴代天皇や皇室賛美の記述が多くなり、教育勅語の奉読などを通して、子どもたちは意味を理解できないうちから繰り返し教育勅語の刷り込みを受けた。このように、学校教育を通して国家主義的教

育が強められ、「国（天皇）のために尽くす人々」を育てる「臣民の教化」が行われていたのである。これが、戦前の教育における国家が求める人材の育成という側面である。こうした教育方針は、1903年に制定された**国定教科書**の制度によって全国的に広まった。国定教科書とは、国が各学校で教師・児童生徒の使用する教科書を文部省著作のものに限定し、その使用を強制したものを指す。教師の役割とは、国定教科書の内容をもらさず子どもたちに教え込むことであった。

4　大正新教育から戦時下の教育

　明治期の公教育制度や教育理念は戦前の日本の教育の特徴とされているものだが、大正期には社会における考え方の変化とともに、教育にも少し違った動きがみられていた。その後戦争が激化していく中で、大正期にみられた動きはしぼんでいくことになるが、この時期に登場した教育実践や考え方は、現在のわれわれにも大いに参照できるものである。

　まずは歴史的な背景を確認しておこう。大正時代とは1912～1926年までである。この時期に、政治・社会・文化の様々な方面で民主主義的・自由主義的な風潮が高まったことは、「大正デモクラシー」と呼ばれている。

　世界的な動きとしては、平和への意識の高まりがあった。第一次世界大戦では多くの損害や犠牲があったことから、世界的に平和を求める声が強まったのである。特に子どもたちにも多くの犠牲があったことから、1924年には国際連盟から「子どもの権利に関するジュネーブ宣言」が出されるなど、子どもの権利への意識の高まりもみられていた。教育においては、スウェーデンの女性思想家エレン・ケイ（Ellen Key, 1849-1926）の著書『児童の世紀』（1900）（第3章、p. 52）が世界的な共感を呼び、欧米を中心に児童の自主性や創造性を重視する**新教育運動**が展開されていった。代表的な教育実践には、イギリスのセシル・レディ（Reddie, Cecil, 1858-1932）、フランスのドモラン（Demolins, Joseph Edmond, 1852-1907）、ドイツのリーツ（Lietz, Hermann, 1868-1919）などによる

田園教育舎での教育実践や、アメリカのジョン・デューイ (Dewey, John, 1859–1952) によるシカゴ大学附属実験学校での実践が挙げられる。新教育運動の教育思想は、次章を参照されたい。

　このように、世界的な平和への意識の高まりや新教育運動の広がりとともに、国内でも自由主義的な風潮が高まったことを背景として、日本の教育者たちの中にも新たな教育実践を生み出す動きが出てきた。大正期に実践された児童中心主義的、自由主義的な教育は**大正新教育**と呼ばれている。

(1) 大正新教育の理念

　大正期に、これまでとは異なる新たな実践が求められるようになってきた背景には、明治期の教育に対する批判や問題意識が存在していた。明治期の教育は、画一主義、注入主義、暗記主義的な教師中心の教育方法であった。このような現状に問題意識を持つ教師たちが、独自の教育実践を展開していったことで、大正新教育と呼ばれる動きが広がっていったのである。

　大正新教育が目指したのは、**児童中心主義**の教育であった。児童中心主義とは、教育において子どもを中心に据える考え方で、子どもの個性や興味、生活経験を重視し、自発的活動による学習を目指す立場である。具体的な教授法は、子どもの体験や労働、作業などを教育に取り入れて、創造性や積極性を引き出そうとするものであった。児童中心主義の源流には、ルソー (Rousseau, Jean-Jacques, 1712-78) (第3章、p. 47) にはじまる**子どもの発見**がある。子どもを子どもとして捉え、その自然のありのままを重視する教育を目指したルソーの教育思想が、年月を経て児童中心主義へとつながっていったとされている。

(2) 大正新教育と教育熱

　大正期には、それぞれの教師がそれぞれの立場で大切だと思うことを教育実践の中に取り込んでいった。大きな流れとしては、師範学校附属小学校を中心とする実践と、私立小学校を中心とする実践の2つがある。

　師範学校附属小学校とは、現在でいうところの教育学部附属小学校のような

学校で、一定程度の教育研究が認められている学校である。有名なものとしては、明石女子師範学校附属小学校の及川平治 (1875-1939) (第3章、p. 59) による「分団式動的教育法」や、奈良女子高等師範学校附属小学校の木下竹次 (1872-1946) による「合科学習」、千葉師範学校附属小学校の手塚岸衛 (1880-1936) による「自由教育」が挙げられる。及川平治の明石女子師範学校附属小学校は、年間1万人以上の参観者が訪れ、大正新教育の中心的存在となった。

　私立学校の例としては、澤柳政太郎 (1865-1927) (第3章、p. 58) の成城小学校 (後に成城学園へと発展)、日本最初の女性記者である羽仁もと子 (1873-1957) の自由学園、西村伊作 (1884-1963) の文化学院 (文豪の与謝野晶子が学監を務めた)、赤井米吉 (1887-1974) らの明星小学校、小原國芳 (1887-1977) の玉川学園、野口援太郎 (1868-1941)・野村芳兵衛 (1896-1986) の池袋児童の村小学校などが挙げられる。

　私立の新しい学校がいくつも設立されていることからもわかるように、大正期における教育熱は非常に高いものであった。当時の熱気の高まりを象徴するのが、「八大教育主張講演会」の開催と、そこに集まった人の多さである。「八大教育主張講演会」は、1921年8月1日から8日間にわたって、毎日一人ずつ講演者が登壇し、それぞれの教育実践や教育論を講演するという講演会である。玉川学園のHPには、講演者の一人であった小原國芳の記録が公開されており、当時の様子がよくわかる。講演会の会場は東京高等師範学校の講堂、毎日18時から23時頃まで行われ、講演が2時間半に質問、討議の内容で構成されていたという。会場のキャパシティは2000人であったのに対し、全国から5500人にものぼる参加申込者が殺到するほどの盛り上がりであった (小原國芳『八大教育主張　復刻版―復刻に際して』玉川大学出版部、1976年、玉川大学HP「玉川学園の歴史　八大教育主張」)。

(3) 大正新教育の終わり

　このように、大正新教育は非常に熱気のあるものだったが、その後衰退していくことになる。その背景には、戦争の激化とともに、大正新教育自体にも限

界があったためだと考えられている。

　大正新教育のような実践は、師範学校附属小学校や私立学校では盛んであったが、多くの公立の学校ではこのような取り組みを導入することは難しかったといわれている。この時期の教育実践は非常に興味深いものが多いが、教育設備や教材が整っている必要があった。これらの教育環境を持っている学校は、多くはなかったのである。また、大正新教育のような運動は現場の教師たちによる自主的な取り組みであったため、人々から支持されるにつれて文部省や地方行政当局からも警戒され、弾圧が厳しく行われるようになった。1931年の満州事変の勃発により、学校教育が軍国主義、国家主義的な統制を迎える中で、大正新教育は衰退していったのである。

(4) 戦時下における教育

　対外戦争が常態化していく中で、戦時体制を担う人材の育成が急がれた。この時期に行われたいくつかの改革をみていこう。改革の内容から、この時期の教育改革が何を目指していたのかを考えてみてほしい。

　まず、1935年4月に青年学校令が出された。青年学校は、小学校卒業後の勤労青年に対して社会教育を行うための教育機関である。このような教育機関としては、実業補習学校と青年訓練所があったが、青年学校令によりこの2つが合併し青年学校となった。つまり、それぞれの学校が担っていた実業教育と軍事教練の両方を施すことが青年学校の目的であった。1939年には男子に限り義務化されている。戦後、学校教育法の施行により廃止された。

　1941年3月には**国民学校令**が出された。これにより、小学校と呼ばれていた学校はすべて国民学校と名称変更され、戦時体制に即した教育を行い、国民を教育していくことが目指された。国民学校令には、「皇国ノ道ニ則リテ初等普通教育ヲ施シ国民ノ基礎的錬成ヲ為スヲ以テ目的トス」とある。つまり、国民学校の目的は皇国民の錬成、天皇の治める国の国民を鍛え上げていくことであった。太平洋戦争の激化によって、国民学校での教育は十分に行われることはなかったが、戦時下における教育のあり方がよく表れているものである。戦

後 1947 年に学校教育法が制定され、小学校ができたことから、国民学校は廃止されている。

さらには、兵士の不足から、学生を兵士とする学徒兵を集める動きも出てきた。いわゆる学徒出陣である。これまで、26 歳までの大学生は在学中の徴兵を猶予されていた。しかし、1943 年 9 月に東条英機内閣は、文科系学生についてこの猶予を取り消し、理工、医学、教員養成学校以外の大学、専門学校に通う満 20 歳の学生・生徒の徴兵が決定した。学徒兵は前線に送られ多くの戦死者が出ている。

戦争の悪化により日本の本土が空襲を受けるようになると、都市部を中心に学童疎開が実施された。学童疎開とは、国民学校初等科に在籍する子どもを縁故または集団にて農山村へと移住させた措置をいう。子どもたちは親元を離れ、食糧難や疾病、受け入れ先との軋轢などに苦しみ、悲惨な疎開生活を余儀なくされた。1945 年の春には全国で 40 万人を超える児童が疎開、戦災で親を失い疎開先から戻ると孤児となっていた者も少なくない。1945 年 4 月 1 日には国民学校初等科を除いて学校における授業は 1 年間原則停止となった。

こうして、戦前の教育は戦争の激化とともに事実上崩壊状態となり、日本は敗戦により終戦をむかえることとなる。

5　戦後教育改革

戦後の教育改革は、アメリカを中心とする GHQ の主導で進められていった。戦前の教育と戦後の教育は、教育の目的や内容が大きく異なる。戦前の教育の特徴を整理したうえで、戦後教育改革の内容を確認し、その違いを比較検討できることが望ましい。

まずは、歴史的な背景をみていこう。1945 年 8 月 15 日、日本はポツダム宣言を受諾し無条件降伏をした。日本は敗戦国のため連合国軍の占領下に置かれたが、実質的にはアメリカによる単独占領が行われた。占領軍は東京に総司令部を置き、最高司令官にはアメリカ大統領から任命されたマッカーサーが就

任している。日本は敗戦により、戦前の体制を大きく改革しなければならなくなった。教育の改革もその一環として行われたものである。特に戦前の教育では、国家主義的、軍国主義的な色が強かったが、1945 年 10 月に「日本教育制度ニ対スル管理政策」が出され、これらは徹底的に排除されていった。こうした様子は、「墨塗り教科書」などに顕著にみられる。

　次に、戦後教育改革のスタートをみていこう。1946 年 3 月に GHQ の要請を受けて「第一次米国教育使節団」が来日した。これは、教育の専門家 27 名で構成されているもので、日本側の教育家委員会（官民の教育家 29 名で構成）と協力し日本全国各地をまわりながら、教育の実態を調査し、今後の日本の教育における助言や勧告を行った。出された報告書の中には、6・3・3 制、男女共学、教育の機会均等の実現、教育委員会制度の創設など重要な勧告が盛り込まれている。日本の戦後教育改革は、この報告書をもとに進められていった。

　教育改革の中心となったのは、内閣総理大臣の諮問機関である「教育刷新委員会」である。先ほどの教育家委員会が改組されてつくられた。この教育刷新委員会を中心として、日本の戦後教育改革の骨組みとなる主な法制度が制定されていった。1946 年 11 月に**日本国憲法**が制定された後、1947 年 3 月には**教育基本法**、**学校教育法**が制定、公布されている。これらの法制度によって、日本の教育理念や学校教育の基本的枠組みが示され、戦後の公教育制度の仕組みがつくられていった。これらの法律で何が変わったのかを中心に、公教育制度に関わるそれぞれの法律の規定を確認していこう。

（1）教育を受ける権利

　戦後の教育の特徴の一つは、子どもを一人の人格として認め、尊重する考え方が存在している点である。この部分は特に、戦前の教育のあり方や、子どもたちの位置づけと比較して押さえておきたい。大きいところでは、日本国憲法第 26 条において、子どもの**教育を受ける権利**が規定されていることが挙げられる。日本国憲法の規定により、国民はその能力の発達の必要性に応じた「教育を受ける権利」を持ち、同時に子どもたちに「普通教育を受けさせる義務」

を負うこととなった。子どもたちは普通教育を受ける権利を持ち、その権利の保障は親、そして国や地方公共団体の義務であることが規定されている。

(2) 教育基本法 (旧法)

　次に教育基本法をみてみよう。教育基本法は 2006 年の安倍晋三内閣の時に改正されている。現在の教育基本法と区別するために、戦後に出されたものは旧法と呼ばれている。教育基本法は、11 ヶ条からなる簡潔な法律で、日本国憲法に準ずる教育についての最高法規的性格を持つものである。

　教育基本法には、日本の教育の根本原則を掲げた「前文」が存在する。「個人の尊厳を重んじ、真理と平和を希求する人間の育成を期するとともに、普遍的にしてしかも個性ゆたかな文化の創造をめざす」(前文) ことを教育の目標として掲げ、「平和的な国家及び社会の形成者」としての「人格の完成」(第 1 条) を教育の目的とした。続く第 2 条では教育の方針が示され、第 3 条以降では教育を受ける権利を具体化するために必要とされる諸原則が定められている。

　教育基本法の制定により、戦前の教育目的とどこが変わったのであろうか。それは、「自己の人格を完成させる援助」を目的に据えたことである。戦前の教育の目的は、天皇や国家に尽くす人材、国家の目的に従う人材の育成であった。しかしながら、戦後の教育では「個人の価値」を大切にし、「自主的精神に充ちた心身」の育成が目指されている。一人ひとりの子どもたちを尊重する姿勢がみてとれるものである。

(3) 学校教育法

　教育基本法に基づいて、学校教育法では幼稚園から大学院までの学校教育全般を規定している。**教育の機会均等**の実現を目指し、6・3・3・4制を根幹とした**単線型学校体系**がつくられた。

　戦前の学校体系と比較する形で、もう少し詳しくみていこう。戦前の学校体系は、**分岐型学校体系**と呼ばれるものである。初等教育までは皆が同様に受けることができるが、それに続く学校は複雑に分岐しており、性別や能力、進路

図2-1 戦前と戦後の学校体系

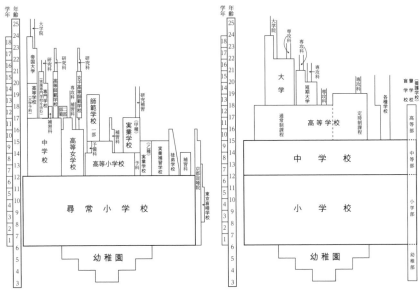

1908（明治41）年の学校体系　　　　　　1949（昭和24）年の学校体系

出典：「学制百年史　資料編」。

の違いによって多岐に分かれているものである。進学した先の違いによって、さらにその先に進める学校も変わり、進学後は進路変更ができない点がデメリットとして存在していることから、実際はエリートコース、非エリートコースに分岐した体系であったともいえる。明治期に公教育制度の基礎がつくられ小学校が6年となった時点の学校体系と、戦後学校教育法による学校体系との比較は図2-1を参照されたい。

戦後は、学校教育法によって義務制・全日制・男女共学制の中学校が新たに設立され、小学校、中学校、高校、大学を基本として、初等教育から高等教育までの「単線型学校体系」が整備された。「教育の機会均等」を目指し、社会的な身分や経済状況などにかかわらず、すべての国民が、同一の系統に属する学校で平等に教育を受けることを保障する仕組みである。なお、小学校、中学

校は義務教育として位置づけられたが、高等学校は義務制とはされず、中学校までの義務教育の延長として準義務制的なものと位置づけられている。

　このように、いまわれわれが知っている学校制度は、主に戦後教育改革の中でつくられてきたものであるといえる。これ以降の教育改革や制度改革の詳細は、他の章へと譲ることとしたい。

　本章では、現在につながる教育が、どのような歴史的過程の中でつくられてきたのかを概観した。これからの教育のあり方を考えるうえで、教育が形づくられてきた過程や目的を確認することは非常に重要である。その延長線上に現在の教育があることを踏まえるとともに、過去の教育実践から多くの学びを得ることで、自らの大切だと思う教育のあり方を考え続けてもらいたい。

【参考図書】
大石学『江戸の教育力―近代日本の知的基盤』東京学芸大学出版会、2007 年
文部科学省「学制百年史」(https://www.mext.go.jp/b_menu/hakusho/html/
　　others/detail/1317552.htm)

教育の思想

幼稚園の様子　［アメリカ］

　教育という営みがつくり上げられていくにおいては、多くの教育思想が欠かせない。第3章では、教育のあり方を考えるうえで大きな影響を与えた代表的な思想家たちを取り上げ、彼らの教育思想をみていく。特に、彼らが教育において「子ども」をどのように位置づけ、子どもに必要な「教育」をどのようなものだと考えていたのかに着目していきたい。過去の思想家の考えを知ることは、教育を考えるうえで大いに助けとなる。思想家たちの生涯や生きた時代と関連づけながら、理解を深めていこう。

1　古代の教育思想家たち

　教育の思想は、古代から存在している。現在にも通じる教育思想は、古代の思想家がすでに考えていたものであるとわかると、教育という営みの深さが感じられる。ここでは、ソクラテスとプラトンの教育思想を概観しよう。

(1) ソクラテス

　ソクラテス (Socrates, 前 470- 前 399) は古代ギリシアの哲学者である。古代都市国家 (ポリス) のアテネ (アテナイ) で、その全盛期から衰退までの時代を生きた。古代ギリシアでは、人々はポリスの市民として生きることが重視されていた。ソクラテスは、人々にポリスの市民としてのあり方を示したことでも有名である。

　ソクラテスの教育思想としては、**無知の知**に基づいた**問答法**が有名である。「正義とは何か」「徳とは何か」「勇気とは何か」など相手に問い続けることで自身の無知を気づかせていくという、いわば教育方法の一つである。ソクラテスも、これらの問いの答えを知っていたわけではない。しかしながら、根源的な問いを発し相手に考えさせることを通して、人々にこれらの問いの答えを誰も知らないこと、そもそもわれわれは正義や徳や勇気が何であるかも知らないのだということを気づかせていったのである。「無知の知」とは、自分が知らないということを知っているという意味である。

　ソクラテスの問答法は、しばしば**産婆術**とも呼ばれる。これは、教師が問い、相手が答えるという対話的やりとりの中で、相手の中に眠っていた答えや探究心を引き出すことができるからである。もっといえば、これらの問いの答えを考え続けていくことは、自らの内にある思い込みや偏見に気づくことでもある。人々の内にある思い込みに気づかせ、自らの答えを導き出すための問いを発していくことが、教師の側には求められるものである。英語の education の語源としてラテン語の educere (エデュケーレ) があるが、この言葉は「引き出す」という意味を持つ。古代ギリシアにおけるソクラテスの問答法は、教育の語源にもある子どもの内なる答えや考えを「引き出す」ことで、成長を促す教育方法であったといえよう。

(2) プラトン

　プラトン (Platon, 前 427- 前 347) は、古代ギリシアの哲学者である。アテネの名門の生まれで、若い頃は政治家を目指していた。しかし、次第に政治を否

定するソクラテスの考えに惹かれ、弟子となる。その後、ソクラテスが処刑されたことで、政治に絶望し哲学に向かうようになったとされる。

　紀元前385年頃、プラトンはアテネの近郊に**アカデメイア**という学園（教育研究機関）をつくり、20年間この学園を経営した。プラトンの弟子であるアリストテレスもここで学んでいた。「アカデメイア」は「アカデミー」の起源であるとされている。

　プラトンの教育思想の特徴には、階級的である点が挙げられる。プラトンの考えた階級は、生産階級、軍人階級、哲人階級の3つである。それぞれの階級を分ける際の基準となるのが、人々が「何を欲するか」であった。一番下の生産階級つまり庶民は快楽を欲する者、軍人階級は気力や名誉を欲する者、哲人階級である哲学者は知性を欲する者であり、それぞれに対して節制、勇気、知恵が求められる道徳として示された。これらの3つの階級がそれぞれの道徳によって欲望をきちんと制御した調和のもとに、理想の国家における「正義」が実現すると考えたのである。そしてプラトンは、子どもたちの生まれ持った資質を見定め、それに基づいて階級に選別し、階級に沿った教育を行う仕組みをつくった。プラトンがこのような考えに至ったのは、師であるソクラテスが、裁判において正しい手続きに従ったのにもかかわらず、誤った判決によって死刑に処されたからであった。アテネは民主主義のポリスであったが、民主主義においても誤った判断がなされることを知ったのである。そこで、誤った判断が生じることのないような国をつくるべく、階級制に基づき真に魂の優れた哲学者が支配者となることが良いと考えたのである。

2　17世紀から19世紀にかけての教育思想家たち

　次に、少し時代は飛んでしまうが、多くの教育思想家が生まれた17～19世紀の時代を取り上げたい。特にそれぞれの思想家が、子どもたちに必要な教育についてどのように考えていたのかに注目してみていこう。

(1) コメニウス

コメニウス (Comenius, Johann Amos, 1592-1670) は、チェコ生まれの教育思想家である。ドイツの大学で神学を学んだ後、彼の学業を支えてくれたボヘミア同胞教団の牧師となる。しかし、その年 (1618年) に起こった三十年戦争によって国外に逃れ、生涯亡命生活を送り、二度と祖国の土を踏むことはできなかった。祖国の解放や世界の平和を教育によって実現することを目指して多くの著作を残し、1670年オランダのアムステルダムで亡くなっている。三十年戦争は、ドイツを舞台として起こった最後で最大の宗教戦争と呼ばれる大きな戦争のことである。彼が祖国の解放や世界平和の実現を教育に求めたのは、戦争による社会の混乱や自身の流浪の経験があったことも背景にあると考えられている。

コメニウスの有名な著書の一つが1657年に出された『**大教授学**』である。1638年にチェコ語で出され、1657年にはラテン語訳が出された。この本の目指すところは、正式な題名である『あらゆる人にあらゆる事柄を教授する普遍的な技法を提示する大教授学』に表れているといえるだろう。あらゆる人にあらゆる事柄を教えるための「方法」「技」をまとめた本なのである。これは、まさに学校を「発明」したともいえる新しいものであった。子どもたちが学校で学ぶ風景として当たり前となっている「教師対複数の生徒」という教授方法は、コメニウスによってつくり上げられたものである。それだけではなく、生徒皆が同じ教科書や教材を使うこと、時間割に基づいて授業が進むことなどもそうである。これらの大前提にある年齢主義による「学年制」、つまり同年齢の子どもたちが一定期間学べば次の学年に自動的に進級できるという仕組みも、『大教授学』において示されている。

もう一つ、本の題名から押さえておきたいのは「あらゆる人に」という部分である。コメニウスは、身分や階級によらずあらゆる人々に教育が行われるべきであると主張している。その背景には、当時の社会において教育を受けられるのは一部の身分・階級に限られていたことがある。当時教育を受けることができるのは、貴族階級だけであった。彼は、あらゆる人々に教育が行われるこ

とを通して、世界平和の実現を目指したのである。

　最後に、コメニウスの著作としてもう一つ 1658 年に出された『**世界図絵**』
を挙げたい。世界で最初の挿し絵の入った教科書と呼ばれているものである。
子どもたちにとって、文字や言葉だけで世界のあらゆる事柄を理解していくの
は非常に難しい。そこで、言葉と実際の物事を結びつけて教えることができる
よう、「言葉」と「事物（絵）」を同時に提示する教科書をつくったのである。
つまり、教育に視覚的教材を取り入れることを主張していたのだといえる。ル
ソーやペスタロッチもこうした視覚教育を受け継いでいるとされる。

　18 世紀になると、ヨーロッパ各国で多数の思想家や学者が様々な分野で登
場するようになる。特に代表的なのが、イギリスとフランスの啓蒙思想家であ
る。その中には、教育思想に影響を与えた人物もいる。次に、啓蒙思想家と呼
ばれるルソーと、そのルソーの影響を受けたペスタロッチ、ペスタロッチの影
響を受けたフレーベルについてそれぞれ順にみていく。まずは、ルソーに強い
影響を与えたとされるロックから確認していきたい。

(2) ロ ッ ク

　ロック (Locke, John, 1632-1704) は、イギリスの啓蒙思想家である。歴史では、
名誉革命期の活躍、その後のアメリカ革命やフランス革命に影響を与えたこと
で知られている。オックスフォード大学で哲学と医学を学び、その後シャフツ
ベリー伯爵の秘書を務めた。ロックの教育論は、この頃の彼の経験が下敷きに
なっているとされる。伯爵の政治的失脚とともに、1683 年オランダへ亡命。
イギリスの名誉革命の後にイギリスへと帰国した。

　ロックの教育思想で有名なものは、「精神白紙説 (タブラ・ラサ)」であろう。
タブラ・ラサとは、ラテン語で「何も刻まれていない石板」「白紙」を意味する。
ロックは、生まれたばかりの人間の精神は白紙状態であり、様々な経験を通し
てあらゆる知識が獲得されると考えていた。このことは、子どもたちには発達
可能性があることを示していると同時に、その子の成長は生まれた後にどのよ

うな経験をするかによって決まるということでもある。

　1693 年に出された『教育に関する考察』は、ロックが友人との間でやりとりした書簡であるとしながらも、教育による人間形成の重要性が語られているもので、後述するルソーの『エミール』にも強い影響を与えたといわれている。有名な言葉に「健全なる精神は健全なる身体に宿る ("A Sound Mind in a Sound Body")」があるが、彼が目指したのは豊かな社会性と有用な知識を備えた知識人たる紳士の育成であり、その紳士に必要不可欠な条件として健全なる身体を重要視していたのである。

(3) ル ソ ー

　ルソー (Rousseau, Jean-Jacques, 1712-78) は、スイスのジュネーブ出身、フランスで活躍した思想家である。『**エミール**』の著者であり、ペスタロッチやフレーベル、カントなど多くの思想家に大きな影響を与えている。一方、当時彼の思想は危険であると見なされ、逃亡をしいられ、パリの郊外で孤独に亡くなった。

　ルソーの生きた時代は、フランス革命が起こる前の時期である。この時期のフランスの政治・社会の仕組みは、旧制度 (アンシャン・レジーム) と呼ばれている。当時のフランスは、階級によって区分される社会であった。聖職者が第一身分、貴族が第二身分、平民が第三身分と区分されていて、第一身分と第二身分は特権身分であった。優雅な暮らしをおくり、税が免除され、多くの土地を持ち、国の重要な役職を独占していた。一方、第三身分の大部分を占める農民は重税に苦しむ生活をしていた。ルソーがこのような現体制への疑問を提示したことが、市民を革命へと駆り立てていったとされている。

　ルソーの思想の基本には人間の「自然」の重視がある。文化や学問、芸術が進歩を遂げる中、人々の暮らしは豊かになっていった。特に貴族階級にみられる暮らしの豊かさは幸福を表すものとされていたが、ルソーは豊かさがかえって人々を堕落させたと考えた。堕落してしまった人間が、もともとの「自然」の状態に戻ることが重要だと考えたのである。

ルソーの「自然」を重視する考えは、教育思想にも表れる。1762 年に出された主著『エミール』は、ルソーが 50 歳の時に刊行され、最初の教育書とも呼ばれている。家庭教師である私が、孤児であるエミールを教育するという物語で全 5 編からなる。

　ルソーの教育思想で重要な点は、彼が**子どもの発見**をしたことにある。「子ども」とは何か？という問いの答えは人により様々であるにせよ、「子ども」と呼ばれ認識される存在がいることは自明であるだろう。しかしながら、かつての時代にはそもそも「子どもはいなかった」とされている。このことは、フランスの歴史家フィリップ・アリエス (Philippe Ariès, 1914-84) の『**〈子供〉の誕生—アンシャン・レジーム期の子供と家族生活**』の中で、服装や遊びなどの状況を考察することで明らかにされているものである。

　『エミール』の中で示されているのは「子どもの成長に即した子育てのあり方」であった。このことは、現在ではすでに共有されているものともいえるが、「子ども」という認識や捉え方がなかった時代においては、「成長に即した子育て」という考えそのものが非常に画期的であったといえる。

　ルソーが主に対象としていたのは、貴族社会での子育てのあり方である。貴族社会では、少しでも早く貴族としてのたしなみを身につけ、社交界に出ていくことが重要視されていた。したがって、子どもには「子ども」という段階に即した教育が施されるのではなく、「貴族（大人）社会のルール」にのっとった成長が求められたのである。当時の絵画などをみると、子どもと思しき身体の小さな人間が、大人と同様の服装をして描かれていることがある。アリエスのいう「小さな大人」である。ルソーはこうした富裕層の子育てのあり方に対し、子どもの「自然」に即した教育、「子どもの自然への働きかけ」が重要であることを主張した。

　　人は子どもというものを知らない。子どもについてまちがった観念をもっているので、議論を進めれば進めるほど迷路にはいりこむ。このうえなく賢明な人々でさえ、大人が知らなければならないことに熱中して、子どもにはなにが学べ

るかを考えない。かれらは子どものうちに大人をもとめ、大人になるまえに子どもがどういうものであるかを考えない（ルソー［1762］、今野一雄訳『エミール』岩波書店、1962年、pp. 22-23）。

万物をつくる者の手をはなれるときすべてはよいものであるが、人間の手にうつるとすべてが悪くなる（同、p. 27）。

　人間とは神がつくった存在であるのだから、生まれた時の元々の自然な状態は良いものである。しかしながら、様々な働きかけがなされる中でその自然がゆがめられ、悪いものになっていくのだとルソーは考えていた。こうした考え方に基づく教育法は**消極教育**と呼ばれている。貴族社会にみられた、子どもの成長の段階を無視し、あれこれと教え込むような教育ではなく、子どものありのままの「自然」の状態、子どもゆえの感じ方や考え方を大切にした、子どもとの関わり方の中にある教育が大切であると主張したのである。現在の「子ども観」にもつながる教育思想の一つである。

（4）ペスタロッチ

　ペスタロッチ（Pestalozzi, Johann Heinrich, 1746-1827）は、スイスの教育思想家である。ルソーの著作に影響を受け、一時は庶民の弁護者になろうと法律家を志すが、農業経営者として生きた人物である。

　1769年チューリッヒ郊外の村に農園ノイホーフを開いたが、農場経営はうまくいかず、1774年に農場の跡地に教育施設をつくった。貧しい農家の子どもや孤児となった子どもたちと寝食をともにしながら、労作教育を行う学校である。これも数年で閉鎖されたが、その時の活動や経験は『**隠者の夕暮**』『**リーンハルトとゲルトルート**』などにまとめられている。当時のスイスは産業革命が進んでいる中にあり、特に農村での苦しい暮らしぶりは深刻なものがあった。ペスタロッチは、子どもたちに農業を教えることで、自ら生きていくことができるよう、彼らの経済的自立を目指したのである。

　1789年に起きたフランス革命の影響で、スイス国内各地でも反乱が起き、多くの戦災孤児が生まれた。1798年ペスタロッチは、政府の依頼でシュタン

ツでの戦災孤児の教育を任されることになる。彼は単身でここに住み込み、施設長として孤児たちと生活をともにしながら教育を行った。この時の教育実践は、1799年に出された『**シュタンツだより**』にまとめられている。その後、1800年にブルクドルフの古城に自らの学校を開き、1801年に『**ゲルトルートはいかにその子を教えるか**』を執筆した。

　その後、学校を移転させながら教育活動を行っていたが、学校内での教師同士の対立などから1825年に学校を閉鎖。1827年に死去している。この間、1808〜1810年にフレーベルが学校に滞在していた。

　ペスタロッチの教育思想の特徴を、先のルソーとの比較からみていこう。一つに、ペスタロッチは「すべての子どもを対象」とした教育を考えていたという点がある。ルソーの教育思想は、富裕層の貴族における教育のあり方への批判と、あるべき教育を示すものであった。一方ペスタロッチは、農村の貧しい暮らしをする子どもや、浮浪児、孤児も含めたすべての子どもを教育の対象とし、子どもたちの教育可能性を主張している。

　もう一つの違いに、ルソーは自身が子どもの教育に関わることはなかったが、ペスタロッチは自分もともに生活をしながら教育を行っていったという点が挙げられる。『シュタンツだより』には次のような記述がある。

　　わたしはほとんどただ一人朝から晩まで彼らのなかにおった。彼らの心身のためになるものはすべてわたしが与えた。窮したときのどんな救済も、どんな援助の申し出も、彼らが受けたどんな教訓も直接わたしが与えた。わたしの手は彼らの手のなかにあったし、わたしの眼は彼らの眼をみつめていた。
　　わたしは彼らとともに泣き、彼らとともに笑った。彼らは世界も忘れ、シュタンツも忘れて、わたしとともにおり、わたしは彼らとともにおった。彼らの食べ物はわたしの食べ物であり、彼らの飲み物はわたしの飲み物だった（ペスタロッチ〔1799〕、長田新訳『隠者の夕暮・シュタンツだより』改版、岩波書店、1993年、pp. 57-58）。

　シュタンツの施設には、年齢も性別も異なる子どもたちが集まり、ともに生

活をしながら学んでいた。そこでは、子ども同士の学び合いが生まれるとともに、ペスタロッチ自身も生活をともにすることで、子どもたちと関わりながら学び続けるという姿勢をもって教育にあたっていたのである。

　彼の教育観の新しさは、貧しい子どもたちに生きる術を教えることで、自立的に生活し、貧困から脱することを目指した点にもある。畑での作物の育て方や織物の織り方など、自立するために必要な能力を身につけさせようとした彼の教育思想は、フレーベルやヘルバルトにも影響を与えている。

(5) フレーベル

　フレーベル (Fröbel, Friedrich, 1782-1852) は、ドイツの教育者、教育思想家であり、幼稚園の創始者として有名である。イエナ大学で学んだ後、ペスタロッチの弟子であるグルーナーの紹介で、彼が校長を務める小学校の教師となった。1805 年フレーベルが 23 歳の時、スイス・イヴェルドンにあるペスタロッチ（当時 59 歳）の学校をたずねている。1808 年に再訪し、その時は1810 年まで滞在した。

　1816 年カイルハウに「一般ドイツ教育所」を開設し、ペスタロッチの考えと自らの理論を組み合わせた教育を実践した。この教育所での実践をもとに書かれたのが、1826 年に出された『**人間の教育**』である。教育所が閉鎖された後、幼児教育に関心を向けたフレーベルは遊具制作にも取り組んだ。1839 年に幼児教育施設の「遊戯および作業教育所」を創設、指導者養成所も併設された。翌年この施設の名称が改められ**キンダーガルテン**となった。しかしながら、フレーベルの幼稚園は当時のプロイセン政府から厳しい弾圧を受けることとなる。1852 年にフレーベルは亡くなるが、死後彼の弟子たちの努力によって幼稚園や幼児教育が世界に普及したとされている。

　フレーベルは、1837 年に**恩物 (Gabe)** と名づけた乳幼児用の玩具をつくった。ガーベとは、神から授けられたものという意味のドイツ語で、球体や立方体などシンプルな形からなる積み木のようなものである。フレーベルは恩物を使った教育活動、造形活動を通して、子どもたちが自己と世界との調和的なつなが

りに気づいていくことを目指したのである。

3　新教育運動の教育思想家たち

　新教育運動とは、19世紀末から20世紀にかけて欧米で広がった教育改革の運動である。新教育運動の目指した教育の特徴は、**児童中心主義**という考え方にあった。これは、子どもの興味・関心や自主性を重視し、個性・創造性を尊重するというものである。こうした考え方が出てきた背景には、第一次世界大戦によって世界中が戦争の悲惨さに直面し、国際平和を実現するための教育が求められるようになったことがある。特に、戦争では子どもにも多くの犠牲があったことから、1924年に国際連盟が「子どもの権利に関するジュネーブ宣言」を出すなど、世界中で平和への意識が高まっていた。

　こうした中で、エレン・ケイの著書『**児童の世紀**』は世界的な共感を呼び、新教育運動に思想的な指針を与えたといわれている。ここでは、エレン・ケイとアメリカでの新教育運動の代表的な思想家として、ジョン・デューイの思想を取り上げていく。

(1) エレン・ケイ

　エレン・ケイ（Ellen Key, 1849-1926）はスウェーデンの女性思想家である。彼女の父は、祖父がルソーを崇拝していたことからエミールと名づけられ、国の役人であった。母親のソフィーも、名門の出身で急進的な思想の持ち主であったとされる。

　彼女は、学校に通った経験をほとんど持っていない。当時の上流階級では、住み込みの家庭教師のもとで教育を受けることが一般的だったからである。3人の家庭教師がつき、当時としてはもっとも行き届いた教育を受けていたとされる。また、家には父親の書庫があった。多くの本を読んだことや、父親に連れられて数多くの外国を訪問し、著名な美術館などに行った経験が、彼女の思想形成につながったとされている。

1880年代はじめに一家は経済的な理由から離散したが、彼女はストックホルムに残り、友人のヴィートロック女学校の教師となって約20年間勤めた。同時に彼女は、多数の著作活動や講演も行っていた。1900年には、ヴィートロック女学校を退職し、新教育運動のバイブルともなった『児童の世紀』を発表した。その後も、女性労働や戦争と平和についての著作をあらわし、1926年に76歳で亡くなっている。

　次に『児童の世紀』がどんな本なのかをみていこう。この本は、長年書きためてきた評論を一つにまとめた作品である。全体は2部に分かれ、それぞれ4章と6章で構成される。各章のタイトルは以下の通りである。

第1部 (4章構成)：
　　第1章「子どもの親を選ぶ権利」、第2章「子どもと母親の保護」、第3章「婦人解放運動と母性保護」、第4章「婦人選挙権と子どもの権利」
第2部 (6章構成)：
　　第1章「教育」、第2章「未来の学校」、第3章「宗教授業」、第4章「学校における精神的殺害」、第5章「家庭の喪失」、第6章「本と教科書」

　どの章も非常に興味を惹かれるタイトルである。例えば第1部第1章「子どもの親を選ぶ権利」では、こうした逆説的な表現を用いることで、子どもが男女の自由恋愛に基づいた愛情あふれる結婚生活の中に生まれる権利があることを主張している。たびたび教育学のテキスト等で紹介される有名な箇所は、第2部第1章にある「教育の最大の秘訣は教育をしないところに隠れている」という部分である。教育をしないとは、何もせずほったらかしにしておくという意味ではない。続きにもあるように、「子どもが他人の権利の境界を越えない限り自由に行動できる世界をつくる」ことを意味し、子どもの自主性や個性を尊重した教育を目指すということである。ルソーの教育思想ともつながるものであり、彼女はルソーの示した消極教育を徹底させたともいわれている（エレン・ケイ［1900］、小野寺信・小野寺百合子訳『児童の世紀』冨山房百科文庫、1979年、p. 142）。

(2) デューイ

　デューイ (Dewey, John, 1859-1952) は、アメリカを代表する哲学者、教育思想家である。1879 年にヴァーモント大学を卒業後、2 校のハイスクールで教師を務めた。しかしながら、内向的な性格が教師には適さず、恩師の指導を受けながら哲学を学び、1882 年にジョンズ・ホプキンス大学院に入学。1884 年にはミシガン大学の講師に就任し、およそ 10 年間をミシガン大学で過ごした。

　1894 年、新設されたシカゴ大学からの招聘を受けて哲学・心理学科の主任教授として着任。彼が申し出を受けた理由の一つが、この学科に教育学の講座が置かれていたことがあるという。その後、コロンビア大学哲学科教授を務め、1952 年に 92 歳の長寿で亡くなっている。日本へも大正期の 1919 年に来日し、東京帝国大学で講演を行っている。当時の講演記録は、『**哲学の改造**』という本で出版されている。来日中は、友人であった新渡戸稲造が学長を務める東京女子大学の宿泊施設に滞在したとされている。

　デューイの代表的な著作の一つとして『**学校と社会**』がある。これは、彼がシカゴ大学の主任教授を務めていた際、シカゴ大学附属実験学校で行った実践を報告した本である。ここでは、『学校と社会』の中からデューイの教育思想を概観していきたい。

　デューイの問題関心は、19 世紀後半の産業革命の進展によって、人々の生活が農業中心から工業中心へと急速に変化することで失われてしまった、生産の場としての家庭の機能を教育の中に取り入れるという点にあった。このことは、シカゴ大学附属実験学校での実践で、**オキュペーション (仕事)**、すなわち生産活動を教育に取り入れていったことからもみえてくる。

　例えば、工業中心の社会へと変化する以前においては、羊毛から糸をつむぐ作業、動物の脂肪から蝋燭をつくることなど、生活に必要なものは生活のすぐ近くで、家庭や近所の寄り合いの中心となった製作所でつくられていた。そして、子どもを含む人々は皆これらの作業を分担し、子どもたちは成長するにつれ、より難しい作業などもできるようになっていった。つまり、子どもたちは

生活に必要なことを、共同体の中で生き、生活する中で学び体得していたのだといえる。「生活のなかにふくまれている訓練ならびに性格形成の諸要因、すなわち、秩序や勤勉の習慣、責任の観念、およそ社会においてなにごとかを為し、なにものかを生産する義務の観念などの訓練の諸要因をみのがすことはできない」(『学校と社会』p. 22) とデューイが述べるように、彼の関心は、生活に密着した経験をする中での子どもたちの成長にあったのだといえる。

次に、デューイが児童中心主義の思想家だとされる有名な一節をみよう。

> 旧教育は、これを要約すれば、重力の中心が子どもたち以外にあるという一言につきる。重力の中心が、教師・教科書、その他どこであろうとよいが、とにかく子ども自身の直接の本能と活動以外のところにある。それでゆくなら、子どもの生活はあまり問題にはならない。子どもの学習については多くのことが語られるかもしれない。しかし、学校はそこで子どもが生活する場所ではない。いまやわれわれの教育に到来しつつある変革は、重力の中心の移動である。それはコペルニクスによって天体の中心が地球から太陽に移されたときと同様の変革であり革命である。このたびは子どもが太陽となり、その周囲を教育の諸々のいとなみが回転する。子どもが中心であり、この中心のまわりに諸々のいとなみが組織される (デューイ [1899]、宮原誠一訳『学校と社会』岩波書店、1957 年、pp. 49-50)。

われわれは、理想の教育について考える際に「何を中心に」考えているだろうか。デューイは、これまでの教育が教師や教材を中心に考えられ、組み立てられてきたことを挙げ、そうではなく子どもたちを中心に据えた教育を考える必要性を主張している。教師を中心に、教師の都合よい教育を考えるのではなく、子どもたちを中心に教育実践をつくり上げていくのである。

デューイが実験学校で行った実践は、生産活動を教育の中に取り入れたものであった。例えば、料理や編み物、裁縫、木工、金工、栽培などの諸活動である。工業中心の社会において失われてしまったこれらの活動を、学校の中で行い経験させることで、子どもたちに問題解決能力や、仲間たちと共同して解決する力を身につけさせようとしたのである。デューイのこうした実践は、現在

の日本の新学習指導要領において求められる**主体的・対話的で深い学び**を実践していくうえで、示唆に富むものであると考えられる。

4　日本の教育思想家たち

最後に、簡単ではあるが、日本の教育思想家を数名取り上げておきたい。第2章における日本の教育の歴史との関連や、本章でみてきた教育思想家たちから受けた影響に着目しながらみていこう。

(1) 広瀬淡窓

広瀬淡窓 (1782-1856) は、江戸時代後期の儒学者。郷里である豊後国日田 (大分県日田市) に私塾の咸宜園を開いたことで有名である。咸宜園は、武士、平民を問わず広く開放された私塾 (第2章、p. 27) で、大村益次郎や高野長英らをはじめ、門下生は延べ4000人を超えるとされる。咸宜園跡は現在国指定史跡となっており、江戸時代後期から明治にかけての教育史上重要な遺跡と位置づけられている。

咸宜園での教育は、「三奪法」により、身分に関係なく入塾後の成績で優劣をつけられるという平等なものであった。また、成績の評価は日常の学習や月例試験の合計点で昇級などを判断する「月旦評」を用いるなど、徹底した実力主義であったとされている。

(2) 森 有礼

森有礼 (1847-89) は、明治期の教育行政官僚で、初代文部大臣として有名な人物である。外交官、啓蒙思想家としても知られているが、教職を学ぶにおいては、森が日本の近代公教育制度の基礎を確立した点を押さえておきたい。大日本帝国憲法が発布された当日の1889年2月11日に、文相官邸の玄関で国粋主義者に刺され、翌日に41歳で死去している。

1885年に内閣制度が創設され、初代内閣総理大臣に伊藤博文が、そして初

代文部大臣に森有礼が就任。当時の閣僚中では最年少の 38 歳であった。教育によって国力を高め日本が列強国と並ぶことを目指し、大臣就任翌年の 1886 年に **学校令 (諸学校令)** を公布 (第 2 章、p. 31)、公教育制度の全面的な整備を目指した。彼の教育改革には、国家主義的な考えが貫かれていることも特質とされている。また同年には小中学校と師範学校に教科書検定制度を導入している。

改革においては、特に国民教育の担い手としての教師の育成に力を入れ、重要性を強調していた。師範学校において「順良・信愛・威重」を重視し、軍隊式訓練法 (兵式体操、寄宿舎など) を取り入れ、師範学校を徹底した規律的空間にしようとしたという。その結果として、「師範タイプ」と呼ばれる国家の権力や権威をまとった画一的な教師像が生み出されたとされている。

(3) 福澤諭吉

福澤諭吉 (1834-1901) は、幕末〜明治中期の教育者、啓蒙思想家であるが、われわれにとっては慶應義塾の創立者、『**学問のすゝめ**』の執筆者としてなじみ深い人物であろう。1834 年に大阪の中津藩で生まれる。1854 年に兄のすすめで蘭学を学ぶために長崎に向かい、翌年には大阪で緒方洪庵の適塾に入門し学んだ経験を持つ。福澤諭吉の活発な言論・著作活動はすべて『福澤諭吉全集』(全 21 巻、岩波書店) に収められている。ここでは、慶應義塾の創設と『学問のすゝめ』における彼の教育思想をみていこう。

福澤諭吉は、1858 年に藩の命により江戸へ向かい、築地鉄砲州の中津藩邸内に蘭学塾を開いた。これが慶應義塾の起源であるとされている。1868 年には塾を芝新銭座に移して、当時の年号から「慶應義塾」と称し、「商工農士の差別なく」洋学を志す者の学習の場とした。「義塾」とは共同結社の意味を表し、英語の「パブリック・スクール」を参考に知識のための学塾という意味を込めたとされている。1871 年に塾は三田へと移転、1890 年には大学部が設置され、日本における最初の私立大学となった。

『学問のすゝめ』は、1872 年に初編が刊行された、明治初期の有名な啓蒙書の一つである。初編の評判が非常に良かったことからシリーズ化され、

1876 年までに 17 篇が刊行された。1884 年までの間に、実売部数 70 万部を達成した大ベストセラーである。冒頭の「天は人の上に人を造らず人の下に人を造らず」が有名であるが、これは万人の平等を主張したものである。同時に、「一身独立して一国独立する事」と述べ、個人の自由独立への精神、実学 (読み書き計算、地理、歴史、物理、経済、倫理など) の習得が、諸外国に対し国家の独立を守ることにつながると言及し、学問の必要性を強調している。この本に込められた思想は、1872 年に公布された学制序文にも影響を与えたとされている。

(4) 元田永孚

　元田永孚 (1818-91) は、幕末・明治前期の儒学者で、明治天皇の側近、「**教育勅語**」の起草者である。熊本藩に生まれ、藩校時習館で学んだ経験を持つ。1871 年に藩の命で上京し宮内省に出仕、明治天皇の侍講 (天皇に学問を教える学者) となる。1879 年には天皇の命を受けて「教学聖旨」を起草した。これは、明治天皇が国民教育の根本方針を示したもので、西洋化されつつあった教育理念を批判し、仁義忠孝の道徳精神により教育の再建を図ることを目指したものであった。その後 1890 年に出された「教育ニ関スル勅語」の起草に際し尽力したとされる。

(5) 澤柳政太郎

　澤柳政太郎 (1865-1927) は、明治・大正期の教育行政家、教育者。明治後半期は主に文部官僚として日本の公教育制度の構築に尽くし、大正中期以降は成城小学校を中心に大正新教育の指導者として活躍した人物である。1898 年に文部省普通学務局長、1906 年に文部次官を務めた。この間に、1900 年の小学校令改正、1907 年の小学校令改正において中心的な役割を果たしたとされる (第 2 章、p. 32)。1903 年から採用された国定教科書制度 (小学校) にも関わっている。1917 年に成城小学校を創設した。

　彼は、成城小学校を拠点に、様々な観点から教育実践の改良に取り組んだとされ、教育思想の特色として科学性や実証性が挙げられている。教師の実践や

子どもの学びを科学的に研究・分析し、子どもの能力や発達段階を明らかにしたり、教育実践の改良を目指したのだとされる。『児童語彙の研究』(澤柳ほか、1919) では、子どもの語彙力の実証研究を行い、子どもが大人の想像よりも多くの言葉を学んでいることを明らかにした。こうした実証的な試みは大正期に各地で広まり、新教育運動を支えたとされている。

(6) 及川平治

　及川平治 (1875-1939) は、大正新教育の実践者で教育者。1897 年に宮城県尋常師範学校卒業後、宮城県と東京府で小学校教員を務める。1907 年に兵庫県明石女子師範学校附属小学校教諭兼附属小学校主事となり、1912 年に主著『**分団式動的教育法**』を刊行。1921 年に行われた「八大教育主張講演会」でも講演者として「動的教育論」を講じた。

　及川の教育実践は、明治期以降の画一的、詰め込みの教授法を批判し、児童中心主義に基づいた教育のあり方を実践的に示したものであった。「分団式教育」とは、教師が個々の児童の習熟度や興味関心の差異などに応じて、臨機応変に一時的な分団 (小集団) をつくり、それぞれの状態に合わせて指導を行うという方法である。また、彼の教育実践の特徴には、児童の生活に即した題材を授業の中に取り入れていること、さらには児童一人ひとりが自発的に学習する動的教育を目指している点が挙げられている。目の前の子どもたち一人ひとりに応じた教育をどのように実現するかを考え、生活に即した題材を取り入れることで、子どもが自らの人生を生きていくにあたり必要とされる力を身につけさせることを目指していたとされる。

(7) 倉橋惣三

　倉橋惣三 (1882-1955) は、大正初期から第二次世界大戦後にかけて活躍した幼児教育理論家であり、日本の「幼児教育の父」とも呼ばれる。静岡県生まれ。東京大学哲学科で児童心理学を専攻し、1906 年に卒業。1917 年に東京女子高等師範学校教授に着任、同附属幼稚園の主事を兼任した。戦後は、教育刷新

委員会の委員などを務めている。

　倉橋は、幼稚園の創始者として有名なフレーベル（本章、p. 51）の教育思想の影響を受け、子どもの自発性に基づく実践を提唱した。代表的著作である『育ての心』（1936年刊行）は、幼児教育・保育のみならず、家庭教育についても書いている点に特色があるとされ、本書の対象には保育者と親が含まれている。「育ての心」とは、自ら育つものを育たせようとする心であり、子どもだけでなく親や教育者をも育てる心であると倉橋は記している。子どもを育てて自らも育つ親や教育者の「育ての心」のありようを、倉橋は子どもと関わる身近な生活場面の中に見出しているとされる。

　かつての思想家たちが考えた教育は、われわれがより良き教育を目指すうえで大いに参照できるものである。『エミール』の訳者である今野一雄は、冒頭の解説において、ひまがあったらどこかのページをのぞいてみてほしい、どこかにあなたの参考になるようなことが書いてあるかもしれないと述べている。教育思想家の著作にも目を通し、自分の気に入った部分をみつけてほしい。

【参考図書】
アリエス・フィリップ著、杉山光信・杉山恵美子訳『〈子供〉の誕生―アンシャン・レジーム期の子供と家族生活』みすず書房、1980年
教育思想史学会編『教育思想事典　増補改訂版』勁草書房、2017年

コラム1　あなたの番です!!

　私は現在、地元石川県能登地方にある高校の校長として勤務している。部活動（卓球部）の顧問になりたくて教職を志し希望が叶ったが、教科やクラス運営、部活動指導の中で、目の前の生徒たちの自己肯定感の喚起と進路（自己）実現に向けての指導に邁進してきた結果、重責の現職に至った。大学時代、嶺井先生と教育・教師論を熱く語り合った日々がつい昨日のようである。生意気な若輩であったことは間違いないが、教育への確固たる信念は持ち合わせていたと思う。

　今後、君たちが教壇に立つ時代がどうなっているだろうか。私は現在コロナ禍、経験したことのない激動の中、毎日の状況を判断し、職員とともに教育活動を執り行っている。その中で、ぶれてはならない基準は、生徒たちにとって何が大切なのかという点にある。今の評価にとどまらず、中・長期的に「何が求められ、何が必要になるか」への考えを思い巡らすことに他ならない。

　価値観の変化は必然であるが、教師に求められる資質は、「人が好きであること」「真剣に向き合う心があること」であり、今までもこれからも変わらない。学校には、向上心溢れる生徒はもちろんだが、周りに対して斜に構える者、無気力で他者と関わろうとしない若者もいる。近年は以前に比べ、心のサポートなど様々な支援が必要な生徒が多くなった。そんな彼らも、「心の目」を駆使して、教師の一挙手一投足、自分にどう関わってくれるか（教師の心＝素の人間性）まで確実にみて、感じている。教科の専門性にとどまらず、人間的魅力溢れる大人かを見極めている。また、保護者も同様であることはいうまでもないが、学校を取り巻く地域も冷静に教師を評価している。

　さて、気が重くなる内容を先に記したが、それでも「教師」はやりがいのある仕事であることは間違いない。多感な青年期の若者と、ともに悩み、ともに笑い、ともに涙し、青春を駆け抜けていく時間に寄り添えることは何にも代えがたい充実感や達成感がある。経験上、教師は生徒とともに過ごす時間の中でしか成長できないと確信している。年齢差はあるが、人と人の高め合いを、学校という空間で日々互いが関わり、精進しているとでもいえるだろうか。だからこそ、一般的ではあるが「人間力」を高めることが学生時代に不可欠である。

　ゼミの先生や身近な仲間（体育会、サークル、学祭実行委員会等）はもちろん、他大学や全く異業種、異年齢の方との交流・接点、アルバイト経験等、幅広いネットワークを持つ大人が、教育現場では未知の課題解決の糸口を探る際、力を発揮している。現在、大学もオンライン講義が多いと聞いているが、「教育は人と人」、やはり対面でこそ通じ合える。アイコンタクトを中心に、五感すべてを駆使して他者と信頼関係が築けるか。

　教師は次世代を担う若者を育成する素晴らしい仕事。

　「次はあなたの番です!!」「待っています！」

笹谷聰史（石川県立飯田高等学校校長）

第2部

学 校 教 育

中学校美術室［イタリア］

第4章

教　職　入　門

大学生による中学校での授業体験

1　公教育制度における教職の意義

(1) 学校教育と教職

　教員は、本書の第5章に定義や原理・理念を示した公教育制度の中核である学校教育を中心的に担う職員である。

　教育基本法第6条は「法律に定める学校は、公の性質を有するもの」としているが、具体的には国公私立学校であり、学校教育法第1条に規定されている**1条校**と、就学前の子どもに関する教育、保育等の総合的な提供の推進に関する法律第9条に規定される「幼保連携型認定こども園」とで構成される。

　これらの学校で教育活動に専門家として従事するのが教員である。つまり、教員という職業は国民の**教育を受ける権利**（日本国憲法）や**教育への権利**（各種の国際条約）を保障し、人格ある個人や国家・社会の形成者（国民・市民）を育成するという重要な役割を担っているのである。

　いうまでもなく、教員は直接に学校の教育活動を担う人々の総称であって、

後述するように具体的には様々な職階が存在する。

　ただ、学校教育活動に従事しているのは教員（教育系職員）だけではない。従来から存在する事務職員、学校用務員、学校栄養職員、給食調理員、学校医・歯科医に加え、近年学校教育法施行規則で規定されたスクールカウンセラー（SC）、スクールソーシャルワーカー（SSW）、部活動指導員などがいる。さらには理科支援員、特別支援教育支援員、ICT 支援員など多数の人々が関わっている。これらの職種を合わせ**教職員**という場合がある。

　教員には免許を必要とするものとそうでないものとに大きく 2 つに分かれる。免許を必要としないのは大学および高等専門学校の教員であり、その他は原則として免許が不可欠となる。また幼保連携型認定こども園で働く保育教諭の場合には幼稚園教諭免許と保育士資格を必要とする。ただ、校種によっては免許がなくても教員として働ける場合もあり、教員資格認定試験制度がある。

　なお教員免許の種類や要件を定めている法律は**教育職員免許法**であるが、そこでは教員ではなく「教育職員」という用語が使われている。それは法律制定当時（1949 年）においては校長、指導主事、教育長にも免許状が必要とされており、それらを含めた総称としてこの用語が用いられたからである。またこれ以外の法律においても教育職員という用語が使われているが、その対象は法律によって異なっている（例　給特法）。

（2）教職の社会的意義

　「学校」という社会的組織は古くから存在した。日本では律令制時代の大学や国学、中世時代の足利学校や金沢文庫、さらに近世になると寺子屋、私塾・学問所、藩校、郷学などである。

　そこでは教える者と学ぶ者がもちろん存在したが、しかし、教える者ははじめから教えることを仕事としたわけではなかった。ある学問なり知識を深く修めた者が先生役となり、後輩を教えてきた。その典型ともいうべき者が中世の寺院の僧侶であり、また、フランシスコ・ザビエルが「坂東の大学」として紹介した足利学校であった。ヨーロッパでは教会が設置した附属学校で牧師や司

祭がキリスト教の経典を教えた。こうした背景から「教師」が「聖職者」とされることもあった。

　江戸時代の寺子屋や手習所、私塾や学問所で教えていたのは読み書きのできた人々（武士、僧侶など）や儒学、蘭学などを修めた者たちだった。いずれも教えることを専門にする職業従事者ではなかった。

　専門家として学校教育を担う教育という職業が成立してくるのは近代国家が成立し、近代公教育制度、その中核としての義務教育制度ができてからである。多くの子どもや若者を近代国家の国民として、さらに産業社会の労働者として組織的、系統的に育てるには教えることを専門にする職業が不可欠だからだ。こうして近代社会の社会的分業として教職が成立し、教員養成の機関も登場する。日本においては明治期に設置された**師範学校**がその嚆矢となった。現在は大学における教員養成課程を履修し、免許を取得することが原則となっている。

2　教員の役割と資質能力

(1) 教員の使命と役割

　「法律に定める学校の教員は、自己の崇高な使命を深く自覚し、絶えず研究と修養に励み、その職責の遂行に努めなければならない。」

　こう定めるのは教育基本法第9条第1項である。この規定について教育基本法改正を審議した中央教育審議会（以下、中教審）でただ一人改正反対を貫いた市川（臨時委員）は「教員について定めた第九条は、旧法第六条の第二項を引き継いだものである。旧法の規定にも聖職者的な臭みがあったが、新法ではそれがいっそう強まり、『自己の使命を自覚し』という文言に『崇高』と『深く』が挿入され、…（中略）…『絶えず研究と修養に励み』が追加された」と指摘する（市川昭午『教育基本法改正論争史』教育開発研究所、2009年）。

　ここに指摘されているように、1947年制定の旧教育基本法では私立学校教員も含め「学校の教員は、全体の奉仕者であって」という文言があったのだが、現行法では削除された。これは旧法第10条にあった「教育は…（中略）…国

民全体に対し直接に責任を負って行われるべきものである」が削除されたことに対応したものであった。つまり、旧法では「教員の使命」は「国民全体に対する奉仕」が含まれていたのだが、それが現行法ではなくなったのである。

そもそも**教員の崇高な使命**とは何かについて、教育基本法はもとより他の法律においても規定されていない。国語辞典的には使命とは「責任をもって果たさなければならない任務」であろうが、現行法全体に即して解釈するならば、教育基本法第1条（教育の目的）、第2条（教育の目標）、第4条（教育の機会均等）を理解し、第6条に定める学校教育を責任を持って遂行することであろう。

ただ「崇高な」という形容詞が入ってきたことを考慮するならば「人格のふれあいを通じて生徒の人生に大きな影響を及ぼすという教育の本質に由来する任務」という意味合いも加味されているようだ (https://www.daiichihoki.co.jp/store/upload/pdf/023531_pub.pdf)。

これに加え、教員の使命には**子どもの権利条約**や**障害者権利条約**に規定される教育への権利を保障するという国際的に確認された非常に重要な役割遂行が含まれることを強調しておく。

教員の具体的な役割は教員が働く場である学校の役割の変化とともに変化する。

図4-1は文部科学省（以下、文科省）が示したものである。同じく学習指導といっても、以前とは違い今日では特別支援を必要とする子ども、外国につながりのある子どもが通常学級に存在することを念頭に置く必要がある。学習方法においても ICT 活用が不可欠となっている。生徒指導においては SNS によるいじめなど対応の難しい状況がみられる。日本においては絶えず備えておかなければならない自然災害に加え、新型コロナウイルス感染症への対応など新たな課題もある。

第4節で詳述されているように、もはや個々の教員の役割と資質能力の向上だけで対応できるものではなくなっている。教員以外の様々な職員も含めた**チーム学校**が不可欠となっている。

最後に押さえておくべきこと、それは教員というのは特に子どもにとっては

図4-1　学校や教員の役割の変化

◎学校や教員の仕事は拡大し、多様化している

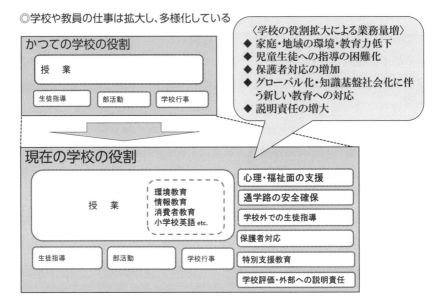

出典：内閣府HP（https://www5.cao.go.jp/keizai-shimon/kaigi/special/reform/wg2/271002/
shiryou1-3.pdf）。

制度上権力者的立場にあるということである。その端的な例は教員には子ども
の進路を左右する学習や生活を評価する権限があり、懲戒を加えることができ
ることである。一方、子どもにはその権限も力もないのである。「子どもの成
長を促す」「人格形成を支援する」とその使命が麗しく語られる教員は、社会
的秩序維持や選別という役割も担っていることを絶えず抑制的に自覚する必要
がある。そうでないと「指導死」などという、あってはならない事態を招いて
しまうからである。

(2) 身分と待遇

　教員の身分は大きく2つに分かれる。一つは「公務員」であり、大学や高
等専門学校を除く公立の1条校や幼保連携型認定こども園で働く教員が該当
する。もう一つは独立行政法人が設置する国公立の大学や高等専門学校と学校

法人が設置する私立学校で働く「非公務員」である。

　公立学校で働く公務員教員はまた「一般職」教員と「特別職」教員に分かれる。前者は正式採用された教員と臨時的任用教員（自治体によっては常勤講師）が、後者には非常勤講師が該当する。いずれの教員にも基本的に地方公務員法が適用されるが、同時に**教育公務員特例法**（教特法）も適用される教育公務員である。

　ところで都道府県の採用試験を受けて市（指定都市を除く）町村立義務教育諸学校の教員になった場合、所属先は市町村になるが給与は都道府県が負担する。これを「**県費負担教職員**」というが、**義務教育費国庫負担法**により３分の１は国が負担している（指定都市も同じ）。

　地方公務員法第30条は「すべて職員は、**全体の奉仕者**として**公共の利益**のために勤務し、且つ、職務の遂行に当つては、全力を挙げてこれに専念しなければならない」と、地方公務員は全体の奉仕者であることを規定している。もとより、これは憲法第15条第2項の「すべて公務員は、全体の奉仕者であつて、一部の奉仕者ではない」を踏まえたものである。

　身分に関しては、不安定雇用である「非正規教員」（教員以外の職員も）が増えているという大きな問題がある。不安定な地位である非正規教員の存在、つまり臨時的任用教員や非常勤講師の増加は子どもの教育を受ける権利保障に影響を及ぼす。

　前述したように公立学校で働く教員には教特法が適用される。同法は「教育を通じて国民全体に奉仕する教育公務員の職務とその責任の特殊性に基づき、教育公務員の任免、人事評価、給与、分限、懲戒、服務及び研修等について規定する」（1条）ものである。同法による教員処遇も含め、教育公務員である栄養教諭と一般職公務員である栄養職員との違いを表4-1として示しておく。

　このほか、教職に関わる特別の問題がある。教員免許を必要とする1条校に勤めていても、免許がなくなれば教員としての職を失うことになる。公立学校の場合には教育公務員ではなくなるのである。

　後述するように教員免許がなくなるのは教員が不祥事を起こした場合だけでなく、近年は2009年度から導入された**教員免許更新制度**に関わるものがあっ

表 4-1

	栄養教諭	栄養職員
身分	教育公務員	一般職公務員
採用方法	選考	競争試験
条件付任用	1年間	半年
結核による休職期間	最大3年間	勤務年数により違う
初任者研修	○	×（初任者関係研修はあり）
食育指導	担任がいなくても○	担任がいないと×
給料表	教育職	行政職
時間外勤務手当	×（代わりに教職調整額）	○
政治的活動	国家公務員法適用	地方公務員法適用

出典：筆者作成。

た。つまり、10 年に一度の教員免許更新講習をうっかりして受けずに教員免許の有効期間が切れてしまい、教員として勤められなくなったという事態がみられたのである。さいわいに、この制度は 2023 年度から廃止されることになった。

　教育基本法は崇高な使命のある教員の適正な待遇を求めている。しかし、今日の教職不人気の原因となっている**長時間労働**に象徴されるように、残念ながら適正な待遇には程遠い現状にある。

　石川達三の小説『人間の壁』でも描かれていた「教員は貧しい」という状況を変えるため、「学校教育の水準の維持向上のための義務教育諸学校の教育職員の人材確保に関する特別措置法」（人確法）が制定されたのは 1974 年のことであった。その第 3 条は「義務教育諸学校の教育職員の給与については、一般の公務員の給与水準に比較して必要な優遇措置が講じられなければならない」とする優遇措置を規定した。そのため、三次にわたる計画的改善により合計 25％引上げの予算措置（昭和 48 ～ 53 年度）がとられてきた。しかし、その優遇措置は低くなってきている。少し古くなるが、2003 年ベースによると、平均給与（給料＋諸手当）で比較すると 2％優位になっているが、年齢別では 40 歳以上の教員の給与は一般行政職より低い、というデータを文科省が示している。

しかも教員の長時間労働に対し「超過勤務手当」が支給されないことに関し、その不当性を判断する判決が出るようになったことを受けて、1971 年に**公立の義務教育諸学校等の教育職員の給与等に関する特別措置法**（給特法）が制定され、本給の 4％に相当する**教職調整額**が支給されるようになっている。しかし、それは時間外勤務ではない。

給特法は教員の働き方改革を目的として**変形労働時間制**の導入を盛り込んで 2019 年 12 月に改正されたものの、この仕組み自体は変わらずに今に至っている。

一方、私立学校の場合には労働基準法が適用され、所定労働時間を超えた場合には残業代が支払われるようになっている。しかし、かなりの私立学校では公立学校教員の教職調整額に相当する固定額（一種の「みなし残業代」）を払っているようだ。

待遇改善には社会の声や政治的対応が必要であるが、同時に、日本教職員組合（日教組）など教職員団体などの取り組みも欠かせない。

（3）今日の教員に求められる役割と資質能力

今日という状況下であっても、公教育としての学校教育を担う個々の教員には、いつの時代にも変わらない資質能力（不易）と、時代に応じて変わる資質能力（流行）が求められている。

前者としては、使命感や責任感、教育的愛情、教科や教職に関する専門的知識、実践的指導力、総合的人間力、コミュニケーション能力等である。

後者の資質能力については、現在、中教審で再度検討されているが、おおむね 2021（令和 3）年 1 月 26 日の中教審答申にも示されている。それは「AI やロボティクス、ビッグデータ、IoT といった技術が発展した **Society 5.0 時代**の到来による情報活用能力等が挙げられ、特に、学習履歴（スタディ・ログ）の利活用など、教師の**データリテラシー**の向上が一層必要となってくる」ことが強調されている。

これらは都道府県・指定都市教育委員会が求める教員像に反映されている。

図4-2　北海道における「求める教員像」

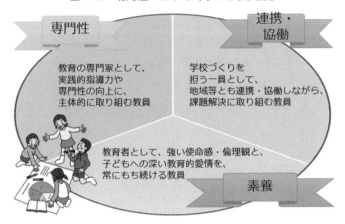

専門性

教育の専門家として、
実践的指導力や
専門性の向上に、
主体的に取り組む教員

連携・
協働

学校づくりを
担う一員として、
地域等とも連携・協働しながら、
課題解決に取り組む教員

教育者として、強い使命感・倫理観と、
子どもへの深い教育的愛情を、
常にもち続ける教員

素養

出典：北海道教育委員会 HP（https://www.dokyoi.pref.hokkaido.lg.jp/hk/kks/motomerukyouinzou.html）。

　その端的な例として北海道が求める教員像を示しておく（図4-2）。なお川崎市以外はほぼ同じような内容になっている。

　ところで、最近の教員採用の面接試験で聞かれることの多いのが**教員の不祥事**に関するものである。教員の欠格事項については学校教育法第9条が規定しているが、この不祥事は懲戒処分の対象となり、教員免許状の失効や取り上げにも関わる問題である。頻発する不祥事に頭を痛めた埼玉県教育委員会は2021年2月に「未来を育てる私たちの使命と誇り～不祥事根絶を目指して～」という研修プログラムを作成し、公表した。その中で特に強調されているのが「わいせつ行為等に対する懲戒処分を受けた者」の多さである。この点に関して2021年6月に**教育職員等による児童生徒性暴力等の防止等に関する法律**が制定されたことは、ことの重大性を裏づけるものである。

　以上、文科省や教育委員会サイドが示してきた「求められる教員像」を通して教員の資質能力を考えてきた。

　皆さんにはこうした公式的な教員像を踏まえながらも、これまで出会ってきた先生の姿も思い出し、また、大学での生活や学習、さらには社会経験を踏ま

え、自分なりの像を描けるようになってほしい。

3　教員の職務内容

（1）職階と職務

　教員の職階と職務については基本的に学校教育法（37条）で規定されている。主な職階は「校長・副校長・教頭・主幹教諭・養護教諭・指導教諭・栄養教諭・教諭」があり、それぞれの職務についても規定されている。例えば、「校長は、校務をつかさどり、所属職員を監督する」（同37条④）、「副校長は、校長を助け、命を受けて校務をつかさどる」（同37条⑤）、「教頭は、校長（副校長を置く小学校にあっては、校長及び副校長）を助け校務を整理し、及び必要に応じて児童の教育をつかさどる」（同37条⑥）などと定められている。東京都においては2008年に教頭職を廃止しすべて副校長とした。副校長は校長の命を受け、副校長自身の権限で決済できる（専決権）事項が多いが、教頭は校務を整理する役目と定められている。

　また、教頭は「必要に応じて児童（生徒）の教育をつかさどる」とあり、授業を担当することができるが、副校長は校長と同じく、授業を担当することはできない（東京都の副校長の場合は管理運営に関する規則に「必要に応じ生徒の教育をつかさどる」とされているので、授業を担当することもできる）。副校長は、2007年の学校教育法の改正を受け、2008年4月から導入されている。法律の内容は「置くことができる」というもので、自治体によって副校長を置いているところと、そうでないところがある。また、2007年の学校教育法の改正では前述の主幹教諭と指導教諭も配置されることとなった。これらの職階についても、自治体によっては未配置の自治体もある（秋田県、富山県、山口県は主幹教諭未配置）。

　さて、学校組織においては主任制度が存在する。これらは**校務分掌**といわれるものであり（学校教育法施行規則43条）、校長が「調和のとれた学校運営が行われるためにふさわしい校務分掌の仕組みを整える」ために定めるものである。主なものとして教務主任、学年主任、保健主事、生徒指導主事、進路指導主事

がある (同44条・45条・70条・71条)。また、校長は必要に応じ、校務を分担する主任等を置くことができる (同47条)。

これらの校務分掌は、「教諭」があてられるいわゆる「あて職」である。したがって、ある学校で教務主任を担当していたから、異動先の学校でも教務主任であるとは限らない。校務分掌 (校内人事) は、各学校で校長が決めるものであるから、その学校の事情により、学年主任や場合によっては学級担任を任じられることも当然あり得る。主幹教諭が配置されている自治体の場合、主幹教諭が教務主任や学年主任となる場合は、それらの校務分掌を置かないことができるとされている (同44条②)。

一方で、校長や副校長、教頭、主幹教諭といった職 (一部の自治体では指導教諭も選考試験を実施) は、**管理職選考試験**を経て、都道府県教育委員会 (一部指定都市は市教育委員会) から発令されるものである。その職のままで異動するか、教諭から主幹教諭や教頭、教頭から校長などに昇任して異動することとなる。また、異動せずに同じ学校内で昇任することもある。いわゆる「降格」については、本人が希望しない限りない (懲戒処分等による場合を除く)。また、給与表もそれぞれの職のものが適用され、校長、副校長、教頭 (副校長が配置される学校の一部の教頭を除く) については管理職手当が支給される。

2006年教育基本法の改正とそれに伴う2007年の学校教育法の改正は、学校組織そのものを見直そうとするものであった。すでに1976年12月26日の学校教育法施行規則一部改正 (いわゆる主任の制度化) により、校長と教頭以外はすべて横並びである**鍋蓋型組織**の見直しが図られたが、実際にはその後も解消されず、個々の教員の力量や資質によって学校が成り立っていた。

しかし、近年の教育現場は、いじめ問題、地域コミュニティの教育力低下、困り感を抱えた多くの児童生徒や、家庭の教育力低下の問題など、多くの課題に直面しており、個々の教員の力量にたよる対応ではこれらの問題に対応しきれなくなっている。そのため**ピラミッド型 (ライン型) 組織**への転換とともに、**学校マネジメントシステム** (ライン型による意思決定システム) の構築が緊急の課題となってきたのである。

校長の学校経営方針や教育理念を教頭と共有し、中間的なミドルリーダーとして、学校経営 (学校マネジメント) の中核としての役割を主幹教諭等に担ってもらうべく、学校組織の見直しを図ったのである。管理職からの指示・命令を伝えるだけではなく、ともに学校経営の中心として参画することによって、学校全体としての意見の集約や調整を行い、双方向の速やかな対応を組織として可能にする「ミドルアップダウンマネジメント」を実現することが目指された。いわゆる横並び意識が高く「あて職」としての従来の主任制度を見直すことが必要であった。

　より良い人材を選考試験を経て任用し、準管理職的な立場で動ける権限と、裏づけとなる給与形態の見直しも行った。なお、自治体として規模の大きい東京都では、統括校長や主任教諭といった独自の職を設け、さらなる「職の分化」を進めることで、効率的で効果的な学校運営を目指している。

(2) 教員の義務と権利

　公立学校教員の服務について、地方公務員法 (地公法) は以下のように定めている。

〈職務上の義務〉
・「服務の根本基準」(30 条)
・「服務の宣誓」(31 条)
・「上司の職務上の命令に従う義務」(32 条)
・「職務に専念する義務」(35 条)
〈身分上の義務〉
・「信用失墜行為の禁止」(33 条)
・「秘密を守る義務」(34 条)
・「政治的行為の制限」(36 条)
・「争議行為 (ストライキなど) 等の禁止」(37 条)
・「営利企業への従事等の制限」(38 条)
この中で、特に留意すべき点を挙げておく。

まず、教育公務員としての教員に対し他の地方公務員よりも厳しく規定されているのが政治的行為の制限である。教員はその職務上政治的な中立性が強く求められている。一般の地方公務員がその政治的行為が当該地方自治体のみの制限であるのに対し、教育公務員については国家公務員と同等に、全国内において政治的行為が制限されている（教特法18条、同法については後で詳述）。さらに、特定の宗教に基づく教育は、もとより国内すべての公立諸学校において、行ってはならない（教育基本法15条）。

　公務員に課せられている守秘義務については、退職した後も守らなければならないことがある。職務上知り得た秘密とは、例えば個人的なプライバシーに関わる情報や公務上知り得た秘密などがそれに当たる。これらの義務を履行しているかどうかについて監督するのは管理職（一般的に校長）である（校長の監督は教育長が行う）。そのため特に校長は、勤務時間以外でも職場における様々な教職員の私的な情報についても把握しておかなければならないことになる。

　教育公務員としての上述のような義務が果たせなかった場合は、任命権者（一般的には教育長）による「処分」（行政処分）が下されることになる。処分には信用失墜行為等によって下される**懲戒処分**（地公法29条）と、求められる職務や教育公務員としての能力を満たしていないと判断されて下される**分限処分**（地公法28条）がある。「懲戒処分」とは、当該教員の社会的非行に対する制裁措置である。その内容によって戒告・減給・停職・免職の順で処分が重くなる。もっとも重い処分は懲戒免職である。「分限処分」とは心身の故障やその他勤務実績が著しく良くないため、職務の遂行に支障がある、またはこれに堪えない場合に下される措置である。降任・免職・休職・降給などの措置がとられる。特に「懲戒処分」の場合は、多くの場合「民事上の責任」「刑事上の責任」も同時に発生する場合が多い。

　例えば交通事故や飲酒運転などは当然のことながら、教員の暴力によって児童生徒が心身に傷を負った場合などでも、刑事罰や民事上の賠償責任が発生することがある。処分が重い場合には教員免許状も失効する（教育職員免許法10条）。

　上述の「職務上の義務」「身分上の義務」の監督者（校長・教頭などの管理職）

の監督が行き渡っていなかったとの理由で、管理職の責任が問われることも多い。管理職は常日頃から教員の非行の芽をつみとり、また心身の状況を把握しておくことで「懲戒処分」や「分限処分」を未然に防ぐ役割も担っているのである。教員一人ひとりが教育公務員として日頃から人格を磨き、管理職への報告・連絡・相談を心がけながら職務に取り組むという自覚をしっかりと持つことが、近年より重要になってきている。

こうした義務だけでなく教員にも保障される権利がある。法人立の私立学校や国立学校の教員には憲法上の労働三権が保障されており、いわゆる労働三法が適用される。公務員の場合には争議権が制約されているが、団結権などは保障されている。また、産休、育児休暇などは手厚く保障されるようになっている。

1966年に開催された、ユネスコ特別政府間会議（日本も含め76ヶ国の代表が参加）で採択された「教員の地位に関する勧告」は、「教育職は専門職としての職務の遂行にあたって学問上の自由を享受すべきである」としたうえで、最高水準の仕事をする責任があることを強調し、さらに「教員にすべての市民的権利を行使する自由を認めねばならない」としている。日本の現行法上、大学教員とは違い、小中高校教員には「学問の自由」や、そこから派生する「教育の自由」は制約されているものの、専門職としての自律性は不可欠である。

近年、**教員の不祥事**が報道されることが多い。特に前述の**信用失墜行為**に抵触するものがほとんどである。信用失墜行為については明確な規定はなく、おおよそ「教育公務員として全体の奉仕者であり他から尊敬されるべき人格が求められる中で、教育や公務に従事する人々の尊厳や信頼を傷つけるような行為」とされる。

主な事例として挙げれば飲酒運転・交通事故・金銭の授受・万引きなどの窃盗・暴力行為などによる傷害などが挙げられるが、以前にも増して最近その理由として挙がっているのが**セクシュアルハラスメント**や**パワーハラスメント**といったものである。児童生徒に対するものばかりでなく、職場の同僚などのみならず、管理職からのハラスメントもある。もちろん公務員であることに加え、

教員としてさらに尊敬されるべき人格を求められることは、常日頃から意識しておかなければならない。教員は他の公務員以上により自分自身を律し模範となる行動を求められる。それだけ社会から厳しい目を持って見られていることを忘れてはならない。

(3) 学び続ける教員

　教育公務員は一般の公務員とは違った特殊性がある。そのため「教育を通じて国民全体に奉仕する教育公務員の職務とその責任の特殊性に基づき」教特法が制定されている。例えば一般の公務員は条件付き採用は 6 ヶ月であるが、教特法においては 1 年となっている（同 12 条）。さらに、初任者には**初任者研修**が義務付けられる（同 23 条）など、教育公務員としての自覚や専門性を早期に身に付けることが求められている。

　教員は日々教育現場において子どもと向き合っている。最前線で教育実践に取り組む教育公務員としての自己の専門性を身に付け、それを高めていくことはきわめて大切である。しかし、自ら現場を離れて研修の機会をつくることは容易ではない。そのため教特法においては、教員の研修の機会を保障するための内容も盛り込まれている。教育公務員には研修の機会が与えられなければならないこと（同 22 条）。学校の校長や任命権者（一般には教育長）は、毎年度学校における「教員研修計画」を定めることが義務付けられていること（同 22 条の4）。おおよそ教職経験 10 年の教員に対する**中堅教諭等資質向上研修**が義務付けられていること（同 24 条）などが挙げられる。さらに、希望する場合には、一定の期間現場を離れて大学院で学ぶ「大学院就学休業」も、無給ではあるが認められている（同 27 条）。一方、指導力不適切と認定された教員への**指導改善研修**も義務付けられている（同 25 条）。

　教員研修については OJT（On the Job Training）が重要である。これは、学校内で校務を継続しながら日常の中で行われる研修を意味する。あらためて研修会などを放課後等に持つような形式ではなく、それぞれの教員の得意分野や様々な専門性を生かす形で行われるもので、空き時間を使って自由に授業を見

合ったり、振り返り等も校務の合間の時間でサロン的に話題とするなどの効果的な研修が実現できる。

　先輩教員がファシリテーターとして自ら見本となりながら、若い教員が学級経営や教科指導について学ぶ機会を持つなど、それぞれの学校において工夫しながら取り組みが進んでいる。職場の**同僚性**や研修意欲を高める効果もみられるので、後述する**チーム学校**としての機能を高めることにもなっている。教員の学びに終わりはない。自らが学校の内外において学びを深め、教員としての力量や自らを高めていこうとする意欲と、様々な場面や機会を捉え、謙虚に学ぼうとする姿勢を持ち続けることが第一に必要であることは、いうまでもない。

4　チーム学校づくりという課題

(1)「チーム学校」の必要性

　1990年代前半までの教員は個々人の力量が問われることが多かった。担任教員は自分のクラスに全責任を持ち、様々な問題はまずは担任教員個人によって解決すべきであるという風潮がみられた。生徒指導は力の強い男性教員によって行われ、「怖さ」によって学校の秩序が維持されていた傾向もみられた。現在と違い、1980年代頃は**校内暴力**や対教員暴力などの生徒の「荒れ」が、解決すべき一番の問題とされていた。

　一方で担任教員は自分の学級のすべてを抱え込んで悩んでいた。学級の問題がなかなか解決できない場合などは、管理職や同僚から力量不足を指摘されることもあったのである。力量不足の教員の校務や児童生徒の対応はそのまま他の教員の負担となるので、教員間にも不満が蓄積される。保護者も、学校の問題は学校で解決すべきとの保護者が多く、逆にいえば、それだけ学校任せの風潮があった。

　そういった学校への風潮が大きく変わったのが、いじめや不登校の問題が社会問題として話題となる時期（1990年代頃～）からである。特にいじめによる自殺が社会問題と化し、学校側の対応が問題視されるに至って一気に学校への信

頼が揺らぎはじめたのである。一方で不登校の増加はそのまま子どもを理解で
きない親の悩みとなり、それもまた学校に原因があるからだという学校批判へ
と急速に傾いていった。もはや、管理職を中心として学校全体で対応しなけれ
ばならない状況は、免れなくなったのである。

　もともと学校は、教員と事務職員、用務員、学校栄養職員などの職種とから
なる組織であったが、この頃から特にスクールカウンセラー（SC）やスクール
ソーシャルワーカー（SSW）、心の相談員など、教員以外のいわば専門的な知
識を持ち対応ができる職員が在校したり、定期的に学校を訪れ対応したりする
ようになり、各地方自治体の教育委員会では、不登校児童生徒のシェルター的
な施設や専門の部署も設けられるようになった。加えて医療的な機関や、特に
メンタルクリニック的な病院とのつながりも増えていった。

　教員は自ら問題を抱え込むことなく、むしろ積極的にこういった外部の専門
性を持つ職員や機関に、保護者や本人をつなぐ役割を担うようになったのであ
る。担任教員による問題の抱え込みは、むしろ望ましくない対応とみなされる
ようになった。当然、管理職を含めた多くの教員による当該児童生徒への多面
的・多角的な捉えと、保護者の悩みにも応えられるような対応も、学校として
提供できるような体制がつくられていった。

　さらにその後、別の側面からチーム学校の体制がクローズアップされる事態
が起こる。まぎれもなく 2011 年 3 月 11 日に発生した、東日本大震災である。
当日の避難態勢や避難所運営において、特に中学校や中学生が地域の防災機能
を補佐する重要な役割を担い、優れた実績を上げたことで、地域連携や小中連
携によって災害時の命を守る安心・安全な地域づくりが防災面において急務と
なった。命を守る安心・安全な学校づくりは、他者を尊重するといった、いじ
め防止や不登校対策への対応とも重なる。学校は保護者を含めた、地域全体で
の児童生徒の安心・安全を守るための拠点として機能するようになった。その
ために管理職を中心とした学校内での様々な指示伝達・情報共有・協働体制も、
マニュアルの作成のみならず、年間を通しての**カリキュラム・マネジメント**と
いう形で構築されてきている。

そして、2020年からの**コロナ禍**における対応は、まさに、学校がチーム学校として、校長を中心とした学校組織として機能することで、地域の子どもたちの安心・安全、そして何より命を守る拠点となったことをさらに示す結果となっている。

（2）チーム学校づくりに向けて

　チーム学校づくりは校務分掌による動きが中心となるが、校長が示す学校目標（グランドデザイン）を共有し、各主任や管理職への報告・連絡・相談（**ホウレンソウ**）を常として、情報を共有しながら協働できる態勢を自らつくる必要がある。お互いの校務の「負担感」を減らすことが重要であり、意見を述べたり話をしやすい、風通しのよい職場と同僚性が求められる。お互いに声を掛け合って協力しながら、「のりしろ」を多くして校務に取り組む姿勢が、結局は学校全体の動きの効率化や時短につながり、チーム組織としての機動力も向上することになるのである。

　学校は前述のように「鍋蓋型組織」から「ピラミッド型組織」へと形を変えてきているが、学級担任が学校における最前線であることには変わりはない。教室で子どもたちが何を思い、何を考え、どう行動しているのか、日々変わる子どもたちの現状をしっかりと捉え、対策を考えることは、不易でもっとも大切な視点である。学校のすべてがそこからはじまっていることは、今も昔も全く同じである。自分の学級の現状をしっかりと捉え、子どもたちの成長を促す優れた学級経営によって保護者からも信頼されること、子どもたちの言葉に耳を傾け、寄り添いながら居心地の良い学級を実現できることは、チーム学校を支え、様々な危機を回避できるもっとも大切な教員としての資質である。

【参考図書】
市川昭午『教職研修の理論と構造』教育開発研究所、2015年
全国公立学校教頭会編『Q&A 学校管理・運営の法律実務』新日本法規出版、2004年
宮城県教育庁総務課編『必携 教育関係法規 令和2年版』第一法規出版、2020年

コラム2　学級担任として大切にしていること

　私は、東京都の小学校教諭で、現在2年生の担任である。校務分掌では、リーダーを任されるようになり、企画の立案や運営も求められる立場となった。学級担任としては、この5年間、低〜高学年まで様々な学年での経験を積ませてもらった。素直で一生懸命な子どもたちのため、それぞれの発達段階や課題に合わせて支援できるこの仕事は、本当にやりがいのあるものだと感じている。

　学生時代大変お世話になった恩師の先生方から、今回はコラム執筆という形で貴重な機会をいただき大変嬉しく思っている。5年間という短い経験の中での考えとなるが、現場で働く教員として、少しでも学生の皆さんの参考になればと思う。以下は、私が学級経営で大切にしている3つのことである。

　① 考えの軸を持つ　学級経営で大切にしたいルールを自分の中で整理し、子どもたちにも明確化して伝える。そうすることで、子どもたちも学校生活に見通しが立ち、安心して過ごすことができると考える。

　私は学級開きで必ず、「命を大切にするクラス」になってほしいと伝える。そのためには、どうしたらいいか子どもたちと一緒に考える。「教室や廊下では落ち着いて行動する。」「いじめは絶対にしない。」「悩んでいる子がいたら、話を聞いてあげる。」など子どもから出た意見を大切に、1年間過ごそうと伝える。

　一緒に目標に向かって努めることができている場合はよく褒め、守れなかった場合は毅然とした態度で話をすることにしている。他の指導を肉づけしていきながらも、考えの軸を持ち担任自身も守っていくことが大切だと考える。

　② 話をよく聞く　話というのは、雑談から授業中の発言、相談などすべてにおいてである。特に、嫌だったことや困りごとの相談は、丁寧に聞くように心がけている。正直、宿題チェックや生活指導など仕事が山積みの中、時間をかけて聞き取りをすることへの負担感はとても大きい。しかし、よく聞いてあげることで、子どもたちの心配や不満をその場で解決することができ、根深い問題にも繋がりづらい。また、次の相談にも繋がり、子どもへの支援を早い段階で適切にすることもできる。

　保護者の対応も同様で、困り感を受け止め真摯に向き合うことで、担任として児童の状況や背景をしっかりと掴むことができると考えている。

　③ 一人ひとりの良さを褒める　すべての子どもに、それぞれ良いところや努力していることがある。自分の考えを解りやすくまとめられる、工夫して運動ができる、当番の仕事を欠かさずできる、恐竜のことは誰にも負けないくらい詳しい……。私は、それぞれの強みや努力をクラス全員の前で伝えている。授業中の流れを遮ってしまいそうなときや移動教室で慌ただしいときは、黒板に名前と良かったことを書き残すようにしている。友だちの行動を見習い自分の力にしていく子どもたちの姿は、とても頼もしい。

矢吹聡子（東京都小学校教諭）

第 5 章

公教育制度論

デモ参加の女子高生［スペイン］

1 教育に関する制度的事項

(1) 公教育制度の原理および理念

　ここでは市川の整理をもとに、**公教育制度**とは「直接・間接に公権力の作用が及ぶ、公の性質を持つ教育の仕組みを意味し、国公私立の一条校を中核としながら専修・各種学校や社会教育を含む制度」(市川昭午『教育の私事化と公教育の解体』教育開発研究所、2006 年、pp. 1-16) としておく。公の性質を持つ教育とは国家や市民社会の担い手である国民・市民を育てる教育を意味する。

　1945 年の終戦を契機とし日本は戦前の教育を廃し、新たな公教育体制づくりをはじめた。その体制づくりを主導したのは首相のもとに置かれた「教育刷新委員会」であった。同委員会は **GHQ**（連合国軍最高司令官総司令部）の要請で来日した**米国教育使節団 (第一次)** の報告書を下敷きに、かつ、1946（昭和 21）年 11 月 3 日公布の**日本国憲法**（1947 年 5 月 3 日施行）の趣旨を踏まえながら教育改革案を建議した。第一回建議（1946 年 12 月）は**教育二関スル勅語**（以下、**教育勅語**）に代わって**教育基本法**を制定し新たな公教育理念を打ち出すというも

のであった。

　こうして日本の公教育制度を枠づける体制（原理・理念に基づく枠組み）は大きく変わることになる。以下を要点とする**大日本帝国憲法・教育勅語体制**から、**日本国憲法・教育基本法体制**への転換である。

　①天皇臣民として教育を受ける義務（憲法に明示されていたのではなく憲法解釈として）から国民の権利としての教育（憲法第26条）へ

　②**「教育の機会均等」**および**「教育上の差別禁止」**の明文化

　③教育の政治的・宗教的中立の明文化

　④教育法令の**勅令主義**（ただし、教育財政関係は法律による）から**法律主義**へ

　⑤忠君愛国主義の教育（教育勅語）から平和・民主主義の教育（教育基本法）へ

　⑥教育に対する**「不当な支配」**の排除を目指す教育行政（その端的例としての教育委員会制度）

　教育体制の転換に伴い公教育制度は大きく変わった。教育基本法に即して学校教育法、社会教育法、教育委員会法、私立学校法などの法律が制定され、以下の制度が構想された。なお、1947年12月には教育とつながりの深い児童福祉法も制定されている。また、こうした戦後改革実施期の1948年6月に衆参両議院で**教育勅語排除・失効**確認の決議がなされ、転換は決定的なものとなる。

　①六・三・三・四制の単線型学校制度

　②義務教育年限の延長（六年制から九年制へ）

　③男女共学化

　④特殊教育諸学校の義務制化（ただし、養護学校は遅れる）

　⑤教科書の国定制から検定制への転換

　⑥待遇官吏だった公立学校教員の地方公務員化

　⑦教育行政の地方分権化・民主化・独立化

　この新たな公教育制度は1947年4月1日からの六三制義務教育制度の開始、1948年4月1日からの新制高校のスタート、同年11月1日の**公選制教育委員会**発足、1949年の新たな文部省の設置（文部省設置法）や新制大学の設置（国

立学校設置法) という形で具体化した。

　なお 1952 年の日本独立後もアメリカの統治下に置かれた沖縄では、本土の教育基本法、学校教育法、教育委員会法の規定にならった総合的教育法として**琉球教育法**が制定された。しかし、それは米国布令であり、沖縄住民の代表機関である立法院による教育法の制定は 1958 年を待たなければならなかった。これにより、教育委員会公選制を除き、ほぼ本土と同様の公教育制度が実現したのである。

　1951 年 9 月にサンフランシスコ講和条約を締結 (翌 1952 年 9 月発効) した日本は連合国軍の占領を脱し独立国家となり、国際連合への加盟も認められた。実はこの独立以前に日本は国際社会への復帰をユネスコ加盟という形で果たしつつあった。アメリカの協力があっての実現で 1951 年 7 月のことであった。

　独立を契機とし、戦後公教育の修正作業が行われた。それは講和条約締結後に出された政令改正諮問委員会の「教育制度の改革に関する答申」によるものだった。戦後教育改革の手直しは**教育委員の任命制への転換**、新たな学校としての 5 年制高等専門学校の創設などとして具体化した。さらに文部行政の在り方を変えることになった 1952 年文部省設置法一部改正が加わった。

　こうした動きとともに日本の独立は国際社会への復帰を促した。国連加盟が認められたのは 1956 年である。したがって、当然のことながら**世界人権宣言** (1948 年国連総会において採択)、**ユネスコ憲章** (1945 年ロンドンにて採択)、**国際人権規約** (世界人権宣言の内容を基礎として、これを条約化したもの：1976 年発効、1979 年批准) などを尊重しなければならなくなった。日本の戦後公教育体制において宣言や条約に示される教育の原理・理念が加わることになったのである。

　世界人権宣言第 26 条は「すべての人が教育への権利を有する (Everyone has the right to education.)」「教育は、人格の完全な発展並びに人権及び基本的自由の尊重の強化を目的としなければならない」ことを各国に求めている。「教育を受ける権利」ではなく、主体的に教育に関わる表現である「**教育への権利**」を日本の公教育においても保障しなければならず、その教育は人権や基本的自由を尊重するものでなければならないのである。

その後、「学習権」（1985 年採択のユネスコ学習権宣言）、子どもの意見表明権（1989 年採択の**子どもの権利条約**）、**インクルーシブ教育**・生涯学習（2006 年採択の**障害者権利条約**）といった原理・理念も加わり、今日に至っている。

　東西冷戦体制下での保革対立がありつつ、公教育制度は 1950 年代以降の高度経済成長に伴う進学率の向上を経て、2006（平成 18）年 12 月の教育基本法改正、2007 年の学校教育法等改正により再編された。**改正教育基本法**には、第 2 条（公教育の目標）が新設され、「公共の精神に基づき主体的に社会の形成に参画する態度の育成」「伝統と文化の尊重」「国を愛する態度の育成」などが盛り込まれた。また、学校教育法改正により、それまでの特殊教育から特別支援教育への転換がなされ、また「副校長」「主幹教諭」「指導教諭」などの新たな職階が学校組織に加わり、今日に至っている。

（2）教育行政の理念と仕組み

　教育行政とは「国民・市民の権利」（日本国憲法や国際法に規定）としての「教育の目的を遂行するに必要な諸条件の整備確立を目標とする」（1947 年教育基本法10 条 2 項）行政活動であり、広義には「教育を円滑かつ継続的に実施する財政上の措置」（現教育基本法 16 条 4 項）（教育財政）を含む。

　教育行政は 1947 年法では、教育が「不当な支配に服することなく、国民全体に対し直接に責任を負って行われる」（10 条 1 項）という理念に基づくとされたが、現法では「不当な支配に服することなく、…（中略）…国と地方公共団体との適切な役割分担及び相互の協力の下、公正かつ適正に行われる」（10 条 1項）ものとされている。そして、国の教育行政は「全国的な教育の機会均等と教育水準の維持向上を図り」（同条 2 項）、地方は「その実情に応じた教育に関する施策を策定し、実施する」（同条 3 項）となっている。

　教育行政はまた教育が不当な支配に服さないように公教育にとって重要な原理である「教育の政治的・宗教的中立」（現法 14、15 条）を適正に遵守しなければならない。今日の教育行政においてはとくに「説明責任」や「透明性」が求められている。

教育行政は中央においては**文部科学省**（文科省）が担っている。ただ文科省は英語表記の「Ministry of Education, Culture, Sport, Science and Technology (MEXT)」からわかるように教育以外の分野の施策も行っている。同省の任務と所掌事務は文部科学省設置法に規定してあり、それを担当する部署については同省 HP で説明されている（組織図の紹介：文部科学省　https://www.mext.go.jp/b_menu/soshiki2/04.htm）。

　文科省が国の教育行政を行う際に重要な役割を果たしている機関として**中央教育審議会**（**中教審**）がある。中央教育審議会は文部科学省組織令第 75 条で設置され、文科大臣の諮問に答える組織である（76 条）。2021（令和 3）年 1 月 26 日の答申にみられるように、今後の日本の公教育の動向を知るうえでは欠かせない組織である。中教審については文部科学省 HP の「審議会情報」に詳しく説明されている。

　ただし、第二次安倍内閣以降は首相の私的諮問機関である「**教育再生実行会議**」の提言が先行しているので、この動きもみておかなくてはならない（2021年 9 月に廃止が閣議決定されたが、影響力はなお大きいといえる）。また今はやりの SDGs では環境省、**GIGA スクール構想**では経済産業省、シティズンシップ教育では総務省、さらには財政を握っている財務省の意向や施策もみておく必要がある。これらについても、上記の「審議会情報」に詳しく説明されている。

　文科省に関連して報道等で取り上げられるのは**教科用図書検定**、**学習指導要領の改訂**、学級定数問題、**全国学力・学習状況調査**の実施・結果公表などである。戦後教育行政において大きな対立を生み、裁判でも争われたものの一つに**家永教科書裁判**があり、文部科学大臣の権限である教科用図書検定の在り方が問われた。

　なお文科省を中心とした国の教育行政は国際機関である国連や**ユネスコ**、**OECD** の動きも関わることが多い。最近では OECD が行っている **PISA** や**TALIS** の結果が教育政策・行政に大きな影響を与えるようになっている。3 年に 1 回実施される PISA の結果は 1 年後に報告されるが、参加国の順位がわかるようになっているため、文科省が行う全国学力・学習状況調査の結果公表

とならび、政治問題化することが多い。

　地方の教育行政は都道府県・指定都市と市町村の2つのレベルにおいて、それぞれ教育委員会と首長（地方公共団体の長）とが担っている。

　教育委員会制度は戦後教育改革の柱として1948（昭和23）年の**教育委員会法**で設けられたものである。教育委員会はアメリカの制度を参考にしつつ、教育行政の①地方分権化、②民主化、③独立化を同時に実現することを目的とした。そのため、都道府県と市町村に置かれた教育委員会の委員は、地域住民の主体的参画を前提として住民が直接選ぶ公選制で選出された。政治に支配されずに、住民の投票により教育委員が選ばれることにより、一般行政からは相対的に独立した権限を有する組織となった。**公選制教育委員会制度**といわれる。しかし、この制度は8年間で終わりをつげる。

　1956（昭和31）年の**地方教育行政の組織及び運営に関する法律**（以下、地教行法）の制定により、首長の権限が大きくなり、教育財産の取得・処分、私立学校や

図5-1　教育委員長と教育長を一本化した新「教育長」の設置

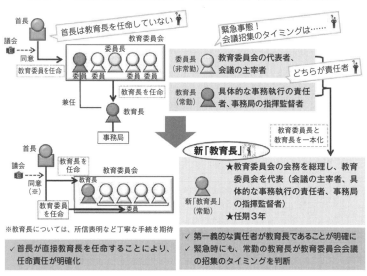

出典：文部科学省「地方教育行政の組織及び運営に関する法律の一部を改正する
　　　法律（概要）平成27年4月1日施行」より。

公立大学の所管、教育委員の任命などの権限が付与される一方、教育委員会の権限が縮小した。**任命制教育委員会制度**への転換である。

さらに大津市立中学校いじめ自殺事件を契機とした教育委員会制度改革により2014年の同法一部改正（施行は2015年4月1日）がなされた。首長には、**教育長**（教育委員長と従来の教育長が一本化）の任免、**総合教育会議**の招集、**教育大綱**の策定の権限が追加された（図5-1を参照のこと）。

図5-2に示したように、教育委員会は、公立の幼稚園、小学校、中学校、義務教育学校、高等学校、中等教育学校、特別支援学校に関する施策を中心に担う（地教行法32条）。また教育委員会は文化財保護、生涯学習・社会教育、スポーツなどに関わる事業を行う。教育委員会には①教育長と教育委員による構成を指す場合（狭義）と、②これに事務局を加える場合（広義）がある。都道府県教育委員会の事務局を「教育庁」という。

最近のできごとから、教育行政の仕組みについてみていこう。

図5-2　松戸市教育委員会機構図

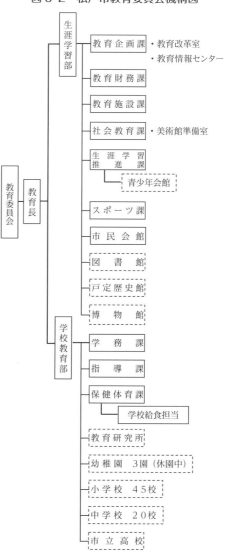

出典：松戸市教育委員会 HP（https://www.city.matsudo.chiba.jp/kyouiku/toukei_shiryou/sosiki/kikouzu.files/29kikouzu.pdf）より。

2020 年 11 月に東京・町田市小学 6 年生の女子児童が、同級生からタブレット端末でいじめを受け自殺するという痛ましい事件が起こった。両親と代理人の弁護士は、2021 年 9 月 13 日に文部科学省に対して学校や教育委員会の対応が不適切だなどとして公正中立な調査を要望した。翌日文科省は町田市や都の教育委員会の担当者を呼び、適切に対応するよう指導した。地教行法には、必要に応じて文科大臣から教育委員会への指示ができ (50 条)、文科大臣は教育委員会が管理する教育に関して必要な調査を行うことや、教育委員会に対して調査を行うように指示することができる (53 条 1 項、2 項) と規定されている。文科省はこれらの条文に従い、全国に先駆けて端末を配った「ICT 教育推進校」で起きた「**重大事態**」に対応したのである。

　また、近年都道府県・政令指定都市教育委員会の教育行政においては、教員採用試験倍率の低下に伴い公立学校教員の採用が重要課題の一つになっている。市町村教育委員会にあっては公立小中学校に選択制を導入するかどうかが争点となった時期もある。

(3) 公教育制度をめぐる諸課題

　日本の公教育制度に関わるもっとも基本的な法律は憲法であり、その第 26 条において「国民の教育を受ける権利」と「**義務教育の無償性**」が規定されている。より具体的なことは、教育基本法や学校教育法などの法律 (国会が制定) をはじめ、学校教育法施行令などの政令 (内閣が制定)、学校教育法施行規則などの省令 (省が制定) により定められている。

　公教育制度については、教育基本法改正に伴うものをはじめ複数の課題があるが、ここでは**私費負担**の割合の高さ、および、現在推進されている「教育における ICT 活用」の効果に影響を及ぼすと考えられる家庭環境に焦点化して論じていく。

　まず私費負担に関してである。「図表でみる教育 2020 年版 OECD インディケータ (Education at a Glance 2020 OECD Indicators)」によれば、2017 年の日本の初等教育から高等教育までの教育機関向け支出の対 GDP 比は、OECD

加盟国の中でもっとも低い4%である（OECD平均を0.9ポイント下回っている）。また、日本の国公立大学の学士課程の授業料はデータが入手可能な国々の中でもっとも高く、学生一人あたり年5090米ドルである。貸与型奨学金により初期費用の負担は軽減されているが、働きはじめたら返済しなければならない。そして、日本人学生の卒業時の平均負債額は2万7489米ドルである。つまり日本は教育機関への公的支出が低く、国公立大学の授業料はきわめて高く、学生には卒業時に貸与型奨学金に関わる重い負債がのしかかっている国なのである。

　義務教育段階でも国公立学校の授業料無償と私立学校も含んだ教科書無償が認められているだけである。経済的に苦しい家庭の子どもたちへの就学補助や生活保護による教育扶助はあるが、不十分である。そのため、保護者が直接支払う**学校徴収金**（学校給食費、補助教材費等）の負担が大きいことが指摘されている。日本における**相対的貧困率**は依然として高い（2015年は15.7%〔厚生労働省〕）。格差も解消に向かっているとはいいがたい。このような状況の中、私費負担の割合の高さは、看過されてはならない。

　次に家庭環境に関しては、ICT活用推進に関連がある「GIGAスクール構想」や2021年1月の中教審答申について概観しながら論じていく。2019年12月13日に閣議決定された令和元年度補正予算案において、児童生徒向けの1人1台端末と、高速大容量の通信ネットワークを一体的に整備するための経費が盛り込まれ、以下のような「GIGAスクール構想」が実現に向けて動き出した。

　また、2021年1月の中教審答申「『令和の日本型学校教育』の構築を目指して〜全ての子供たちの可能性を引き出す、**個別最適な学び**と、**協働的な学び**の実現〜」では、「GIGAスクール構想」の実現を加速させながら学校教育を充実させるとされ、「全ての子供たちの可能性を引き出す、個別最適な学びと、協働的な学びの実現のための改革の方向性」が示された。

　図5-3からは、ICTに大きな期待が寄せられていることがわかる。しかし、海外の報告書をみてみると「教育のためにICTに多額の投資を行ってきた国々

図 5-3　GIGA スクール構想

✓　1 人 1 台端末と、高速大容量の通信ネットワークを一体的に整備すること で、特別な支援を必要とする子供を含め、**多様な子供たちを誰一人取り残す ことなく、公正に個別最適化され、資質・能力が一層確実に育成できる**教育 環境を実現する
✓　これまでの我が国の教育実践と最先端の ICT のベストミックスを図るこ とにより、**教師・児童生徒の力を最大限に引き出す**

これまでの 教育実践の蓄積　×　ICT　=　学習活動の一層の充実 主体的・対話的で深い学びの 視点からの授業改善

出典：文部科学省リーフレット「GIGA スクール構想の実現へ」より。

で、読書、数学、または科学における学生の成績に目立った改善がみられない」 「PISA の結果からは、コンピュータ・アクセスの溝が埋まったとしても、恵ま れている生徒と不利な生徒の間のスキルの隔たりを埋めるのにほとんど役立た ないことが説明できる」「学校の外で、平日 1 日 6 時間以上オンラインで過ご す生徒は、特に学校で孤独を感じている」といった課題が示されている (OECD "Students, Computers and Learning MAKING THE CONNECTION", 2015, pp. 15- 17)。

　家庭環境は様々である。例えば、親の学歴と家庭の収入レベルの相関が認め られており、あわせて、高学歴の親ほど職場などで ICT を利用する機会が多い。 だとすれば、高収入の家庭では、子どものオンライン学習を手伝うときに有利 になろう。では、複数の非正規雇用のパートやアルバイトを掛けもちしている 保護者が、子どものオンライン学習をサポートすることは容易といえるだろう か。

　COVID-19 の影響もあり、教育の ICT 化がさらに加速する可能性が高いが、 保護者のデジタル格差が子どものデジタル格差に影響を与える可能性もある。 家庭環境の問題には、引き続き注視していく必要がある。

2　協働的な学び・地域学校協働活動を踏まえた学校と地域との連携

　2015 年 12 月の中教審答申「新しい時代の教育や地方創生の実現に向けた学校と地域の連携・協働の在り方と今後の推進方策について」を受け地教行法が改正され、各教育委員会に、保護者や地域住民が学校運営に参画する仕組みである**学校運営協議会**の設置が努力義務化された。また、地域と学校が連携・協働し、幅広い地域住民や保護者等の参画により地域全体で子どもたちの成長を支え、地域を創生する「**地域学校協働活動**」を全国的に推進するため社会教育法が改正され、同活動に関する連携協力体制の整備や「地域学校協働活動推進員」に関する規定が整備された。これらにより、幅広い地域住民等の参画を得て、社会総掛かりでの教育を実現し、地域を活性化することが目指されている。

　また 2020 年度からの新学習指導要領では、「よりよい学校教育を通じてよりよい社会を創る」という理念を学校と社会が共有し社会と連携・協働しながら未来の創り手となるために必要な資質・能力を育む「**社会に開かれた教育課程**」の実現を重視し、その理念を前文に明示している。さらに、先の中教審答申「『令和の日本型学校教育』の構築を目指して～全ての子供たちの可能性を引き出す、個別最適な学びと、協働的な学びの実現～」においては、今後の方向性の一つとして「学校だけでなく地域住民等連携・協働し、学校と地域が相互にパートナーとして一体となって子供たちの成長を支えていく」ことが示されている。

　以上のことから、現在学校と地域との連携の重要性が指摘されていることが理解できよう。

(1) 学校と地域との連携の意義

　近年、急激な社会の変化に伴い、学校と地域を取り巻く課題はますます複雑化、多様化している。学校は、いじめや暴力行為等の問題行動の発生、不登校

児童生徒数の増加、特別な配慮を必要とする児童生徒数の増加など、多様な児童生徒および保護者等への対応が必要な状況となっている。また、そのような学校の役割の拡大により教員の業務量が増加しているといった課題も出てきている。

　一方、地域においても、家族形態の変化、価値観やライフスタイルの多様化等により地域社会における支え合いやつながりが希薄化することによって、地域社会の停滞や教育力の低下などが指摘されている。そうした状況の中、「よりよい学校教育を通じてよりよい社会を創る」という新学習指導要領の目標を学校と地域とが共有し、未来の創り手となるために必要な協働のもとに学校づ

図 5-4　学校と地域の連携・協働の必要性

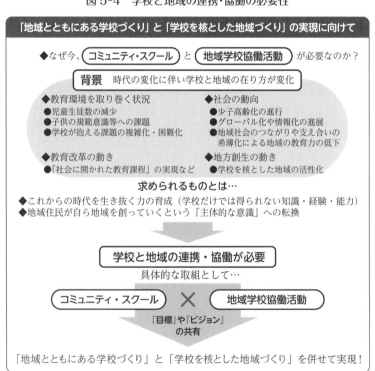

出典：文科省「これからの学校と地域」より。

くりと地域づくりを進め、一体となって子どもたちの成長を支えていくことが必要とされている。そして文科省では、「**社会に開かれた教育課程**」の実現に向けて、学校と地域住民等が力を合わせて学校の運営に取り組む「**コミュニティ・スクール**」と学校と地域が相互にパートナーとして連携・協働して行う「地域学校協働活動」の一体的な実施を推進している（図5-4）。

　学校と地域が連携する意義として、「保護者・地域住民等も教育の当事者になることで、責任感をもち、積極的に子供の教育に携わるようになる」「保護者・地域住民等が学校運営や教育活動へ参画することで、生きがいにつながり、子供たちの学びや体験が充実」「保護者・地域住民等と学校が"顔が見える"関係となり、保護者や地域住民等の理解と協力を得た学校運営が実現」「学校と地域の協力体制が築かれることで、生徒指導、防犯、防災等の面でも課題解決に向けて効果が期待される」等があるとされる。

　確かに、学校と地域が一体となって協力し、同じ目標に向かって積極的な取り組みを行うことで得られるものは少なくないだろう。しかし、連携・協働しながら積極的な取り組みをするためには、学校側も地域の側も、膨大な時間とエネルギーを要することが想定される。当然のことだが、学校と地域が出会えば、連携・協働ができるわけではない。『学習指導要領』の趣旨・内容を保護者や地域の方々と共有することが「社会に開かれた教育課程」の実現への第一歩だとされるが、その前提ともいえる教職員、保護者、地域住民との「熟議の実施」のための時間を、どのように確保するのか。「抱える課題の複雑化・困難化」への対応ですでに疲弊していると思われる学校に、さらに地域と連携・協働を求めることで、新たに生じる負担についても考える必要があるだろう。

（2）開かれた学校づくり

　学校と地域の連携・協働の在り方は一様ではないが、一例として、コミュニティ・スクール（学校運営協議会制度：以下、CS）の導入が挙げられる。CSは、地教行法第47条の5に基づいた、学校と保護者や地域の人々が知恵を出し合い、学校運営に意見を反映させることで、一緒に協働しながら子どもたちの豊かな

成長を支える仕組みである。2017年の学校運営協議会の設置努力義務化に続き、2018年6月に閣議決定された「第三期教育基本振興計画」においては、「すべての公立学校において学校運営協議会制度が導入されることを目指す」とされた。これに伴い全国のCSは増加の一途をたどり、2017年には3600校であったのに対し、2020年には9788校となっている。また、全国の学校のうち、27.9%がCSを導入しており、今後も増えていくと考えられる。

　以下、鹿児島県鹿屋市のCSを具体的事例として取り上げながら、開かれた学校づくりの可能性と課題について考えていこう（図5-5）。

　鹿屋市のCSは、「学校・家庭（保護者）・地域の三者がそれぞれの役割を担いながらお互いの教育力を高めていく」という基本理念を掲げ、地域は学校の良き理解者であり、支援者であるという立場から活動を行っている。

　「かのや学校応援団／地域支援本部」（以下、「かのや学校応援団」）には、学校運営協議会の一員でもあるコーディネーターがおり、学校の支援要望をもとに、多くの学校支援ボランティアの中から適切な人材を探し、お願いするというパ

図5-5　鹿屋市のコミュニティ・スクールのスタイル

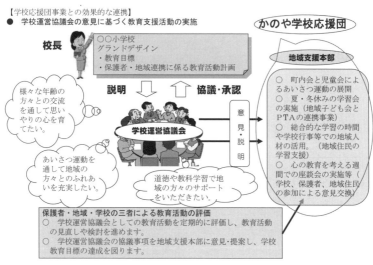

出典：鹿屋市教育委員会資料「地域とつなぐ鹿屋型コミュニティ・スクール」より。

イプ役を担っている。鹿屋市は農畜産王国であるだけでなく、市内には、5万株が植えられた「かのやバラ園」、特攻隊戦没者慰霊塔のある平和公園をはじめとした、地域の特色がある。その他にも、体育大学や、特産であるアルコール飲料の主原料の生産組合も存在している。

　鹿屋市のCSの報告書を読むと、「地域の子どもは地域全体で育てる」「地域コミュニティの活性化を図る」等の理念に基づき、学校のニーズ、地域住民の想い、さらには保護者の希望も受け止めつつ、地域住民ボランティアによる様々な授業サポートが実施されている様子が見て取れる。地域住民ボランティアは、生活科、家庭科、体育科、社会科、特活、道徳科等で学校を支援し、また、安全サポートなども行い、子どもたちからはボランティアにあてたお礼の手紙が届く仕組みとなっている。教員の感想には、「活動の準備等のサポートは教師の負担軽減にもなりありがたい」「地域の皆さんから地域のいろいろな情報が得られるので、学習活動の立案もたいへん助かる」といった、プラスのものが多い。

　鹿屋市の事例においては、コーディネーターは校内にも一人必要とされている。教員の感想には、「活動やサポート内容の打合時間の確保が難しい」との声もあった。校内コーディネーター役の教員にとっては、時間確保の問題はさらに大きいものと考えられる。教員の多忙化をめぐる課題が、CSをはじめ、「社会に開かれた教育課程」の実現に影響を与えていることがわかる。

　学校を社会に開けば、学校と社会が目標を共有でき、これからの社会を創り出していく子どもたちに必要な資質・能力が何であるかが明らかになるわけではない。目指すべき学校教育の実現に向けて学校と地域が連携・協働するためには、丁寧な議論が欠かせない。2021年に出された「コミュニティ・スクールに関する参考資料」（「コミュニティ・スクールの在り方等に関する検討会議（第1回）資料」）には、CS未導入教育委員会の導入していない理由が示されている。「管理職や教職員の負担が大きくなるから（19.6％）」「学校運営協議会委員の人材がいないから（11.6％）」「運営費や謝金等の予算がないから（10.4％）」などが理由として挙がっている。CS導入にあたっては、教員の多忙化、地域人材の確保、

予算の手当てなどが課題といえよう。

3　学校安全への対応

　子どもが「学校で安全に過ごし、元気で帰宅する」ことは、何よりも大切なことである。しかしながら、例えば柔道事故の死亡者は、1983 ～ 2011 年の29 年間で、118 人に及んでいる (「全国柔道事故被害者の会」HP より)。また、1990 年に神戸高塚高校で何が起こったか。「学校で安全に過ごし、元気で帰宅する」ことは、決して当たり前ではないのである。

(1) 学校の管理下で起こる事件、事故および災害

　学校事故とは法令等により規定された用語ではないことから、その意味するところは必ずしも明確とはいえないまでも、一般に学校管理下の範囲において発生した児童、生徒および幼児の事故や災害もしくは、学校施設の使用に伴った事故や災害のことを指す。

　ちなみに不幸にして学校事故が発生し、児童生徒等が死傷した場合には、法律問題が生じ得る。「国又は公共団体の公権力の行使に当る公務員が、その職務を行うについて、故意又は過失によって違法に他人に損害を加えたときは、国又は公共団体が、これを賠償する責に任ずる」と定めた**国家賠償法**第 1 条第 1 項等により、教員が損害賠償を負担するリスクについては、一定の保護はなされていると考えられる。ただし、国家賠償法第 1 条第 2 項には、「前項の場合において、公務員に故意又は重大な過失があったときは、国又は公共団体は、その公務員に対して求償権を有する」とある。この第 1 条第 2 項に基づいたものとして、2018 年の大阪市立桜宮高校体罰事件をめぐる判決がある (大阪地裁)。同校のバスケットボール部の男子生徒が顧問だった男性から暴行を受けて自殺した問題で、元顧問の男性に対し、市が遺族に支払った賠償金の半額 (4361 万円) の支払いが命じられた。

　2020 年版『学校の管理下の災害』(独立行政法人日本スポーツ振興センター) には、

2019年度に発生した学校の管理下の死亡発生件数等が示されている。そして小学校、中学校、高等学校、高等専門学校、特別支援学校、幼稚園・幼保連携型認定こども園、保育所等で発生した死亡発生件数は74件（2021年8月現在）と報告されている。

　事件、事故の発生場所は登下校途中、修学旅行中等、多岐にわたっている。また、学校の管理下で発生した障害の件数は、403件（2021年8月現在）報告されている。各教科等に加え、体育的部活動等での、骨折、指骨の一部欠損、麻痺の残存等である。

　学校の管理下で起こるものとして、他にも不審者の侵入や津波等の大規模災害も想定しなければならない。2001年には、大阪教育大学附属池田小学校に刃物を持った不審者が侵入し、4つの教室や廊下などで児童らを襲い、児童8人が殺害され、13人が負傷した。2011年の東日本大震災による津波では、宮城県石巻市の市立大川小学校の在籍児童108人のうち70人が亡くなった。2018年に起こった大阪北部地震（最大震度6弱）の際には、大阪府高槻市の市立寿栄小学校のブロック塀が倒れ、登校中だった児童が亡くなった（同小のプール脇に設置されていた長さ約40 m、高さ約1.6 mのブロック塀が歩道側に倒壊したことによる）。

　長年「全国学校事故・事件を語る会」の活動に関わりながら遺族たちに向き合ってきた住友は、「学校で生じた事故・事件の経過や事実について、被害者・遺族に対して、学校・教育行政側から誠実かつ適切な説明が行われるケースがほとんど見られない」「そもそも学校・教育行政当局による事故・事件の経過把握や事実解明の姿勢が見られず、むしろ事態の沈静化を図るためにその経過や事実を隠蔽するかのような動きを行うケースが多い」等の、学校の「不誠実な対応」について論じている。

　そして、学校での事故・事件発生後の事後対応のあり方が、遺族側の様々な苦痛を増していると指摘し、こうした被災者家族の二次被害を防ぐためにも、学校災害情報の開示制度や苦情・相談体制を確保し、学校災害対策の適正手続きの仕組みを整えていく必要がある、とする（住友剛「子どもの死亡事故・事件の遺

族側から見た学校保健安全法―『事後対応』のあり方をめぐって」『京都精華大学紀要』第
38号、京都精華大学、2011年、p. 217）。無論、誠実に対応している教育委員会や
学校もあるには違いないが、真摯に受け止めるべき指摘である。

　学校や教員は、教育活動の中で生じる危険から子どもたちを守る責任がある
ことをあらためて認識するとともに、不幸にして学校事故等が発生した場合に
は、誠実な対応が求められる。

(2) 学校安全をめぐる課題と取り組み

　学校安全をめぐる課題は複数あるが、ここでは**学校保健安全法**に規定された
危険等発生時対処要領の作成、学校選択制に伴う課題、および新たな危機事象
を取り上げる。

　前項で記した池田小事件以後、学校防犯を含む「実効性ある」学校安全施策
を求める声が高まる。学校保健および学校安全の充実を図るために、2009年
に「学校保健法等の一部を改正する法律」が施行され、学校保健法は「学校保
健安全法」に改称されるとともに、学校安全に関する学校の設置者の**責務**（26
条）、**学校安全計画**の策定等（27条）、**危険等発生時対処要領**の作成等（29条）など、
様々な責務に関する条文が新設された。以下に同法の第3章学校安全の箇所
より、第29条の要旨を記す。

　（危険等発生時対処要領の作成等）
　第29条　学校においては、児童生徒等の安全の確保を図るため、危険等発生時に
　　おいて当該学校の職員がとるべき措置の具体的内容及び手順を定めた対処要領
　　を作成するものとする。校長は、危険等発生時対処要領を職員に周知し、訓練
　　の実施等職員が適切に対処するために必要な措置を講ずるものとする。

　第29条は、学校事故対応に深く関わるものであり、危険発生時の対応マニュ
アルの作成を義務づけるものである。文部科学省『学校の危機管理マニュアル
作成の手引』においては、この第29条を引用したうえで、「各学校においては、
基本的な対応の流れを踏まえた上で、想定される危機事象に特化した内容を追

加するなどして、独自の危機管理マニュアルを作成してください」とされ、各学校における危機管理マニュアルの作成や見直しの手順が詳細に示されている。

　マニュアルには、それを読むことによって仕事の全体像や業務内容が理解できるようになるなど、メリットがあるといわれる。したがって、危険発生時の対応マニュアルであれば、危機を想定しながらそれを作成する過程そのものに意義があるといえるだろう。一方でデメリットとしては、作成自体に労力がかかる（さらに、常に改善していく必要もある）、マニュアル以上のことができなくなる等が挙げられる。また、箱やプラモデルをつくるといった目指すべきゴールが目にみえるものはマニュアルの利点が生かされやすいが、人との深いコミュニケーションが求められる作業や、状況が流動的に変化する業務内容においては、マニュアルの利点は限定的になるとの指摘もある。

　東日本大震災の折には、いわゆる「釜石の奇跡」が起こっている。背景には、2004 年から釜石市で実施されてきた「想定にとらわれない（ハザードマップを疑え）」「状況下において最善をつくす」「率先避難者になる」という、「避難 3 原則」を基盤とした、**防災教育**があった。マグニチュード 9.0 の地震発生直後、ハザードマップ上では浸水想定区域外だった釜石東中学校の生徒たちは直ちに学校を飛び出した。これをみた隣接する鵜住居小学校の児童たちは、自らの判断で校庭に駆け出し、児童生徒約 600 人が高台をめがけて走ったとされる。

　そもそも事故は、マニュアル化や一般化できないところで、発生することが少なくない。ハザードマップでは大川小学校も釜石東中学校・鵜住居小学校も浸水想定区域外であった。危険発生時の対応マニュアル作成が義務づけられた 2 年後に起こった 2 つのできごとを、どのように考えるべきなのか。

　このところ**学校選択制**の中止や見直しを行う自治体が報告されているが、現在でも学校選択制を実施している自治体は少なくない。2000 年代に入り導入されてきた学校選択制には、「当該市町村内のすべての学校のうち、希望する学校に就学を認める」自由選択制をはじめ複数の形態があるが、多くの場合は就学指定された学校に通うよりも通学距離が長くなる（少数ではあるが、通学距離などの利便性を理由とする事例もある）。そして、通学距離が長くなることに伴う安

全確保の問題、地域と学校のつながりが希薄になり、地域住民から通学時の安全確保のための協力が得られにくくなる課題、集団での登下校が難しくなるなどの課題等が指摘されている。どれも、児童生徒の安全に関わるものであり、十分な検討が行われるべきである。

さらに、これまで想定されてきた「生活安全（学校・家庭など日常生活で起こる事件・事故）」「交通安全」「災害安全」に加えて、近年スマートフォンやSNSの普及など児童生徒等を取り巻く環境の変化や学校を標的とした新たな危機事象も懸念されている。

文科省は中教審に「第3次学校安全の推進に関する計画の策定について」諮問し（2021年3月）、現在この計画策定に向けた論点整理が行われているところである（2021年9月現在）。論点（案）として、「新たな課題（SNSの普及，新たな危機事象）への対応」や、「**新型コロナウイルス感染症対策**と安全対策の両立」等が挙がっている。

また、従来から指摘されているものであっても、例えば学校給食におけるアレルギーであればエピペン（アドレナリン自己注射薬）の活用に関わる知識、学校環境の衛生等に関してであれば新型コロナウイルス感染症に関わる知識等、主体的に情報を得つつ、安全管理に努める必要がある。学校を取り巻く危機事象は時代や社会の変化に伴って変わっていくとの認識を持ち、学校安全の在り方を柔軟に見直していくことが求められている。

【参考図書】
阿部彩『子どもの貧困―日本の不公平を考える』岩波新書、2008年
若井彌一編『必携 教職六法』協同出版、2021年

コラム3　常に学ぶことを大切に

　私は現在、茨城県つくば市にある義務教育学校に勤務している。以前は横浜市の中学校に勤務していた。横浜で2年半ほど教員を経験したのち茨城県の採用試験を受け直し、現在の勤務校に赴任した。私の勤務するつくば市では小中一貫教育に力を入れており、小学校・中学校と区切らずに、1年生から4年生までを前期課程、5年生から7年生までを中期過程、8年生から9年生までを後期過程とし、9年間の教育を柔軟に行うことができるよう、試行錯誤を重ねている。

　私は横浜市と茨城県の2回の採用試験を経験し、どちらを受験するときにも県や市の教育について学んでから試験に挑んだが、どちらも根本では同じものを求められているように感じた。それは常に謙虚であり、様々なことにチャレンジしようとする気持ちを持ち続けることができるか、ということだ。教育現場も常に変容し、より良い教育を提供できるよう努力している。小中一貫の取り組みもその一つだ。私が目指していたのは中学校の教員だったが、高校で教科指導員として活動したり、特別支援学級の支援員として活動したり、学習塾で小学生を受け持ったりもした。また、私は国語科だが、支援級や学習塾では他の教科も担当し、広く知識を得ることを心がけていた。知識を広げることはもちろん大切なことであるが、それ以上にどんなことからも"学ぼう"とする姿勢自体が、教員にとってもっとも必要なものであると感じている。子どもたちは"先生のいう通りにしなさい"という姿勢を嫌う。もちろん教壇に立つ以上、その教科に関してはプロでなければならない。そのために教材研究は時間をかけても丁寧に行うべきである。しかし、アクティブ・ラーニングを行っていくうえで、教員も常に新たな発見を共有すべきである。その発見を授業に取り入れていくことで教員も新たな学びを得られ、双方にとって実りある授業とすることができる。そこでこれから教員を目指す皆さんには、常に学ぼうとする気持ちを持ち続けてほしいと思う。そのために、学生のうちから様々な経験を積んでほしい。大学にある教職関係のプログラムを利用することもいいと思う。留学をして海外に目を向けたり、大学院に進んで学びを深めたりすることも良い。一見教員の仕事に関係ないと思うことでも、いつか何かに活かせるかもしれない。仕事をはじめると、時間はどんどんとれなくなっていく。私は現在育休中であるが、家庭ですべきことがどんどん増えてきてなかなか自分の経験を積む時間をとることができていない。学生時代にじっくり勉強したりボランティアに取り組んだりした経験は、今でも宝物だ。なかなか現地に赴くことが難しい昨今ではあるが、皆さんには、できることから多くの経験を積み、教員になってからも常に学ぼうとする姿勢を持ち続けてほしい。

尾西奈緒佳（茨城県中学校教諭・国語）

第6章

教育課程論

小学校の端末室［オランダ］

1　教育課程の意義

(1) 全体像としての教育課程

　教育課程とは、学校教育の目的や目標を達成するために、教育の内容を子どもの心身の発達に応じ、授業時数との関連において総合的に組織した学校の教育計画であり、その編成主体は各学校である。教育課程の「課程」は、コース (course) を意味する。これに対して、同音語の「過程」とはプロセス (process) を意味し、学校教育の場合でいえばほとんどすべての教育活動全体の流れを指す。端的にいえば「課程」は「過程」よりも狭義である。「教育課程」は学校教育において定められた学習の全体像を示す用語である。

　教育課程と類似する用語として**指導計画**というものがある。これらはともに学校における教育内容の実施計画を示し、具体的な教育実践は、教育課程を具体的なレベルに落とし込んだ指導計画に基づいて行われている。しかしそれぞれの意味内容は厳密には同じものではなく、次のように区別される。教育課程とは、学校教育での各教科および教科外活動を通した学び全体を表す計画であ

る。これに対して、指導計画は、全体計画に基づいて作成される部分的な学びの計画である。例えば、各教科の年間計画、教科外活動の学期計画、各授業の単元計画、個別の授業計画（授業指導案とも呼ばれる）などである。教育課程には学校の入学から卒業までの学びのコースを表す「全体性」があるのに対して、指導計画にはそれぞれの段階における「具体性」が求められる点が、大きな違いである。例えば、中学校3年間で学ぶすべての授業時間リスト（教育課程の一例）をもとに、第1学年1学期における1週間の時間割（指導計画の一例）が作成されるような流れをイメージしてほしい。

　日本の学校教育における教育課程の編成は、国家レベルで定められた一定のガイドラインに基づいてなされている。現在の制度では、各学校が全く自由に学校で教える内容を決めて良いというわけではない。例えば、**学校教育法施行規則**では、各学校における教育課程編成の基準について以下のように述べられている。

学校教育法施行規則
第50条　小学校の教育課程は、国語、社会、算数、理科、生活、音楽、図画工作、家庭、体育及び外国語の各教科（以下この節において「各教科」という。）、特別の教科である道徳、外国語活動、総合的な学習の時間並びに特別活動によって編成するものとする。
②　私立の小学校の教育課程を編成する場合は、前項の規定にかかわらず、宗教を加えることができる。この場合においては、宗教をもつて前項の特別の教科である道徳に代えることができる。
第52条　小学校の教育課程については、この節に定めるもののほか、教育課程の基準として文部科学大臣が別に公示する小学校学習指導要領によるものとする。

　上記は小学校についての記述だが、中学校や高等学校においてもこれと同様である。教育課程、つまり、子どもたちに教える内容を編成する基準の中でも特に中心的な位置にあるのが**学習指導要領**（以下、指導要領）である。
　補足として、指導要領の基準性が及ぶ範囲について誤解されがちな点について確認しておこう。指導要領が各学校の教育課程編成の基準であるということは、**学校教育法**第1条および第2条で規定されている「学校」である私立学

校においても同様にあてはまる。指導要領は、日本のすべての学校において、教育課程の編成の基準として位置づけられている。なお、幼稚園については、こちらも公立と私立にかかわらず、指導要領と同様の位置づけである**幼稚園教育要領**が出されている。また、2006年から制度化された**幼保連携型認定こども園**は学校であると同時に児童福祉施設としての性質を有するため、そこでの教育・保育の内容編成には幼稚園教育要領と**保育所保育指針**が適用される。

(2) 学習経験としてのカリキュラム

　一般的に、**カリキュラム** (curriculum) は日本語の「教育課程」の原語として理解されている。カリキュラムの語源は、「走る」や「競走路」を意味するラテン語 currere（クレーレ）である。この語がはじめて使用されるようになったのは、16世紀ヨーロッパのプロテスタント、特にカルヴァン派の大学改革においてであるとされる (Hamilton, 1989, 安川訳、1998、p. 54)。当時の大学では教師の恣意的な教育が行われており、教育内容に関する明確なコースは存在しなかった。この改革として、教育内容の順序、期間、修了などを明確にするためにこの語が使用されたといわれている。簡単にいえば、当時の大学では、何を学べば卒業できるかが不透明だった。さらに、卒業までにかかる年数もバラバラだった。さすがにこれでは学生も不安になるだろう。卒業までの最低限の道筋（カリキュラム）を示してくれと訴えるのももっともな話である。

　話をカリキュラムの構造に進めよう。学校で教えられている教育内容に注目した場合、カリキュラムは多くの層から構成されている。そこには国が定める法規、指導要領、地方自治体が定める条例や教育方針、教科書の採択、また、各学校で編成される学校教育目標、年間指導計画、教室での時間割や使用される教科書や教材、さらには実際の教師の指導内容や子どもとの関係性などが含まれる。この結果、子どもたちは、知識、技術の修得だけにとどまらず、様々な習慣、価値観も経験して獲得していく。このカリキュラムの諸層を整理したものが、表6-1である。

　国や地方自治体レベルの① **制度化されたカリキュラム**に基づいて学校レベ

表6-1　カリキュラムの多層性

①制度化されたカリキュラム（国、地方自治体レベル）
　　例）法規　学習指導要領　地方自治体の条例や教育指針等　教科書（採択）など
②計画されたカリキュラム（学校レベル）
　　例）学校教育目標　教育の全体計画　年間指導計画　各教科、教科外活動の計
　　　　画　学校の教育環境・設備・教材（選択）　地域社会における学校の位置づ
　　　　けなど
③実践されたカリキュラム（教室、授業、教師レベル）
　　例）時間割　教科書・教材（使用）　授業計画　教室環境・設備　教育方法・技
　　　　術　学習評価の方法　教師の発問・余談　教師の言動　教師と子どもの関
　　　　係性など
④経験・獲得されたカリキュラム（子どもレベル）
　　例）知識　技術　発言・表現・パフォーマンス　作品　習慣　価値観　見方・
　　　　考え方など

出典：筆者作成。

ルで② **計画されたカリキュラム**が編成される。そして教室での教師による授業や教育活動によって③ **実践されたカリキュラム**が子どもに提供される。そして、子どもは知識、技術を得て、発言や表現ができるようになると同時に、様々な習慣や価値観を身につける。これは④ **経験・獲得されたカリキュラム**である。

　①から③のカリキュラムは、教育者が明確な意図を持って編成し実施される。これに対して④には、習慣、価値観などの、必ずしも教育者側の意図通りではない学習の結果も含まれる。この部分のカリキュラムは、教育のプロセスにおいて、計画の有無にかかわらず、学習者によって結果的に学習、経験されてしまう内容である。この側面は、1960年代から主にアメリカを中心に行われてきた、**隠れたカリキュラム** (hidden curriculum)／**潜在的カリキュラム** (latent curriculum) 研究によって明らかにされてきている。

　隠れたカリキュラムの視点は、子どもたちが“実際に”何を学んでいるのかを知るうえで重要な情報を与えてくれる。例えば、アメリカの教育学者ジャクソン (Jackson, P. W., 1928-2015) は、学校生活を生き抜くために子どもたちは、規則に従うこと (rule)、我慢すること (regulations)、つまらない繰り返しに慣

れること (routine) を学んでいると指摘した (Jackson, *Life in Classrooms*, Teachers College Press, 1968, pp. 33-37)。授業が成立する前提には、実はジャクソンが指摘するような「教室での振る舞い」を子どもたちが学習している必要があるのかもしれない。隠れたカリキュラムの視点は、これまで焦点があてられることが少なかった子どもたちの本音の部分を探り、学校教育や指導場面を成立させる条件を明らかにする可能性がある。

　ここまでを整理すると、一般に「教育課程」という場合には、教育者の意図が反映される教育内容の計画の中でも特に、学校における教育内容の全体計画である②を意味する。これに対して「カリキュラム」という概念は、②はもちろんのこと、①から④までを含む広い概念である。カリキュラムは、必ずしも教育者の意図が反映されるとはいえない実際の教育実践内容や、子どもによって経験、獲得された内容、すなわち「子どもの学習経験」の総体までを含んだ概念である。

2　教育課程の編成方法

(1) 学習指導要領の内容と意義

　学習指導要領は、各学校が編成して実施する教育課程の基本的な枠組みについて国 (文部科学省) が定める基準である。これは、小学校、中学校、高等学校、特別支援学校、および幼稚園 (幼稚園教育要領) の学校段階別に示されている。教育課程編成の一般的な方針 (総則)、各教科、特別の教科である道徳 (小・中学校)、外国語活動 (小学校)、総合的な学習の時間、そして特別活動について、学年ごとの目標、内容、指導計画と内容の取扱い等が示されている。前掲 (本章、p. 105) の学校教育法施行規則第 52 条にもある通り、指導要領は各学校の教育課程の基準であり、それは文部科学大臣によって**公示** (公の機関が広く一般に示すこと) される。中学校学習指導要領 (2017) を例にとると、「第 1 章　総則」では次のように述べられている。

　　各学校においては、教育基本法及び学校教育法その他の法令並びにこの章以下

に示すところに従い、生徒の人間として調和のとれた育成を目指し、生徒の心身の発達の段階や特性及び<u>学校や地域の実態を十分考慮して、適切な教育課程を編成する</u>ものとし、これらに掲げる目標を達成するよう教育を行うものとする（下線筆者、以下省略）。

　このように、各学校が法令や指導要領に従って、それぞれの実情に合った教育課程を編成することが求められている。国が定めた教育課程をそのまま実施するということではなく、教育課程編成の中心としての役割を果たすのは、あくまでも学校なのである。

(2) 学習指導要領の歴史的変遷

　最初の指導要領は、アメリカのコース・オブ・スタディー（course of study）を参考として 1947（昭和 22）年に刊行された「学習指導要領一般編（試案）」である。47 年版の指導要領と、その直後に改訂された 51 年版のそれは「試案」として示され、教師の手引きとしての性格が強かった。47 年版では、従来の修身（公民）、日本歴史および地理を廃止し、新たに社会科が設けられた。また、新制中学校、すなわち現在につながる 3 年制の義務教育としての前期中等教育（中学校）がこの年からスタートした。6・3 制の開始である。しかし、47 年版指導要領は、同年 4 月からの新学制開始に合わせて急いで作成されたため、教育基本法、学校教育法、学校教育法施行規則などの法的整備が不十分なままに出版された。このため、そこには不備も多く、出版してから間もない 51 年に改訂される必要があった。

　51 年版では、それまでの「教科課程」の用語に代えて「教育課程」という用語が用いられるようになった。また、道徳教育を「学校教育のあらゆる機会に指導すべき」とし、社会科をはじめ各教科の中でなされる道徳教育の重要性が明確にされた。しかし、この時期にはまだ「道徳の時間」という独立した時間枠は存在していない。

　ここまでの「試案」期（47、51 年）の指導要領は、「経験主義教育」や「**経験**

カリキュラム」と称されることが多い。「経験カリキュラム」は、「学校の教育活動の展開に当たって望ましい生活経験を基本的な教育内容とし、その経験を組織的に展開するように編成されたカリキュラムの総称」(長谷川栄「経験カリキュラム」『現代カリキュラム事典』ぎょうせい、2005年、pp. 19-20) とされる。ここでは、子どもたちの生活経験を軸にした学習が中心的に行われてきた。この時期の日本の学校教育は、米国におけるデューイ (Dewey, John, 1859-1952) の教育理論や、児童中心主義の教育からの影響を大きく受けていた (補足:「経験主義」や「経験カリキュラム」は、「系統主義」や「教科カリキュラム:教育内容を教科の体系に基づいて編成して展開する〔長谷川、2005〕」と対比される)。

　1958年の改訂時には、指導要領の法的根拠の整備が行われた。この時点から、指導要領は教育課程の基準として文部大臣 (当時) が告示 (国家などが広く一般に向けて行う通知する、公示の一つの形式) するものとなった。学校教育法、同法施行規則、告示という法体系を整備して教育課程の基準としての性格を一層明確にした。これによって、指導要領の**法的拘束力**が明確化されたとするのが一般的な解釈である。教育内容については、それまでの経験主義教育から**系統主義**教育へと転換が行われた。基礎学力の充実を図るために授業時数が増やされた。また、小中学校に道徳の時間 (週1時間) が特設された。

　1968年の改訂では、高度経済成長期を迎える中で教育内容のレベルアップが図られた。この改訂の特徴は、教育の現代化と能力主義化である。良い人材を開発するという産業社会からの要請を受け、教育内容は現代化・高度化された。教育内容の量も授業時数も、この改訂時にピークを迎えている。また、高等学校の進学率は上昇して、1965年には約70%となっている。これを受けて、科学技術教育の振興を中心とした後期中等教育 (高等学校) の改革が行われた。例えば、5年制の高等専門学校 (高専) の新設 (1962年) や、理科・数学教育を重視した「理数科」の設置 (1968年) である。しかし、この一連の改訂内容は知識詰め込み主義に陥り、結果として「落ちこぼれ、落ちこぼし」「受験戦争」や「教育荒廃」の一因となったと批判された。

　68年版の指導要領が知識重視に偏ってしまったことを踏まえて、1977年

には「**ゆとり**と充実の学校生活」をキーワードとして改訂が行われた。この改訂では、道徳教育や体育が一層重視された。また、「ゆとりのある充実した学校生活」を実現するために教科内容が精選され、授業時数が削減された。実際、68年版に比べて指導要領のページ数は大幅に削減されている。さらに、教育課程の基準が大綱化・弾力化され、学校や教師が創意工夫する余地が拡大された。この例として、各学校の創意工夫によって活用できる「学校裁量の時間（ゆとりの時間）」（週1〜2時間）が新設された。この時間は、指導要領にも記載されず授業時数としても数えられない、大幅に各学校の創意工夫に任された時間であった。

「個性重視」「国際化への対応」をキーワードに行われた1989年の改訂は、基本的には77年の改訂の流れを受け継ぐものである。小学校1・2年の社会科と理科を廃止して生活科を設け、具体的な生活体験学習を重視した。また、中学校や高等学校では習熟度別学習や選択教科が拡大された。高等学校では社会科が解体し、地理歴史科、公民科に再編された。また、「女性に対するあらゆる形態の差別の撤廃に関する条約」の締結（1985年）を背景として、家庭科の男女必修化もここからはじまった。

1998年の改訂は、77年版から「ゆとり」をキーワードにして続いてきた一連の教育改革の「総仕上げ」としての性格を持つ。ここでは、「ゆとり」の中で**生きる力**を育成することが目指された。具体的には、①総合的な学習の時間の新設、②完全学校週5日制の実施、③土曜日分の授業時数を縮減した大幅な教育内容の削減（週2単位時間）、④体験活動、問題解決的な学習の充実、そして、⑤学校現場の裁量権を拡大したことが挙げられる。⑤については、例えば小学校45分、中学校50分が通例だった一単位時間を各学校で適切に変更できるようにするなど、踏み込んだ変革を打ち出した。このほか、高等学校では、普通教科「情報」・専門教科「情報」「福祉」が新設された。しかし、この大幅な大綱化・弾力化は学力低下につながるとの懸念も生んだ。これを受けて、2002年1月に文部科学省は、「確かな学力の向上のための2002アピール『学びのすすめ』」を出した。これは、同年4月から98年版指導要領が全

面実施される直前に、高まる学力低下の危惧に対応しようとするものだった。さらに、2003年には指導要領の一部改正が行われた。この改正によって、各学校は、子どもたちの実態に応じて指導要領に示されていない発展的内容を加えて指導することができるようになった。指導要領は教育課程の**最低基準**であることが明確に位置づけられた。

　2008年に指導要領が改訂された（高等学校は09年）。この改訂は、改正**教育基本法**（2006年）が示す教育理念を踏まえたものである。改訂のポイントは、①「生きる力」という理念の共有、②基礎的・基本的な知識・技能の習得、③思考力・判断力・表現力等の育成、④確かな学力を確立するために必要な授業時数の確保、⑤学習意欲の向上や学習習慣の確立、そして⑥豊かな心や健やかな体の育成のための指導の充実、である。これらのポイントを受けて、言語活動、理数教育、伝統や文化に関する教育、道徳教育、そして体験活動を充実させることが重点項目とされた。具体的な変化としては、小中学校における授業時数が増加され、小学校の高学年（5・6年）での外国語活動が新設された。このほか、総合的な学習の時間が指導要領の目次の独立した項目に挙げられ、教育課程における位置づけが明確にされた。また、**部活動**の役割について「<u>学校教育の一環</u>として、<u>教育課程との関連</u>が図られるよう留意すること」（下線は筆者）と明記された（中学校、高等学校）。

　現行の指導要領は2017年（小・中）と2018年（高校）に改訂された。今回は、子どもたちに求められる資質・能力とは何かを学校と社会が共有し、連携する**社会に開かれた教育課程**の実現が重視されている。また、すべての教科等において知識の理解の質を高め、確かな学力を育成することが目指される。このために、知・徳・体にわたる「生きる力」を具体化して「知識及び技能」「思考力、判断力、表現力等」「学びに向かう力、人間性等」（評価の観点としては、「主体的に学習に取り組む態度」）の3つの柱で教育内容の再整理が行われる。そして、具体的な授業改善として、各教科等の中で**主体的・対話的で深い学び**の実現に向けた授業改善（アクティブ・ラーニングの視点に立った授業改善）が推進される。さらに、学校全体として、教育内容や時間の適切な配分、必要な人的・物的体制の確保、

実施状況に基づく改善などを通して、教育活動の質を向上させ、学習効果の最大化を図る**カリキュラム・マネジメント** (CM) に努めることが求められている。

　指導要領の改訂に先立って、これまでの道徳の時間が「**特別の教科　道徳**」（以下、「道徳科」）として新たに位置づけられた。小学校では 2018 年度、中学校では 2019 年度から全面実施されている。道徳科では学習目標を明確で理解しやすいものにし、その内容をより体系的なものにする。そして、指導方法を多様で効果的なものに工夫することによって「考える道徳」「議論する道徳」へと転換することが目指されている。表 6-2 に、これまでの指導要領の変遷を示す。

表 6-2　学習指導要領の変遷

対象世代	改訂年（小の場合）	特徴	キーワード・具体例
80 歳前後	1947 1951	試案	**教育課程編成の教師用手引き** 社会科新設（修身、日本歴史および地理の廃止） 家庭科　自由研究　6-3 制の開始　男女共学 経験カリキュラム　"自己教育力"の重視
70 歳前後	1958	告示≒法的拘束力	**教育課程の基準としての性格の明確化** **道徳の時間**（小中）**の新設　基礎学力の充実** 経験主義から**系統主義へ**
60 歳前後	1968	教育内容の現代化・高度化	かけ算九九（小 3 → 小 2）不等号（中学→小 2） ……教科の学習内容が大幅アップ **系統主義　学習内容の高度化・現代化** 高校進学率の急上昇　教育荒廃　受験戦争 新幹線授業　落ちこぼれ
50 歳前後	1977	「ゆとり」「豊かな人間性」	**学習負担の適正化（各教科の目標・内容をしぼる）** 基礎基本を中心に内容精選　道徳教育、体育の重視 ゆとりある充実した学校生活（授業時数削減） 学校・教師の創意工夫の余地の拡大 学習指導要領のページ数が約半分に減 **「学校裁量（ゆとり）の時間」** （学習指導要領に記載されず、授業時数としても数えない。各学校で創意工夫。週 1 ～ 2 時間）

40 歳前後	1989	社会の変化に自ら対応できる心豊かな人間の育成 個性を生かす教育	小学校低学年に**生活科**　中学校選択教科の拡充 高等学校の社会科解体（地理歴史科、公民科）高等学校の家庭科の男女必修化 国際理解を深め、我が国の文化と伝統を尊重する態度の育成＝**道徳教育の充実**
30 歳前後	1998	「ゆとり」の中で「生きる力」を育む	**基礎・基本を確実に身につけ、自ら学び自ら考える力などの「生きる力」の育成**　教育内容の厳選……本当に必要な内容を残す **総合的な学習の時間**の設置、必修化……児童生徒の興味関心に基づいた題材について調べて、まとめて、発表する **完全学校週5日制の実施**（週あたり2単位時間削減）授業の1単位時間や授業時数の運用を弾力化 **教育内容の大綱化……学習にゆとりを** 体験活動・問題解決的な学習の充実……経験カリキュラムの重視　高等学校「情報」「福祉」新設
20 歳前後	2008	「生きる力」理念の共有 基礎的・基本的な知識・技能の習得 思考力・判断力・表現力等の育成	**授業時数増加**……基礎学力の着実な定着 小学校高学年に**外国語活動** 総合的な学習の時間が学校行事で代替可能に **「言語教育」「理数教育」「伝統や文化に関する教育」「道徳教育」「体育」「体験活動」「外国語教育」**の充実 中学校の選択教科縮小　部活動の教育的意義を明記
10 歳前後	2017	新しい時代に必要となる資質・能力の育成と、学習評価の充実（何が身についたか）	**社会に開かれた教育課程**　カリキュラム・マネジメント **主体的・対話的で深い学び**　確かな学力（生きる力）豊かな心や健やかな体 **「特別の教科　道徳」**＠2018（小）19（中）……いじめ対策、規範意識の向上、わが国や地元への愛着……「考え、議論する道徳」 高校の「公共」（新設）「倫理」「特別活動」において、人間としてのあり方生き方を学ぶ **高校で地理総合、歴史総合、公共の必修化**……日本の地理、歴史、主権者教育の重視 **小学校高学年での外国語（＝英語）の教科化（週2コマ）と3年生からの外国語活動（週1コマ）** 中学校および高校の英語の授業は英語で行うこと明記 **主体的・対話的で深い学び（アクティブ・ラーニング）重視**……授業の「教え方」を改善

出典：これまでの学習指導要領をもとに筆者が作成。

（3）教科書の役割

　教科書とは、「(前略) 学校において、教育課程の編成に応じて組織排列された教科の主たる教材として、教授の用に供せられる児童又は生徒用図書であって、文部科学大臣の検定を経たもの又は文部科学省が著作の名義を有するもの」(教科書の発行に関する臨時措置法2条) であり、教科学習の主な教材として位置づけられる。また、「小学校においては、文部科学大臣の検定を経た教科用図書又は文部科学省が著作の名義を有する教科用図書を使用しなければならない」(学校教育法34条、この規定は中学校、高等学校、中等教育学校、特別支援学校にも準用) とあるように、各教科の学習においては**教科用図書**を用いなければならない。ここでいう教科用図書とは、狭義の教科書である。これに対して、われわれが日常的に広義に捉えている教科書には、例えばかつての道徳の時間に用いられた**副読本**なども含まれる。こうした副読本は法令に規定されているものではなく、その選定や使用については各学校などの裁量に任されている。この2つを区別することは重要である。

　現在の日本では、教科書の内容は指導要領に即していなければならない。民間で作成される教科書が学校で使用されるためには、文部科学大臣の検定を受けて合格する必要がある。この制度が、**教科書検定制度**である。日本の学校教育においては、全国的な教育水準の維持向上、教育の機会均等の保障、適正な教育内容の維持、そして教育の中立性の確保などが要請されている。これが、指導要領と同様に、教科書検定制度が必要とされている理由である。しかし、近年この検定基準が強化されていることや、検定作業の密室性などを問題視する声もある。また、検定で合格となった歴史教科書の記述内容について、日本国内で激しい抗議運動が起きたり、近隣諸国の厳しい批判を浴びるケースもある。さらに、「道徳科」の教科書検定をめぐっては、それが特定の価値の強制や押しつけにつながる危険性があるという批判も根強い。

　このような中で、教科書検定制度の改善が進められようとしている。2013年12月に教科用図書検定調査審議会が「教科書検定の改善について」という報告書を提出した。ここでは、「公正・中立でバランスの取れた教科書の記述

となるよう教科用図書検定基準の改正」および「教育基本法の目標等に照らして重大な欠陥がある場合の対応方策」や、検定手続きの透明化について「検定意見書等関係文書の具体化と透明化」が示されている。

GIGAスクール構想の実現によってICTを活用した教育が爆発的に進み、電子黒板、デジタル教科書、デジタル教材が全国的に普及してきている。今後、デジタルコンテンツの問題も含めて十分に議論し、教科書検定制度が改善され、教科書内容の決定プロセスが透明化されることは必須である。さらに踏み込んでいえば、高度デジタル化社会において、教科書そして検定制度が持つ意味自体に問いを投げかけ、その存廃も含めた柔軟な政策決定をする姿勢が求められてこよう。

(4) 授業デザインの方法

教師としての様々な仕事の中で、もっとも基本的なものの一つは授業である。一言で授業を行うといっても、そこには準備、計画、実施、評価、そして改善などの重要な段階がある。ここでは、教育方法に焦点をあてて、授業の準備と計画の段階を授業の設計段階と捉え、重要な点を整理する。

教育方法学において、教師が授業を設計する際に伝統的に参考とされている枠組みに、**教授の三角形**（図6-1）がある。

授業の場を構成する基本的な要素は、教師と子ども、そして教材である。この三角形は、授業を設計する際に、教師と子ども、教師と教材、そして子どもと教材の関係について十分に研究する必要性を提起している。例えば、教師と子どもの関係性は、教材の選定に大きな影響を与える。また、ある教材を選定する際には、教師が考える教材の意味と子どもが考える教材の意味が一致することが重要である。さらに、子どもは教材から自然に何かを学ぶということは稀であり、

図6-1　教授の三角形

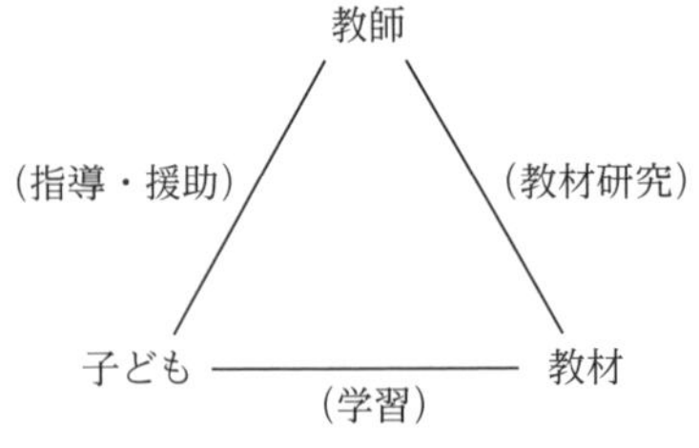

```
              教師
           ╱       ╲
   (指導・援助)   (教材研究)
         ╱           ╲
     子ども ――――――― 教材
            (学習)
```

教材を学ぶのではなく教材を通して学ぶのである。したがって、教師は教材の意味を引き出す関わりをしなければならない。さらに、この三者の密接な関係を踏まえて、毎時間の授業からなる単元、そしてカリキュラム全体を設計することも、教師にとっては重要な仕事である。

　一般的に、**教材研究**とは、教師が授業を実施する前に行う教材の検討や分析の全体を指す。大きく分けて、教材には教科書や資料集のようにあらかじめ用意されているものがある。この他に、副読本、実験に使用する器具や、体育の競技に使用する用具などの補助教材とされるものがある。さらに、教師が独自に準備する資料等も、授業においては重要な教材である。教材の範囲をもっと広く捉えれば、授業の導入部分で教師が話題にするニュースや、気になったことなどの余談も含めることができる。

　教材研究を行う際には、特に次の2点を意識しておくことが必要である。

　第一に、学習目標との関係である。毎時間の授業における学習目標は、積み重なって大きなまとまりである単元の学習目標を達成するように構成されなければならない。多くの場合、教材研究は積み上げ型で行われる。例えば、総合的な学習の時間において、まず、子どもたちの身近な日常でのゴミ問題を取り上げる。次に、学校や地域の住みやすさについて考えさせる。そして、地域社会全体の環境問題へと学習テーマを広げていくような構成の場合には、それぞれで使用する教材の質が異なる。一つ一つの授業の単元内での位置づけ、そして授業内での教材の役割を丁寧に確認しながら教材研究を進めることが重要になる。

　第二に、子どもたちの興味、関心を引き出すことである。教材は、それに触れることで子どもたちの知的好奇心を触発するものであることが望ましい。教材との出会いによって、子どもたちの中に「なぜ？」などの問いを生み出すことに成功すれば、教材研究は成果を上げたといっても過言ではないだろう。知的好奇心に関連する内発的動機づけをもたらす源泉として、①既存の知識と新しい情報の不一致を低減したい欲求、②有能さへの欲求、③自己決定の欲求、④関係性への欲求、の4つが挙げられる（桜井茂男・黒田祐二「動機づけ理論は学校

教育にどのように活かされたか」『心理学評論』Vol. 47、No. 3、2004年、pp. 284-299)。近年ではデジタル化が進み、教材に関しても様々な情報をインターネットから得ることができる。まさに玉石混淆の様相である。教師には、溢れる情報の中から、学習の目的に合致して子どもの内発的動機づけを高めるような教材を選定する「目利き」の役割も求められている。十分な教材研究を通して、子どもたちの知的好奇心を刺激する授業の仕掛けを創出してもらいたい。

　授業を行うにあたって、あらかじめ設計した指導計画を表したものを**学習指導案**(指導案、授業案または教案とも呼ばれる)という。学習指導案は、演習授業や教育実習で作成することが求められ、非常に苦労した(する?)方も多いだろう。それではなぜ、学習指導案がこれほどまでに重要とされているのか。まず、学習指導案の役割について整理していく。

　学習指導案の主な役割については、次の3点を挙げることができる。第一に、教師自身の授業台本、シナリオとしての役割である。良い教師は、授業中には役者となって子どもたちを惹きつけるなどといわれることがある。しかし、優秀な役者であっても台本やシナリオなしで舞台を演じ切ることは難しい。教師にとって、授業という舞台を演じるための台本が学習指導案である。第二に、授業改善のためのデータ(記録)としての役割である。容易に想像できるように、授業という営みは、必ずうまくいくと保証されるものではない。実態はむしろ逆で、入念に準備をしても授業がうまくいかないということは多くの教師が日常的に経験していることだろう。そこで必要となるのが、なぜ授業がうまくいかなかったのかを確かめ、改善の方法を探る作業である。学習指導案は、この作業を行ううえで欠かせないデータ(記録)となる。詳細なデータがあれば、授業のどこがうまくいって、どこがうまくいかなかったのか、また、その原因は何か、というような具体的な検討が可能になる。第三に、学校のカリキュラム全体を評価するのに欠かせないデータとしての役割である。学校の教育がうまくいっているかを確認したい場合、多くの人が、まず授業内容を知りたいと思うだろう。実際の授業内容を知るためには、教科書の内容よりも、実際に行われた授業の学習指導案を参照する方が良いだろう。教師はロボットではないの

で、複数の教師が同じ教科書を使用して授業を行っても全く同じ授業内容にはならない。それぞれの教師と子どもたちとの関係性やその他の状況に応じて、授業内容が柔軟に変化することもある。学校のカリキュラム全体を評価する際には、このような側面まで含めて授業内容を知ることが有用である。詳細に書かれた学習指導案は、この際に非常に重要なデータとなる。

学習指導案には様々な形式がある。学校や教科によってもその形式は異なることが多いので、教育実習等で学習指導案を作成する必要がある場合には、求められる形式について事前に確認しておくとよい。おおむね、学習指導案に記載する必要がある項目は、以下の10項目のようになる。

①「学級名・教科名・指導者名」　例えば、中学校社会科のように分野が分かれている場合には、社会科 (歴史分野) のように表記することが多い。

②「単元名」　単元は主題、題材といわれることもあり、教科によって異なる場合がある。

③「単元設定の理由」　児童・生徒観、教材観、指導観を記入する場合が多い。

④「単元目標・評価規準」　3観点「知識・技能」「思考・判断・表現」「主体的に学習に取り組む態度」の項目ごとに評価規準を簡潔に設定する。評価項目と評価方法を明記する。評価方法の例：ノート、ワークシート、作品、発表、作業、発言、理解や協力などの行動面に注目する場合があり、多面的な評価が目指される。

⑤「単元指導計画」　単元の配当時間とそれぞれの内容、本時はどこにあたるのかを明示。

⑥「本時の目標」　単元全体の目標と関連づけて、本時の目標は何か、どこに焦点をあてて指導するのかについて簡潔に述べる。

⑦「準備物・資料」　本時の準備物や資料 (該当頁があれば示す) を記載。

⑧「本時の展開」　この部分が中心となる。時系列に沿って「本時の展開」と書かれるのが一般的である。「導入」「展開」「まとめ (終末)」を縦軸に、「学習活動・内容 (発問等も含む)」「指導上の留意点・配慮事項」「評価の方

法・観点」を横軸にして表形式にする場合が多い。この形式はあくまで一般的なものであり、学校や教科によって様々に異なる場合もある。ただし、記載することが必要な情報はおおむねここで挙げた通りである。

⑨「板書計画や資料計画」　学習指導案の中には記載しない場合や、別紙添付の場合もある。

⑩「評価項目と評価方法」　目標達成の確認に適した方法を設定する。

学習指導案の具体例については、多くの教育委員会が HP 等でサンプルを提供している。それぞれの自治体や学校によって書式が異なる場合もあるが、おさえておくべき基本的事項は共通している。皆さんには、自分が関わりを持つ地域を含め、複数の自治体の学習指導案を調べて比較してもらいたい。それぞれの自治体で使用される学習指導案の共通性や相違性について確認ができ、学習指導案の本質的な部分に関する理解が深まるはずである。

(5) カリキュラム評価の方法と意義

多くの人が、教育における「評価」と聞けば学力テストを思い起こすだろう。しかし、これは一定の時点における子どもたちの学習内容の理解度を測定するもので、教育評価の一部分にすぎない。教育における評価は、その目的や対象に応じて様々なタイプに分かれている。

現在の学校教育現場では、指導要領に示す各教科の目標に照らして子どもの学習の実現状況を観点ごとに評価するようになっている。これは「目標に準拠した評価」と呼ばれる。この立場は、すべての子どもが共通に到達すべき目標（指導要領）を設定し、その目標に照らし合わせて子どもの学習状況を把握する。そしてその結果を学習指導に活かしていこうとするものである。教師は、指導要領の３つの柱である「個別の知識・技能」「思考力・判断力・表現力等」「学びに向かう力・人間性等」に照らし合わせて、子どもがそれぞれの目標についてどの程度到達できているかについて評価を行う。ただし、これらの柱は、授業における学習状況評価の際には「知識・技能」「思考・判断・表現」「主体的に学習に取り組む態度」という３観点に置き換えて評価される。ただし、「学

びに向かう力・人間性等」は、「主体的に学習に取り組む態度」とは完全には対応していない。人間性等については教科教育の中では評価対象とすることが難しいため、学習に対する主体性を切り出して学習状況評価に用いられている。

　単元における学習の際には、**到達度評価**が用いられることが主である。到達度評価とは、到達目標を規準として、子どもたちがそこに到達しているかどうかという点に焦点化して評価する立場である。単元の学習においては、まず、**診断的評価**が行われる。診断的評価とは、単元の学習をはじめる前に、その単元に関して子どもたちが持っている知識、経験、関心や意欲などを評価するものである。これによって、子どもたち個人やクラス等集団の目標および課題が設定される。次いで、学習の途中では**形成的評価**が行われる。形成的評価は、学習の途中で行われる評価であり、ここでは授業の過程で子どもたち一人ひとりが到達目標に達しているかどうかを確認する評価である。具体的には、確認テストや教師による観察などによって行われることが多い。これによって、到達目標や時間配分、指導法などが修正、変更されることもある。最後に**総括的評価**が行われる。これは単元末のまとめに行われる評価であり、到達目標への子どもたちの達成状況を評価し、「評定」つまり成績をつける評価である。教師にとっては、この総括的評価の結果が、次の単元を構成する際の診断的評価としての役割も果たす場合が多い。

　ここまで述べてきたものは、1時間の授業や1単元の授業について、教育活動（学習者理解、教育目標、教材、教育方法、評価方法）の過程と成果を評価するものであり、授業評価といわれる。これに対して**カリキュラム評価**は、授業評価の結果を踏まえつつ、学年単位や学校単位の教育目標や教育内容を対象として、それらの系統性や機能性を検証するものである。時には、教師集団による児童生徒理解のあり方も検証の対象となる。これを旅行に例えるならば、授業評価では旅行の移動手段、宿泊場所やスケジュールなどが適切であったかどうかが問われ、カリキュラム評価ではその旅行計画全体（意義、目的など）とその成果（経験全体）の整合性が問われるのである。

　学校のカリキュラムを評価し改善するためには、授業評価のみならず様々な

教育評価の結果を収集し、多角的に分析することからはじめなければならない。特に、子どもたちの学力の現状、家庭や地域の教育環境、教員同士の関係性や教員組織の現状、学校の学習環境の現状などを把握することが重要な出発点となろう。さらに、保護者や学校評議員によって行われる学校評価の結果からも、カリキュラムを改善するための手掛かりが得られる場合が多い。各学校では、これらの多角的な情報をもとにカリキュラム評価を行って、P（Plan）− D（Do）− C（Check）− A（Action）と連続した **PDCA サイクル**に落とし込むことでカリキュラムを改善することが求められている。

3　カリキュラム・マネジメント

　カリキュラム・マネジメント（以下、CM）の目的は、教育活動の質を向上させて学習効果の最大化を図ることである。CM は、校長のリーダーシップのもと、学校全体で実施することが求められている。各教師が担う主な役割は、授業等の実際的な教育活動についてその実施状況と成果を把握し、具体的な改善策を実行することである。以下に、CM の 3 つの要点とそれぞれにおいて教師に求められる具体的な役割について示す。

(1) PDCA サイクル
　要点の 1 点目は、学校全体で PDCA サイクルを回し、教育課程改善の体制を整えることである。授業等の教育実践を構成するうえで、育成する資質・能力を明確に設定し、その達成に最適な方法を選択する（「何ができるようになるか」「何を学ぶか」「どのように学ぶか」の明確化）。さらに、実践の結果、子どもたちに「何が身についたか」を実践の目的と照らし合わせて把握することが重要である。この作業を通して、「子供一人一人の発達をどのように支援するか」や、目的をより良く達成するための実践を「実施するために何が必要か」が明らかになる。この一連のサイクルに各教師が精通することが、学校全体の PDCA サイクルを有効に回すための鍵である。

（2）教科等横断的な幅広い発想

　2点目は、教科等横断的な視点を持って教育内容を組み立てて、授業を設計することである。子どもたちの学びを各教科の中で完結させるのではなく、それぞれの教科で学ぶ内容を相互に関連づけ、学校の教育課程全体を通して目的とする資質・能力を身につけさせる発想が必要となる。例えば、言語活動や問題解決的学習を充実させるという視点を通して各教科等の内容を横断的にみることなどが挙げられる。このためには、これまでに積み上げられてきた総合的な学習の時間の実践事例が大いに参考になろう。例えば、文部科学省 (https://www.mext.go.jp/a_menu/shotou/new-cs/gengo/1306163.htm) や独立行政法人教職員支援機構 (https://www.nits.go.jp/) は、HP 上に豊富な総合学習の実践事例を提供している。また、それぞれの地域に根差した総合学習の実践事例を公開している地方自治体の HP も多い。皆さんには、積極的にこうした事例に触れ、斬新なアイディアと広い視野を持ち、子どもたちにとって有意義な授業を創り出していってもらいたい。

（3）学校外との連携

　3点目は、地域社会等の外部との連携による人的・物的体制を確保することである。「社会に開かれた教育課程」の実現のためにはもちろん、特別な配慮を必要とする児童生徒への支援や、持続可能な部活動の運営を実現するためにも、学校外と連携して人材や資源を活用することが必須である。学校と外部の連携を結ぶ際の最終的責任は校長にある。しかし、子どもたちの学習機会を保障し学習効果を最大化する責任は各教師にある。このために、各教師には、地域社会の人材や教育資源に目を向け、学校外のヒトやモノと積極的に関わりを持ってほしい。そして、子どもたちに身につけさせたい資質・能力についての明確なビジョンを持ち、このために必要な教育資源を学校内外広くから集めて、それぞれの学校独自の教育課程を創出してもらいたい。

【参考図書】

工藤勇一『学校の「当たり前」をやめた。―生徒も教師も変わる！公立名門中学校長の改革』時事通信社、2018年

原田信之編著『カリキュラム・マネジメントと授業の質保証―各国の事例の比較から』北大路書房、2018年

矢野裕俊・古川治編著『人間教育をめざしたカリキュラム創造―「ひと」を教え育てる教育をつくる』ミネルヴァ書房、202

コラム4　自他ともに大切にできる教員に

　私は現在、1年目の英語科教員として公立中学校に勤めている。大学卒業後の1年間は臨時的任用教員（臨任）を務め、社会人としても教員としても2年目を迎えた。臨任を務めた1年間はコロナ禍で休校が続き、およそ2ヶ月遅れで授業が再開した。生徒間の距離を保つために体育館や武道場で授業を行ったり、学校行事を例年とは異なる内容で実施したりするなど、前例のない1年であった。また、採用試験に向けた勉強と仕事の両立は想像以上に大変であり、通勤時間に参考書を読むのが精一杯であった。専任となった現在は、三観点による評価となったり、学習用端末が一人一台配布されたりするなど、様々な変化に対応しながら日々の校務に励んでいる。

　教員としての経験は浅いが、私が教員を目指している皆さんに伝えたいことは2つある。第一に、「変化に対応できる教員」であってほしいということである。Society 5.0をはじめ、学校教育は絶えず変化している。予測不可能な未来を生きる子どもたちに対し、変化に対応できる力を育むことが求められているように、私たち教員にも変化に対応する力が必要である。また、子どもたちをとり巻く環境の変化に伴い、様々な不安や悩みを抱える子どもたちが増えている。普段の様子や身なりなどの小さな変化に気づくことができるよう、日頃から子どもたちの様子をよく観察したり、進んでコミュニケーションをとったりすることを大切にしてほしい。

　第二に、「自他ともに大切にできる教員」であってほしいということである。学校は、家に次いで長い時間を過ごす場所である。そのため、すべての子どもたちが楽しく学び、安心して過ごせる場所でなければならない。「子どもたちがなぜそのように考え、思うのか」「どのような授業がわかる！楽しい！と感じる授業なのか」「怪我を未然に防いだり、授業に集中したりしやすい環境であるか」など、日々の子どもたちの様子や行動を踏まえながら物事を考えていくことが大切である。また、大切にするのは子どもたちや保護者、地域の方々、他の先生方だけではない。自分のことも大切にしてほしい。はじめは慣れない仕事に時間がかかってしまったり、子どもたちのために尽くそうと思えば思うほど働き詰めになってしまったりすることがある。教員の原動力は子どもたちであり、子どもたちを第一に考えて行動する姿勢は大切である。しかし、私たち教員が笑顔で子どもたちを迎え、楽しそうに授業をする姿もまた、子どもたちに元気とやる気を与えることができる。毎日生き生きとした姿でいられるよう、自身のことや自分の時間も大切にしてほしいと思う。

　教員になって感じた楽しさや大変さをもとに2つのことを述べたが、教員を目指す理由や目指す教員像は様々である。その様々な思いを同志と共有し、切磋琢磨しながら、皆さんが将来教員として活躍されることを心から願っている。

岩崎七夏（東京都中学校教諭・英語）

第7章

道徳教育指導論

横浜市日本語支援拠点施設「ひまわり」

1　道徳の理論

　「道徳」とは「道」と「徳」を合わせたものであり、ともに「人が人として
おこなうべき行為や態度」を意味する。道徳とは「人のふみ行うべき道。ある
社会で、その成員の社会に対する、あるいは成員相互間の行為の善悪を判断す
る基準として、一般に承認されている規範の総体」(『広辞苑　第7版』岩波書店、
2018年) である。したがって、道徳は人が生きる社会や時代によって変わる規
範体系である。

(1) 道徳の意義と原理

　古来より「徳」は様々に議論、解釈されてきた。古代ギリシアの哲学者プラ
トン (Platon, 前427-前347) の『メノン』は、「はたして徳 (アレテー：aretē) は
教えられるものでしょうか」という、師匠ソクラテス (Socrates, 前470頃-前
399) への問いかけからはじまる。徳に関わる議論が、かねてより行われてき
たことがわかるだろう。そして、「善い行為を悪い行為から区別する原理とい

う意味での道徳原理の探求の歴史は、人類の歴史と共に古く」「人間の人間としての善さを指し示すものとして『徳 (aretē)』を定義しようとしたソクラテスが、その基本的な方向を定めた」とされる (『倫理思想事典』山川出版社、1999年、p. 198)。

　法律とは異なり、人間の理性的内面的法則である道徳原理をめぐる考え方は複数ある。例えば、自らの幸福や一般的幸福を顧慮して行為すべきとするもの、神の意志に従って行為すべきとするもの、意志の格率 (Maxime：イマヌエル・カントによって提唱された哲学用語で、「自分の持つ行為規則」) が道徳法則に合致するように行為すべきとするものなどがある。また、徳は、「知」「卓越していること」「身についた品性」「善い行いをする性格」など様々に捉えられてきた。

　また、道徳を個人的・自律的なものとして捉えたペスタロッチ (Johann Heinrich Pestalozzi, 1746-1827) や、道徳的価値は相対的で、一社会内に複数の道徳があり、一つの行動についても異なった道徳が異なった判断をするとする、ケルゼン (Hans Kelsen, 1881-1973) の「相対的道徳」という考え方もある (ハンス・ケルゼン著、長尾龍一訳『純粋法学』岩波書店、2014年、pp. 58-69)。国際法の専門家であるケルゼンは、「『道徳』という唯一のものがあるのではなく、相互に矛盾する多様極まる道徳体系が存在することを自覚すること」が重要であるとする。つまり、「人がいかに生きるべきかに関する正しい理論を打ち立てることは、いかなる人にもできない」(リチャード・ノーマン著、塚崎智監訳『道徳の哲学者たち―倫理学入門』昭和堂、1998年、p. 6) との立場といえる。

　一方文部科学省は、「徳育の意義」に関して、教育基本法の第1条と第2条が以下のように明記されていることを示しながら、「教育基本法の規定も踏まえると、徳育は、『社会 (その国、その時代) が理想とする人間像を目指して行われる人格形成』の営みであり、幅広い知識と教養、豊かな情操と道徳心、健やかな身体をはぐくむという、知・徳・体の調和ある人格の完成を目指す教育の根幹を担うものであると言える」と説明している。

教育基本法

第1条（教育の目的）

教育は、人格の完成を目指し、平和で民主的な国家及び社会の形成者として必要な資質を備えた心身ともに健康な国民の育成を期して行われなければならない。

第2条（教育の目標）

教育は、その目的を実現するため、学問の自由を尊重しつつ、次に掲げる目標を達成するよう行われるものとする。

　一　幅広い知識と教養を身に付け、真理を求める態度を養い、豊かな情操と道徳心を培うとともに、健やかな身体を養うこと。

　また、『中学校学習指導要領（平成29年告示）』では、第1章総則の第1の2の（2）において、学校における道徳教育について、「特別の教科である道徳を要として学校の教育活動全体を通じて行うもの」と規定し、あわせて、道徳教育の目標を「教育基本法及び学校教育法に定められた教育の根本精神に基づき、人間としての生き方を考え、主体的な判断の下に行動し、自立した人間として他者と共によりよく生きるための基盤となる**道徳性**を養うこと」であるとしている。

　そして、これを受ける形で「**特別の教科　道徳**」の目標は、「第1章総則の第1の2の（2）に示す道徳教育の目標に基づき、よりよく生きるための基盤となる道徳性を養うため、道徳的諸価値についての理解を基に、自己を見つめ、物事を広い視野から多面的・多角的に考え、人間としての生き方についての考えを深める学習を通して、道徳的な判断力、心情、実践意欲と態度を育てる」と示されている。

　1947年の教育基本法にも第1条（教育の目的）の規定は存在していた。しかし、「道徳心を培う」（2条　一）「我が国と郷土を愛する」（同条　五）を含む第2条（教育の目標）は、2006年の改正時に新設されたものである。この第2条において「教育は、その目的を実現するため、学問の自由を尊重しつつ、次に掲げる目標を達成するよう行われるものとする」と規定されたことで、教育の目的は第2条で示された一から五の教育の目標を達成するためのものと、きわめて狭く

限定された。上記のように、徳育の意義や特別の教科道徳の目標が、「教育基本法の規定を踏まえる」「教育基本法の根本精神に基づく」とされた意味と課題について、あらためて考える必要があるだろう。

(2) 道徳教育の歴史と課題

[1] 戦前の修身教育

　日本の学校教育における道徳教育の前身である**修身**は、学制が発布された1872年に「修身口授（ぎょうぎのさとし）」として登場し、教員が子どもたちに「口授」によって授ける方法で実施された。当時の「小学教則」（小学校における教科課程および教授方法の基本方針が示されている）において「修身口授」は、「綴字」「習字」「単語読方」「洋法算術」に次ぐ5番目に位置づけられ、8級から5級（現在の小学校1、2年生）のみを対象としていた。つまり、修身が登場した時点では学科の首位に置かれていなかった。

　当時教育政策をめぐり伝統的思想と進歩的思想との論争があった。そのような中、明治天皇は侍講（じこう）（天皇などに講義した学者）元田永孚（もとだながざね）に「**教学聖旨**」の起草を指示する。1879年に天皇の名において示された「教学聖旨」では、「知識才芸よりも先に仁義忠孝に基づくいわば儒教的な道徳教育が、わが国教学の要として確立されるべきことが強調」されていた。この徳育に関する政策は、明治初年以来官民あげて文明開化に狂奔していた、いわゆる欧化時代に対して、その転換を意味する注目すべき政策であった。そしてその後政府の教育政策はこの教学聖旨の基本理念に基づいて進められることとなる。1880年の改正教育令で、「修身」が教科の冒頭に置かれたことは、政府の教育政策の変化を端的に示している。

　また、文部省は徳育による文教政策の刷新を徹底させるため、1881年に「**小学校教員心得**」を公布した。そこでは国家の盛衰は小学校教員の良否にかかっているとされ、「尊王愛国の志気」を振起すべきことが説かれていた。その方向性は、1890年10月30日に発布された「**教育ニ関スル勅語**（以下、**教育勅語**）」で揺るぎないものとなる。

「教育勅語」においては、「孝行」「友愛」「夫婦の和」など 12 の徳目 (道徳の目標のこと) の後に「一旦緩急アレハ義勇公ニ奉シ以テ天壤無窮ノ皇運ヲ扶翼スヘシ」という文言が続く。つまり、徳目の帰結を「天壤無窮の皇運の扶翼」としていた。そして、この「教育勅語」は 1945 年に戦争が終わるまで、日本における道徳原理であったと同時に教育指針として機能するのである。ことに 1941 年以降の修身の内容は、端的にいえば皇国の道に則った、国民の錬成であった。いわゆる、「皇運扶翼の臣民道」を意味した。

教育勅語に示された「皇運扶翼の臣民道」は、当時の国にとっては正しかったのである。つまり、正しさは、時代によっても、また誰にとっての正しさかによっても、容易に変わるものである。国家といえども、いくらでも過ちをおかすことは、これまでの歴史をみれば明らかであろう。「政治権力が道徳的であれと要求すること (国家の道徳への関与)」をめぐる危険性について過小評価してはならない。

② 戦後の道徳教育の経緯

終戦直後の 1945 年 12 月、連合国軍最高司令官総司令部 (以下、GHQ) の教育改革に関するいわゆる四大改革指令の第四の指令「修身、日本歴史及ビ地理停止ニ関スル件」により、修身の停止が命じられた。この指令は、教育内容において軍国主義的および極端な国家主義的思想の排除を徹底しようとするものであり、修身・日本歴史・地理の授業停止とそれらの教科書・教師用参考書の回収とが命じられた。以降、道徳教育は学校の教育活動全体を通じて行うことが基本とされ、毎週決められた時間を道徳のために使うことはなくなった。

しかし、すでに 1950 年の時点で、第三次吉田内閣の文部大臣であった天野貞祐は全国都道府県教育長協議会 (1950 年 11 月 7 日) において、「修身科復活」を提案している。さらに、同月 26 日には、従来のもの (修身) へ復帰しようなどと考えないが、新しい道徳の工夫をしていきたいという内容の、「私はこう考える—教育勅語に代わるもの」という私文を朝日新聞に寄せている。道徳の教科化と国家による道徳基準の作成とを 2 つの柱とする、この天野の道徳教育論は、当時多くの議論を巻き起こした (菊地真貴子「天野貞祐の道徳教育論の展開

と課題」白鷗大学教育学部『白鷗大学教育学部論集』11（4）、2018年、p. 41）。

　1953年8月の教育課程審議会答申において、社会科の中での道徳教育の役割が強調された。しかし、1957年に文部大臣は、「小中学校の教育課程の全面的改訂」について教育課程審議会に諮問し、同審議会は「道徳教育のために時間を特設すること」と答申する。こうして1958年の学習指導要領改訂により教科ではなく「道徳教育の徹底を図るため、小学校、中学校には週1単位時間の**道徳の時間**」が特設されたのである（いわゆる特設道徳）。

　この特設された「道徳教育の時間」をめぐっては、教育勅語と結びついた修身科の復活であり軍国主義に味方するものだとする批判を含め、多くの議論があった。

　例えば法律学者の戒能通孝は「教育基本法第10条にも反するような道徳教育が政治的干渉によってもたらされていること自体、道徳教育とは縁もゆかりもない修身教育の復活にならないと想像するほうがバカである」と強く批判している（戒能通孝「道徳教育と憲法と」貝塚茂樹監修『文献資料集成日本道徳教育論争史第Ⅲ期戦後道徳教育の停滞と再生第12巻「特設道徳」論争』日本図書センター、2015年、p. 294）。

　文部省事務次官を務めた日高は、**修身教育**に懸念を表明しながらも「しかし、この偏狭と独善、偽善と盲従との排撃は、決して道徳教育そのものの否定であってはならない」と、特設容認の立場から論じている（日高第四郎『日本の教育のあゆみ・ねらい・よりどころ』民主教育協会、1957年、pp. 48-49）。一方、日本教育学会教育政策特別委員会が1957年11月に発表した「道徳教育に関する問題点（草案）」では、「近代民主政治のもとで、個人の自由と良心の問題である道徳とその教育について、公権力が一定の方向付けやわくづけをすることが、はたして妥当であるかどうかが考えられねばならない」「国民道徳を高めるために、学校の教育課程をいじるよりもさきに、政府としてしなければならないことが多いのではないだろうか」と、問われている。この問いかけは、「政治権力が道徳的であれと要求すること（国家の道徳への関与）」に向けたものであろう。

ちなみに当時の総理大臣は、戦後「A級戦犯容疑者」として逮捕され、スガモ・プリズンに囚われていた岸信介である（1948年巣鴨拘置所を出る）。岸は、1952年サンフランシスコ講和条約の発効とともに公職追放が解除され、翌1953年に政界に復帰し、1957年に内閣総理大臣に就任している。

　時が移り、2000年12月に、森喜朗首相（当時）の私的諮問機関である教育改革国民会議が最終報告書「教育を変える17の提案」を提出する。2点目の提案が「学校は道徳を教えることをためらわない」であった。この提案が先鞭となり、2013年2月に第二次安倍内閣の私的諮問機関である**教育再生実行会議**において、いじめ問題への対処に必要との理由づけをしたうえで、道徳の教科化へ向けた提言がなされた（第一次提言：「いじめの問題等への対応について」）と考えられる。以来、「道徳教育の充実に関する懇談会」（2013年3月）、中央教育審議会「道徳に係る教育課程の改善等について」（答申）（2014年10月）を経て、きわめて短い期間で道徳の教科化が決まった。

　上記の中央教育審議会の答申では、「道徳教育の本来の使命に鑑みれば、特定の価値観を押し付けたり、主体性をもたず言われるままに行動するよう指導したりすることは、道徳教育が目指す方向の対極にあるものと言わなければならない。むしろ、多様な価値観の、時に対立がある場合を含めて、誠実にそれらの価値に向き合い、道徳としての問題を考え続ける姿勢こそ道徳教育で養うべき基本的資質であると考えられる」と指摘された。また、『中学校学習指導要領（平成29年告示）解説　特別の教科道徳編』には、「答申を踏まえ、発達の段階に応じ、答えが一つでない道徳的な課題を一人一人の生徒が自分自身の問題と捉え、向き合う**『考える道徳』、『議論する道徳』**へと転換を図るものである」と示された。

　しかし、教科化に伴い、子どもたちは、生き方に深く関わる道徳的価値を、道徳の内容項目に基づいて作成された検定教科書で学ぶことになる。嶺井は、個々人の生き方に深く関わる価値を「内容項目」として国が学習指導要領で定めたうえに、それに基づいて作成される教科書を国が検定し、しかも、教科書を使用する義務が学校・教員に課せられる、重層的な国の関与に懸念を表明し

ている（嶺井正也「道徳の教科化②懸念は何か」（視点・論点）解説アーカイブス NHK 解説委員室、2016 年）。そして、地域社会の中でグローバル化・情報化が進展し多文化共生の在り方が求められる一方で自然との共生が模索される新しい時代に生きる子どもたちは、こうした時代に相応しい道徳的価値を創造していく主体になれるよう育つことが求められるとの見解を示している。さらに、はじめに道徳的価値ありき、言い換えれば「徳目」ありき、では子どもたちの心や感性は動かないと指摘するとともに、「考える道徳へと転換させる」といいつつも、考えるべき道徳的価値があらかじめ決められていることの矛盾に、文部科学省が触れていないことに疑問を呈している。

　また、池田は、「問題は道徳的であるとされる価値の内容そのものではなく、道徳という価値をいかにして公的に扱うかという点である」（池田賢市「道徳教育と人権教育との接合の可能性と危険性」中央大学文学部『教育学論集』第 60 集、2018 年、p. 2）と指摘し、「今日の多文化・多言語・多宗教といった状況にあって、価値のぶつかり合いの調整は社会的課題でもある。…（中略）…このような多様な価値のぶつかり合いの中から、いかに合意形成をしていくかが道徳教育に問われているのではないか」（池田賢市「道徳の教科化をどう考えるか」『教育 × Chuo Online』）と論じている。

　両者ともに、公的に「道徳的価値ありき」と扱う点、換言すれば国家の道徳への関与に疑問を呈し、あわせて道徳的価値を固定的・絶対的なものではなく、可変的・相対的なものであると指摘していると考えられる。

（3）学習指導要領と道徳教育

　1947 年『学習指導要領一般編（試案）』（文部省）以降の道徳教育および道徳の時間に関連する学習指導要領の変遷をみていこう。

　前述の通り 1958 年までは道徳の時間も教科としての道徳もなかった。しかし、『学習指導要領一般編（試案）』においては、道徳に関連する箇所が多々ある。教育の一般目標の中には、「自分の生活を律して」「勤労することを喜びかつこれを尊び」「家族を敬愛し」「広く人類を愛し、他人の自由を尊び、人格を重ん

ずる」「他人をゆるしその意見を尊重する」「礼儀は社会生活の基礎」「法律を尊び」「平和をきずき、国際的に協調」などが示されている。

また、同年『学習指導要領社会科編（試案）』（文部省）においては、「<u>従来のわが国の教育、特に修身や歴史、地理などの教授において見られた大きな欠点は、事実やまた事実と事実とのつながりなどを、正しくとらえようとする青少年自身の考え方あるいは考える力を尊重せず、他人の見解をそのままに受けとらせようとしたことである。</u>これはいま、十分に反省されなくてはならない」と、戦前の修身に対する率直な反省が示されている。そのうえで、「礼儀正しい社会人として行動」「事象を合理的に判断するとともに、社会の秩序や法を尊重」「国内融和と国際親善に貢献」「勤労の価値を理解」といった、道徳と関連づけられる表記が認められる。

以上 2 つの試案からは、修身への反省が読み取れるとともに、当時学校の教育活動全体を通して行おうとしていた道徳教育の方向性を垣間見ることができる。1958 年以降の変遷は以下の通りである。

- 1958（昭和 33）年（小・中）、35 年（高）　学習指導要領の告示
  - 小、中、高等学校ともに道徳教育は学校の教育活動全体を通じて行うことを明示
  - 道徳教育の徹底を図るため、小学校、中学校には<u>週 1 単位時間の道徳の時間を特設</u>
- 1968（昭和 43）年（小）、44 年（中）、45 年（高）　学習指導要領の改訂
  - 道徳教育および道徳の時間の目標の明確化
  - 道徳教育における各教科等（高等学校においては、とくに「倫理・社会」）および特別活動との関連を重視
- 1977（昭和 52）年（小・中）、53 年（高）　学習指導要領の改訂
  - 小、中学校において、内容項目を再構成
- 1989（平成元）年　学習指導要領の改訂
  - 小、中学校の内容項目を 4 つの視点から再構成
  - 高等学校の道徳教育の目標に「人間としての在り方生き方」に関する教

育を行うことにより道徳教育の充実を図ることを明記
- 1998（平成 10）年（小・中）、11 年（高）　学習指導要領の改訂
  - 小、中学校において校長をはじめとして全教師が協力して道徳教育を展開することを明示
  - 小学校では 2 学年、中学校では 3 学年を見通した重点的な指導の重視
- 2002（平成 14）年　「心のノート」作成・配布
  - 道徳の時間をはじめ、学校の教育活動の様々な場面で使用するとともに、家庭など生活の様々な場面において活用することができる教材
- 2008（平成 20）年（小・中）、21 年（高）　学習指導要領の改訂
  - 小、中学校において道徳の時間が道徳教育の「要」であることの明確化
  - 小、中学校において道徳教育推進教師を中心とした指導体制の充実
  - 高等学校における道徳教育の全体計画の作成
- 2014（平成 26）年　「私たちの道徳」作成・配布
  - 「心のノート」を全面改訂し、児童生徒が道徳的価値について自ら考え、行動できるようになることをねらいとして作成した教材
- 2015（平成 27）年 3 月　小・中学校学習指導要領の一部改訂等（小学校は平成 30 年度、中学校は平成 31 年度より全面実施）
  - 道徳の時間を「特別の教科　道徳」として位置づけ、多様で効果的な道徳教育の指導方法へと改善、検定教科書を導入、一人ひとりの良さを伸ばし、成長を促すための評価を充実

　今回の道徳の教科化は、1958 年の「道徳教育の時間」特設に次ぐ、戦後 2 回目の大きな転機といえる。この教科化をめぐり 2015 年に文部科学省に寄せられたパブリックコメントは 5993 件あったとされる。そして、「戦前の道徳教育に対する総括や反省」がないままに道徳の教科化を進めることへの憂慮を表した意見に対し、文部科学省は**「考えたり、議論する道徳へと質的転換」**を図れば問題ないと回答しているのである（大森直樹・中島彰弘編著『2017 中学校学習指導要領の読み方・使い方』明石書店、2017 年、p. 228）。つまり、「国家の道徳への関与」への懐疑と危惧に対する文部科学省の応答が、「考え・議論する道徳」

への転換であったといえよう。

しかしながら、教科化直後から、「教育勅語を教材として用いることを否定しない」とした閣議決定（2017年3月）や、教育勅語について「アレンジした形で今の道徳などに使えるという意味で普遍性を持っている」とした柴山文部科学大臣（当時）の発言（2018年10月）など、看過できない出来事が次々起こっている。教育勅語が、現在の主権在民を理念とする日本国憲法と矛盾することはいうまでもない。教員はこのような状況の中、国が検定した教科書を使用しながら、「子どもたちが考え・議論する」道徳科の授業を実施することを通して、「国家の道徳への関与」をめぐる課題を乗り越えることが期待されているといえるだろう。

2　包摂性を高めることを念頭に置いた道徳の指導法

(1)「考え、議論する道徳」と教材研究

先述の通り、「『考える道徳』、『議論する道徳』へと転換を図る」と示されはしたものの、これまで道徳の授業については、「あらかじめ『正答』として想定している判断や理由を子どもたちから『引き出す』技術が優れた授業技術だとされ、それを工夫・開発することが教師に求められてきた」(松下良平『道徳教育はホントに道徳的か？―「生きづらさ」の背景を探る』日本図書センター、2011年、p. 70)。従来型の道徳を経験してきた教員にとって、「考え、議論する道徳」への転換は簡単とはいえないだろう。

では、「考え、議論する道徳」を実現するために、どのような教材研究をしていけばいいのだろうか。教材研究の定義は多様であり、「教科書の教材を授業へと組み立てていくための過程」「事前に教授の内容である知識を深めたり、技能を向上させたりする作業」など様々な捉え方があるが、ここでは、道徳授業の組み立て方のポイントについて、8社すべての教科書会社が採用した定番教材である「手品師」を手掛かりに考えてみよう。

「手品師」は、内容項目A（主として自分自身に関すること）［正直、誠実］に関

連づけられる教材であり、あらすじは以下の通りである。

　　あるところに腕は良いがその日のパンも買うのもやっとという貧しい手品師がいた。彼は大劇場を夢見て日々腕を磨いていた。ある日、町を歩いているとしょんぼりとした男の子に出会う。声をかけるとその少年は父親が亡くなった後、母親が働きに出て寂しい想いを抱えていた。そこで手品師は手品をみせて喜ばせた。大喜びしたその少年から「明日も来てくれるか」と問われ「必ず来る」と約束して別れた。その夜、手品師のところに仲の良い友人から電話がかかってくる。その内容は、明日の大劇場で手品が催されるが、予定した手品師が急病のため代行者を探しているというものであり、友人はこの手品師を推薦したという。手品師は考える。夢を実現する千載一遇のチャンスではあるが、そのためには今夜出発しなければならず、明日の少年と交わした約束を破ることになる。しばしの葛藤の末、手品師は友人に「せっかくだが先約があるので明日は行けない」と答える。そして手品師は次の日、大劇場ではなく一人の観客（男の子）の前で手品を演じた。

　文部科学省初等中等教育局教育課程課 教科調査官である浅見哲也は、「考え、議論する道徳」の実現に向け、「道徳」は「国語」ではないという認識を持ち、登場人物の気持ちを考えるのではなく、「自分との関わり」から考えを深めていくことが重要であるとする。さらに、「考え、議論する道徳」の実現に向けた学習のポイントは、以下の4点に絞られると説明している（「浅見哲也教科調査官に聞く！ 道徳授業の組み立て方のポイント」小学館『みんなの教育技術』https://kyoiku.sho.jp/3812/）。

・問題意識を持って授業にのぞむ

・自分との関わりで捉え、考える

・多面的・多角的に考える

・自らを振り返り、自己の生き方について考える

　1点目の「問題意識を持って授業にのぞむ」とは、教材の中に描かれている問題について子どもたちが問題意識を持てるように導くことである。例えば、誠実とは何だろうと問いかけつつ、「今日は『手品師』という教材を使って誠

実について考えていこう」と、授業のはじめに板書することなどが考えられる。2点目の「自分との関わりで捉え、考える」に関して浅見は、自分との関わりを考えさせる発問として、「自分だったらどうしますか」「あなただったらどう考えますか」という問いが有効であると説明している。この教材であれば、「あなたが手品師だったらどうするか」という問いは、自分との関わりを考えさせる重要な問いとなるだろう。3点目の「多面的・多角的に考える」については、子ども同士、あるいは教員との対話が重要となる。前述の「多様な価値観の、時に対立がある場合を含めて、誠実にそれらの価値に向き合い、道徳としての問題を考え続ける姿勢」と関係づけられる大切なポイントといえよう。そして、最後の「自らを振り返り、自己の生き方について考える」に関して浅見は、「これからの生き方について、課題や希望を持つための大切な時間」であるとの見解を示している。

　ところで、現在教科書会社が掲出している指導案をみてみると、「国語」的と思われるものが散見される。例えば出版社Bが掲出している指導案には「あなたが手品師だったらどうするか」という問いはない。一貫して手品師の気持ちを考えさせる。そして、「大劇場へ行かないと決意した手品師の思いに共感することを通して、誠実に明るい心で生活することの大切さを考えることができたか」「後ろめたさや後悔のない、誠実に明るい心で生活していくことの大切さについて、自分との関わりで振り返ることができたか」が評価のポイントとして示されている。

　あなたが手品師だったらどうするだろうか。かつてこの教材を読んだ学生は、「手品師は、自分の人生に誠実ではないのではないか」と疑問を呈した。また、別の学生は、「せっかく自分のことを想い推薦してくれた友人に対して誠実とは思えない」と発言した。出版社Bにより掲出された指導案には、指導上の留意点として、「方法論の発言の場合は、本題に戻していく」（置手紙や伝言等の方法についての発言が出た場合、手品師の気持ちを考えさせるという「本題」に戻していくという意味であると考えられる）との記載がある。大劇場に立つという夢も叶え、同時に男の子も悲しませない（あるいは一緒に連れて行ってさらに楽しんでもらう）方

法を考えついた子どもたちは、どのような思いで言葉を飲み込むのだろうか。

　山岸は、大学生に道徳について意見を書かせると、お話を読まされて感想をいわされたが、正解—教師が求めている答—がわかってしまって、それをいうだけでつまらなかったというものが多いと報告している。さらに、自分なりに「正しいこと、よいことは何か」を考えることが許されるわけではなく、「子どもが主体的に考え教師とは異なる考えをもち、教師の考えるよさに対して疑問や異議を唱えたりすれば、授業をスムースに進ませなくする厄介なものとしておさえこまれてしまう」と論じている（山岸明子「道徳性の発達を促す教育—〈哲学者としての子供〉と『よい子』の押しつけをめぐって」『順天堂医療短期大学紀要』7、順天堂医療短期大学、1996 年、p. 97）。

　また松下は、この教材が内包する危険性について指摘している。つまり、「手品師」のように自分が犠牲になることによって問題を「解決」しようとする姿勢を身につけると、問題を押しつけられて一人で苦しんだり、権力を持った者に翻弄されたりする人生を送るなど、悲劇的な人生を送る可能性が高まるのではないか、との懸念である。さらに松下は、「自分勝手はやめよう」「人のために尽くせ」という道徳は、統治をスムーズに行い、秩序を維持するうえで好都合であると、警鐘を鳴らしている（松下、2011 年、pp. 62–67）。

　実際にこの教材は、その日のパンを買うのもやっとという状況の手品師に、夢を叶え同時にお金を得るという当然の望みさえ許容しない。「手品師」の気持ちを考えさせ、「手品師」をモデルとするのではなく「『手品師』という教材を使って誠実について考えさせる」必要がある。授業では子どもたちなりに「誠実とは何か」を考えることが許されなければならない。まして「手品師」の生き方に疑問や異議を唱える子どもたちを厄介なものとして押さえ込むことはあってはならない。疑問や異議こそ子ども同士、あるいは教員との対話を通し「多面的・多角的に考える」きっかけとなり得る。教員は、「考え、議論する道徳」の実現に向けた学習のポイントを踏まえつつ、特定の価値観を押しつけることのないよう、「誠実に」教材研究を行っていく必要があるだろう。

(2) 多様な価値観を尊重する指導法

「考える道徳」「議論する道徳」へと転換を図るうえで多様な価値観を尊重する指導法は重要である。具体的にどのようにしていけばいいのだろうか。

『中学校学習指導要領解説　特別の教科道徳編』(平成 29 年 7 月) には、「3 学習指導の多様な展開」という項目があり、(1) 多様な教材を活かした指導、(2) 体験の生かし方を工夫した授業、(3) 各教科等との関連をもたせた学習の指導、(4) 道徳科に生かす指導方法の工夫、という 4 つの下位項目が提示されている。そして、4 項目目の「道徳科に生かす指導方法の工夫」においては「教材を提示する工夫」「発問の工夫」「話合いの工夫」「書く活動の工夫」「動作化、役割演技など表現活動の工夫」「板書を生かす工夫」「説話の工夫」の 7 点が挙げられている。その 7 点から、多様な価値観を尊重する指導法に生かし得る点を抽出しつつ、より具体的に当該指導法について考えていこう。

まず、「発問の工夫」においては、「自由な思考を促す発問、物事を多面的・多角的に考えたりする発問などを心掛けることが大切である」とされている。また、「話合いの工夫」においては、「多様な感じ方や考え方を引き出すことのできる学級の雰囲気を作ること」の重要性について指摘されている。さらに「板書を生かす工夫」においては、「思考の流れや順序を示すような順接的な板書だけでなく、違いや多様さを対比的、構造的に示す工夫」などが求められている。どれも、多様な価値観を尊重するうえで、重要な工夫であると考えられる。

ただし、これらの工夫で山岸が指摘した「子どもが主体的に考え教師とは異なる考えをもち、教師の考えるよさに対して疑問や異議を唱えたりすれば、授業をスムースに進ませなくする厄介なものとしておさえこまれてしまう」との課題を乗り越えることはできるだろうか。藤井は多くの道徳の授業では資料 (たとえ話) の登場人物の心情や行動を「ごもっとも」なこととして受け入れさせ、その行動を「りっぱなこと」として理解させるという構造になっていると指摘している。そして、共感すべき心情と評価されるべき行動がはじめから決定されており、子どもたちにとってはどのように感じ、考え、発言したら良い

かの「筋書き」がみえてしまっており、結果として「ホンネ」で考え、真剣な議論にならないとしている（藤井千春「我が国における道徳教育の展開」佐野安仁・荒木紀幸編著『道徳教育の視点』晃洋書房、2018年、p. 116）。

　なぜ、教員は厄介なものとして押さえ込むのか。また、「筋書き」がみえても、それとは異なるホンネを表明することは可能なはずなのに、なぜ子どもたちはホンネを表明しないのか。背景に、双方の「**子どもの意見表明権**」への認識不足があるのではないだろうか。したがって多様な価値観を尊重する指導法を考えるうえで、子どもの意見表明権について考えていく。

　日本において、**子どもの権利条約**の第 13 条「意見表明権」は、第 13 条の「表現・情報の自由」などと並び、学校教育に混乱をもたらしかねないと懸念され抑制的に捉えられてきた。その影響もあると考えられるが、条約の遂行状況を検証する「子どもの権利委員会」（条約 44 条に基づき設置された独立機関）の総括的意見において、日本における子どもの意見表明権をめぐっては、「…（中略）…権利を有する人間として尊重しない伝統的見解のために子どもの意見の重みが深刻に制限されていることを引き続き懸念する」等、複数の課題が指摘されている。意見表明権は、その行使が「一人前の主体」になることを意味し、また子どもの最善の利益を確定するための要件であると同時に、自立的能力の発達を促す教育的価値を有するものである（山本雄二「個性の文法」柴野昌山編『文化伝達の社会学』世界思想社、2001年、pp. 321-322、世取山洋介「こどもの権利条約をめぐる議論の状況―意見表明権および市民的自由の意義付けを中心にして」民主主義科学者協会法律部会『法の科学』第 20 号、1992年、p. 192）。

　教員は、子どもの意見表明権を認識し、子どもたちに伝え、この権利を尊重する意識を持つことが求められる。そして子どものいかなる意見に対しても包摂的な態度を示す必要があるだろう。自文化中心主義（エスノセントリズム）は誰しもが内面に持ち得るものであろうが、教員は、自身の内にある自文化中心主義に自覚的になりその軽減に努め、差異に決定的な価値づけをしないように心がけたい。子どもたち自らが自身の意見を受け止めてくれる人と環境がそこにあるという確証を得られることが大切である。教員には、多様な価値観を尊重

するうえで必要な工夫を凝らしつつ、日頃からどの子どもの意見にも謙虚に耳を傾ける姿勢が求められるだろう。

(3) 学習評価の在り方

　道徳科の評価に関しては、『中学校学習指導要領 (平成 29 年告示)』の「第 3 章　特別の教科　道徳」の「第 3 指導計画の作成と内容の取扱い」の 4 に「生徒の学習状況や道徳性に係る成長の様子を継続的に把握し、指導に生かすよう努める必要がある。ただし、数値などによる評価は行わないものとする」と説明されている。また、『中学校学習指導要領 (平成 27 年告示) 解説　特別の教科　道徳編』では以下のように示されている。

> (1) 道徳教育における評価の意義
> 　教育における評価は、生徒にとっては自分の成長を振り返る契機となるものであり、教師にとっては指導計画や指導方法を改善する手掛かりとなるものである。…（中略）…道徳教育においてもこうした考え方は踏襲されるべきものであり、その評価は、常に指導に生かされ、生徒の成長につながるものでなくてはならない。学校の教育活動全体を通じて行う道徳教育における評価については、教師が生徒一人一人の道徳的な成長を温かく見守り、共感的な理解に基づいて、よりよく生きようとする努力を認め、勇気付ける働きをもつものであり、生徒自身による道徳的価値に裏打ちされた人間的な成長の振り返りや道徳性の育みを支援するものである。それは、教師と生徒の温かな人格的な触れ合いに基づくものでなくてはならない。

　つまり、数値で評価をしないこと、さらに、形成的評価の視点を大切にしながら、生徒自身による道徳的価値を尊重しつつ、「教師と生徒の温かな人格的な触れ合いに基づく」評価を行っていく必要がある。解説の中では、道徳科に関する評価が次の 6 点にまとめて示されている。

　・数値による評価ではなく、記述式であること。
　・他の生徒との比較による相対評価ではなく、生徒がいかに成長したかを積極的

に受け止め、励ます個人内評価として行うこと。
・他の生徒と比較して優劣を決めるような評価はなじまないことに留意する必要
　があること。
・個々の内容項目ごとではなく、大くくりなまとまりを踏まえた評価を行うこと。
・発達障害等の生徒についての配慮すべき観点等を学校や教員間で共有すること。
・現在の指導要録の書式における「総合的な学習の時間」、「特別活動の記録」、「行
　動の記録」及び「総合所見及び指導上参考となる諸事項」などの既存の欄を含
　めて、その在り方を総合的に見直すこと。

　評価にあたっては、他の生徒との比較をするのではなく、「励ます個人内評
価」を記述で行うことが求められている。そして、その評価は内容項目ごとに
行うものではなく、大くくりなまとまりを踏まえたものでなければならない。
一方で、道徳の評価をめぐっては「道徳的な判断が、個人の生活や人間関係の
積み重ねの結果である限り、それを『評価』することは、本来的にできない。
…（中略）…道徳が価値の問題であるかぎり、それを評価の対象にするという
ことは、人の内心のあり方を公権力が問題視しうるということを認めることに
なる」(宮澤・池田『「特別の教科道徳」ってなんだ？』p. 93) との批判があることも
念頭に置いておきたい。
　次に、東京都教職員研修センターが出している『道徳科　指導と評価のガイ
ドブック』(2018 年 3 月) を参考にしながら、具体的な評価の方法をみておこう。
同ガイドブックにおいては、「評価に当たっては、特に、学習活動において児
童 (生徒) が道徳的価値やそれらに関わる諸事象について他者の考え方や議論に
触れ、自律的に思考する中で、一面的な見方から多面的・多角的な見方へと発
展しているか、道徳的価値の理解を自分自身との関わりの中で深めているかと
いった点を重視することが重要である」とされる。そして、道徳科の評価は、
入学者選抜とはなじまないものであり、調査書には記載せず、入学者選抜の合
否判定に活用することのないようにする必要があると、評価をめぐる留意点に
言及している。
　発言が多くない子どもたちや考えたことを文章に記述することが苦手な子ど

もたちへの配慮も必要である。また、教員や、仲間の発言に聞き入ったり、考えを深めようとする姿に着目する必要もある。さらに具体的な工夫として、学習の過程や成果などの記録を計画的にファイルに蓄積したものや、子どもたちが道徳性を養っていく過程での子どもたち自身のエピソードを累積したものを評価に活用すること、作文やプレゼンテーションなどを通して成長の様子を把握することができるとされている。

「**考え、議論する道徳**」の実現に向け、教員には自分の生き方を交錯させる覚悟が求められるのではないか。教員自身が常に「自分との関わりで捉え、考える」姿勢を持たなければ、建前だけの授業になってしまう。それゆえ、「道徳」の授業を行うにあたっては、教員自身も自らの生き方を問い、子どもたちの価値観を尊重しながら、ともに考え続ける必要があるだろう。

【参考図書】
宮澤弘道・池田賢市『「特別の教科　道徳」ってなんだ？─子どもの内面に介入しない授業・評価の実践例』現代書館、2018 年
文部科学省「道徳教育アーカイブ～『道徳科』の全面実施に向けて～」(https://doutoku.mext.go.jp/)

コラム5　生徒に教育的愛情を持てるように

　私は2020年度より、特別支援学校で勤務している。それ以前は中学校で3年半勤めており、現在は中学部の病弱学級の生徒の担任をしている。これまでの中学校での経験との違いに驚きながらも、日々多くのことを学びながら勤務している。昨年度から、新型コロナウイルス感染症の影響で、教育活動も大きな制限の中行われている。受け持った生徒たちは、外出制限や自粛生活等のストレスを抱えながらではあるが、懸命に学校生活を送っている。ここでは、学生の皆さんに三つのことをお話ししたい。

　学生時代にやっておいた方がいいこととして、「自分の専門分野について深く学ぶこと」を挙げる。大学時代は、学習面において時間を割くことができる時期である。所属するゼミナールで研究対象としている事例や関心がある内容について納得するまで追究することは、教科の専門家を目指す皆さんにとって必要な資質であると考える。専門知識を深めることはもちろん、一つのことを追究した経験は、現場に出てから大きな武器になるといえる。

　教員採用試験の対策は一次試験と二次試験で異なる。一次試験は教養・専門の筆記試験になるため、勉強した分だけ点数に表れる。つまり、妥協することなく勉強ができれば合格はみえてくる。私は3年次に校内の対策講座を受講したが、時間的余裕はあまりなかった。講座を集中して受講することはもちろん、それ以外にどれだけ勉強時間を確保することができるかが重要になってくる。また、試験範囲は多岐にわたるため、受験する自治体の過去問の分析は欠かせない。自治体によって傾向が異なり、闇雲に勉強しても結果は出ないため、過去問分析が合格のカギといえる。

　二次試験は必ず面接試験が行われる。自己分析を行い、考えを整理する必要がある。また、面接の中で重要なことは、軸がぶれないようにすることである。自己分析を通して、自分の中で軸をつくり、それに基づいて対策を行うことで、面接では一貫性のある受け答えをすることができる。

　目指すべき教員像は「生徒に教育的愛情を持つことができる」教員である。私は学校では常に笑顔でいることを心掛けているが、時に厳しく指導しなければいけないことがある。その際に、生徒に煙たがられることもある。正直、気持ちがいいものではない。しかし、今は難しくても5年後・10年後にわかってもらえればいいと思いながら指導にあたっている。生徒の幸せのために、教育的愛情を持ち続け、時には心を鬼にして指導にあたることができることは、教員にとって必要な資質であると考える。

　最後に今回このような機会をいただき、これまでの教員生活を振り返る中で、最初に教員になろうと思った気持ちを思い出すことができた。当時の気持ちをいつまでも持ち続け、成長していきたいと感じた。学生の皆さんには、充実した学生生活を送っていただき、いつの日か教育の世界でご一緒させていただきたい。

萩原由香理（元・神奈川県中学校教諭・社会）

第8章

総合的な学習の時間と特別活動

小学校カフェテリア［アメリカ］

　これまでの学校生活の思い出を聞かれて、おそらく皆さんの多くが、修学旅行、文化祭、体育祭、部活動などを真っ先に連想するのではないだろうか。こうした**教科外活動**の経験は記憶に鮮明に残ることが多く、それが学校経験全体の印象に影響を与えることも多い。公立中学校を例に挙げると、中学1年生の1年間での各教科の標準授業時数895時間（50分を1単位時間として計算）に対して、**総合的な学習の時間**（以下、総合学習）と**特別活動**（ここではホームルーム）の教科外活動にあてられた時間数は85時間である。ホームルーム以外の特別活動（生徒会活動・学校行事）にあてられた平均時間数は53.4時間である。これらを足しても、各教科の895時間に対して教科外活動は138.4時間しか行われていない。ここには部活動の時間は含まれていないが、学校教育全体において教科外活動にあてられている時間は決して多いとはいえない（文部科学省「平成30年度公立小・中学校等における教育課程の編成・実施状況調査」）。鍋料理に例えるならば、教科外活動は、具材（各教科）に比べて少ない割合にもかかわらず料理全体の印象に大きな影響を与えるスープのような存在である。

　教科外活動の特長は**体験性、協働性、課題の発見・解決**と、そこに関わる教

師と子どもの関係性にある。児童中心主義教育を提唱したデューイ（Dewey, John, 1859-1952）は、子どもの生活経験から出発して教育課程を編成し、問題解決学習によって子どもの生活と教育を統合することを目指した。また、そこでの教師の関わり方は経験の中で子どもの能動的な決断や選択を伴う実践を担う「探求的」実践者として描かれている。彼によれば、教育は子どもと他者や環境とのコミュニケーション（相互作用）である（デューイ著、宮原誠一訳『学校と社会』岩波文庫、1957 年）。人は、その生涯を他者との関わりの中で生きる社会的な動物である。子どもにとって最適な学びも社会的な関係性の中で実現すると考えるのならば、教科外活動における体験性、協働性、課題の発見・解決を軸にした学習がこれからの学校教育の中で果たす役割には大いに期待できる。

1　総合的な学習の時間の意義、目標および内容

（1）総合的な学習の時間の意義

　第 6 章で述べたように各学校はカリキュラム・マネジメント（以下、CM）を行い、家庭・地域と連携・協働しながら学校教育の改善・充実の好循環を生み出すことが求められている。その CM は次の 3 つの側面から捉えられている。①各教科等の教育内容を相互の関係で捉え、学校教育目標を踏まえた教科等横断的な視点で、その目標の達成に必要な教育の内容を組織的に配列していくこと、②教育内容の質の向上に向けて、子どもたちの姿や地域の現状等に関する調査や各種データ等に基づき、教育課程を編成し、実施し、評価して改善を図る一連の PDCA サイクルを確立すること、そして、③教育内容と、教育活動に必要な人的・物的資源等を、地域等の外部の資源も含めて活用しながら効果的に組み合わせること、である（中央教育審議会「幼稚園、小学校、中学校、高等学校及び特別支援学校の学習指導要領等の改善及び必要な方策等について（答申）」2016 年 12 月 21 日）。

　総合学習では、「探求的な見方・考え方を働かせ、その目標や内容設定が各学校に任されている横断的・総合的な学習を行うことを通して、よりよく課題

を解決し、自己の生き方を考えていくための資質・能力」の育成が目標とされている。この目標を踏まえ、具体的な目標設定と教育内容編成、そして授業方法の工夫については各学校が一定の裁量をもって行うことができる（「中学校学習指導要領」2017年3月）。このように、各教科に比べて指導要領による制約が緩く、各学校が独自に工夫する余地が大きく認められている総合学習は、「社会に開かれた教育課程」を実現するための嚆矢となり得る。すなわち、各教科では実施することが難しい、新しく画期的な実践を行うことが可能である。総合学習では、先述した体験性、協働性、課題の発見・解決を軸にした実践事例も多くみられ（文部科学省「今、求められる力を高める総合的な学習の時間の展開」2010年11月）、「社会に開かれた教育課程」を実現するために、その役割は重要である。

　総合学習では、「社会の変化に主体的に対応できる資質や能力を育成する」ために「教科等を超えた横断的・総合的な学習」を、「各学校が創意工夫を生かした特色ある教育活動を展開」することで実施される。総合学習は、「生きる力」を育成する「ゆとり教育」の目玉として、1998年（高校は99年）版の指導要領から新設されて現在に至っている。

　残念なことに、大学で教職課程を履修している方でさえも、総合学習の内容を記憶して現在の自分への積極的な影響を感じている人は多いとはいえない。そして実際に、その後の指導要領の改訂（小中2008年、高09年）では総合学習の配当時数が縮小された。さらに、学習成果が同様な場合には総合学習をもって学校行事に代替できる旨が明記されたことも相まって、この時期には総合学習への熱がかなりトーンダウンしたことは否めない。

　ところが、今回の指導要領改訂（2017、18年）では総合学習が再び注目されている。児童生徒、学校や地域の実態に応じて教科等横断的な視点で教育課程を編成することを軸とするCMを実現することが強く求められることになった。また、改訂に対応して、大学の教職課程カリキュラムの中にも総合学習の指導法を扱う科目の設置が必修化されるようになり、CMの屋台骨を支える時間として総合学習を重視する政策の本気度がうかがえる。それぞれの学校現場

でCMが実現できるか、その腕試しとなる目玉の時間として総合学習は注目されている。

　広い意味での総合学習は、今から約100年前から日本の学校で実施されていた。それは1920年代の大正自由教育期の実践であり、これは欧米の子どもの生活を中心に据えた教育思想の影響を受けたものだった。さらに、今から約70年前の戦後教育においても、子どもの生活経験を中心に据えた経験主義教育の機運が高まった時期がある。現在の総合学習も過去のこうした教育実践との共通点が多く、その基本構造は変わっていないと考えることができる。そのポイントは、①子どもたちの関心を重視した日常生活場面に関連した学習課題が設定される、②体験的、協働的で、子どもたちの自主性を尊重した学習活動が展開される、③各教科の枠を超え、多様な学習活動が創出される、という点である。これに、今後の社会で重視される「探求を通した課題の発見・解決」の要素が加わっている。

（2）総合的な学習の時間の目標と内容

　総合学習の本質は、探究的な見方・考え方を働かせ、教科横断的・総合的なテーマについての問題解決的な学習を通して自己の生き方を考えるというものである。中学校学習指導要領（2017年）には、以下のように総合学習の目標が示されている。

　第1　目標
　　探究的な見方・考え方を働かせ、横断的・総合的な学習を行うことを通して、よりよく課題を解決し、自己の生き方を考えていくための資質・能力を次のとおり育成することを目指す。
　　（1）探究的な学習の過程において、課題の解決に必要な知識及び技能を身に付け、課題に関わる概念を形成し、探究的な学習のよさを理解するようにする。
　　（2）実社会や実生活の中から問いを見いだし、自分で課題を立て、情報を集め、整理・分析して、まとめ・表現することができるようにする。
　　（3）探究的な学習に主体的・協働的に取り組むとともに、互いのよさを生かしな

がら、積極的に社会に参画しようとする態度を養う。

　ここではまず、総合学習の本質的な目標が示されている。次に、育成される資質・能力について 3 つに分けて示されている。これらはそれぞれ、他教科と同様に育成すべき資質・能力の 3 つの柱に沿った形でまとめられている。すなわち、(1) は「(実際の社会や生活で生きて働く) 知識及び技能」に、(2) は「(未知の状況にも対応できる) 思考力、判断力、表現力等」に、そして (3) は「(学んだことを人生や社会に生かそうとする) 学びに向かう力、人間性等」にそれぞれ対応している。

　この目標のもとで、総合学習では以下のような一連の学習過程を含む**探究的な学習**が行われる。

　①日常生活や社会に目を向け、児童生徒が自ら課題を設定する (課題設定)。

　②そこにある具体的な問題について情報を収集する (情報収集)。

　③情報を整理、分析したり、知識や技能に結びつけたり、考えを出し合ったりしながら問題の解決に取り組む (整理・分析)。

　④明らかになった考えや意見などをまとめ、表現し、そこからまた新たな課題を見つけ、さらなる問題解決をはじめる (まとめ・表現)。

　なお、ここで挙げられている 4 つの過程を固定的に捉える必要はない。学習状況に応じて順番を入れ替えたり、特定の過程が重点化されることも積極的に受け入れられる。

　探究的な学習を支えるものとして、**探究的な見方・考え方**がある。これには 2 つの要素が含まれる。一つは各教科における見方・考え方を総合的に働かせるということである。総合学習では、子どもが各教科において学んだ内容を総動員させて目の前の課題解決に臨むことが目指される。もう一つは総合学習に固有な見方・考え方を働かせることである。ここには①特定の教科等の視点を超えて多様な角度から課題全体を捉えようとする「俯瞰的な視点」と、②解決困難な課題に対しても粘り強く取り組んで自己の生き方を問い続けるという 2 つの要素が含まれる。

高等学校においては、小・中学校における総合学習の成果を生かしてより探究的な活動を重視するために、これまでの「総合的な学習の時間」から**総合的な探究の時間**(以下、「総合探究」)に発展的に変更された。高校では特に、自己のあり方生き方を考えるキャリア形成の観点から、自ら問いを見出し探究する主体的な側面が重視されている。高校の総合探究における学習過程は、中学校時よりも高度化されることが望まれるが、基本的な学習過程の構造は小・中・高と共通している。

　総合学習の学習内容は、各学校の実態に応じて定められることになっているが、指導要領においても内容が例示されている。それらは、①国際理解、情報、環境、福祉・健康などの現代的な諸課題に対応する横断的・総合的な課題、②地域や学校の特色に応じた課題、③児童生徒の興味・関心に基づく課題、④職業や自己の将来に関する課題などである。また、内容の取扱いとして、自然体験や職場体験活動、ボランティア活動などの社会体験、ものづくり、生産活動などの体験活動、観察・実験、見学や調査、発表や討論などの学習活動を積極的に取り入れることが推奨されている。これに加えて、学校図書館の活用、他の学校との連携、公民館、図書館、博物館等の社会教育施設や社会教育関係団体等の各種団体との連携、地域の教材や学習環境の積極的な活用も望まれている。指導要領からも、総合学習では各学校が持つ学校内外の資源やアイディアを総動員させ、質の高い探究的な学習機会を提供するのだという気概がうかがえる。

2　総合的な学習の時間の指導と評価

(1)　総合的な学習の時間の指導の実際

　総合学習は、教科等の枠を超えた横断的・総合的なテーマのもとで探究的で協働的な学習を展開する中で、課題を解決し自己の生き方を考える資質・能力を育成することを目標としている。総合学習は、標準授業時数は示されているものの、教科書はなく、学習手順や学習内容および指導方法は各学校に委ねら

れている。

　総合学習の指導のための手順として、各学校では、まず「各学校の総合学習
の目標」を定める。これを受けて、「各学校の総合学習の内容」を定めていく。
各教科等とは異なり、総合学習ではどの学年で何を指導するのかといった内容
について、指導要領では明示されていない。ここでは、各学校が地域や学校、
児童生徒の実態に応じて創意工夫を生かした学習内容を定めることが期待され
ている。さらに、内容の設定に際して「目標を実現するにふさわしい探究課題」

表 8-1　総合学習の探究課題の例（中学校）

4つの課題	探究課題の例
横断的・総合的な課題（現代的な諸課題）	地域に暮らす外国人とその人たちが大切にしている文化や価値観（国際理解）
	情報化の進展とそれに伴う日常生活や消費行動の変化（情報）
	地域の自然環境とそこに起きている環境問題（環境）
	身の回りの高齢者とその暮らしを支援する仕組みや人々（福祉）
	毎日の健康な生活とストレスのある社会（健康）
	自分たちの消費生活と資源やエネルギーの問題（資源エネルギー）
	安心・安全な町づくりへの地域の取組と支援する人々（安全）
	食をめぐる問題とそれに関わる地域の農業や生産者（食）
	科学技術の進歩と社会生活の変化（科学技術）など
地域や学校の特色に応じた課題	町づくりや地域活性化のために取り組んでいる人々や組織（町づくり）
	地域の伝統や文化とその継承に力を注ぐ人々（伝統文化）
	商店街の再生に向けて努力する人々と地域社会（地域経済）
	防災のための安全な町づくりとその取組（防災）など
生徒の興味・関心に基づく課題	ものづくりの面白さや工夫と生活の発展（ものづくり）
	生命現象の神秘や不思議さと、そのすばらしさ（生命）など
職業や自己の将来に関する課題	職業の選択と社会への貢献（職業）
	働くことの意味や働く人の夢や願い（勤労）など

出典：文部科学省「中学校学習指導要領解説　総合的な学習の時間編」2017 年、pp. 73-74。

と「探究課題の解決を通して育成を目指す具体的な資質・能力」を定めることになる。これらが明確になることで、具体的な指導方法や学習方法を含んだ実際の授業計画が定まっていく。このように、総合学習では、「何ができるようになるか（育成を目指す資質・能力）」と、そのために「何を学ぶか（学習内容）」と「どのように学ぶか（学習方法）」を各学校が定める必要がある。目標、内容、方法を各学校が定めることは、各教科教育にはないことである。

　学習において、テーマ設定は非常に重要な作業である。設定したテーマの良し悪しが、その後の学習成果を大きく左右した経験を持っている方も多いのではないか。総合学習の指導においても、「目標を実現するにふさわしい探究課題」（テーマ）を設定することは非常に難しいうえに重要な作業である。

　表8-1に、指導要領解説において示されている探究的課題の例を示す。これはあくまで例示である。課題解決を粘り強く行っていくことを通して自己の生き方を考えることに結びつくような魅力的な探究課題が、各学校の特色や実態に応じて豊富に設定されていくことを期待したい。

　単元とは、一連の学習活動のまとまりのことである。これは数時間の授業からなる場合もあれば、1学期や1年間を通しての学習となる場合もある。各教科では、教科書の章立てと単元が対応していることが多い。しかし、総合学習の場合には、各学校が設定した「目標を実現するにふさわしい探究課題」に対応した単元を構想し計画することになる。総合学習では、1時間ごとの授業計画を積み上げていくことで単元計画とするのではなく、探究課題に即して展開する単元全体の学習活動を計画して単元を立てる。つまり、単元計画を立てることは、総合学習の授業を行う基盤となる重要な作業である。

　以下に、単元計画に含まれる主な項目について説明する。

【単元計画の基本的な構成要素】
1　単元名：総合学習において、どのような学習が展開されるかを一言で端的に表現したものが単元名である。たとえば、①児童生徒の学習の姿が具体的にイメージできるように、②学習の高まりや目的が示唆されるように配慮することが大

切である。

2　単元目標：どのような学習を通して、児童生徒にどのような資質・能力を育成することを目指すのかを明確に示す。各学校の目標や内容を視野に入れ、中核となる学習活動を基に構成する。

3　生徒の実態：単元を構想し構成する際には、生徒の実態を明確に把握する必要がある。とくに、目標を実現するにふさわしい探究課題、探究課題の解決を通して育成を目指す具体的な資質・能力について、どのような実態であるかを把握しておくことが欠かせない。また、中核となる学習活動についてどのような経験をもっているのかも明らかにする必要がある。

4　教材について：教材とは、生徒の学習を動機付け、方向付け、支える学習の素材のことである。教材の紹介にとどまらず、児童生徒がその教材に出会うことによって学ぶ学習事項について分析し、教材のどこに価値があるのかを具体的に記すことが大切である。

5　単元の展開：単元の展開では、目標を実現するにふさわしい探究課題、探究課題の解決を通して育成を目指す具体的な資質・能力、生徒の興味・関心を基に中核となる学習活動を設定する。

　現在では、各都道府県や市区町村の教育委員会が特色ある教育実践事例をHP 上で公開している。その中のいくつかには、先駆的で特色のある総合学習の単元計画も公開されている。これらを参照して、単元計画と実際の教育実践のつながりについて、具体的にイメージしてほしい。

(2) 総合的な学習の時間における評価

　総合学習では、探究課題の解決を通して育成を目指す具体的な資質・能力として以下の3つの柱が設定されている。

①「知識及び技能」　　他教科等および総合学習で習得する知識および技能が相互に関連づけられ、社会の中で生きて働くものとして形成されるようにすること。

②「思考力、判断力、表現力等」　　課題の設定、情報の収集、整理・分析、まとめ・表現などの探究的な学習の過程において発揮され、未知の状況において活用できるものとして身につけられるようにすること。

③「学びに向かう力、人間性等」　自分自身に関することおよび他者や社会との関わりに関することの両方の視点を踏まえること。

　総合学習では、子どもの学習活動が多様かつ流動的である場合が多いため、ペーパーテストなどの評価方法によって数値的に評価することは適当ではない。具体的な評価については、各学校が設定する評価規準を学習活動における具体的な子どもの姿として描き出し、期待する資質・能力が発揮されているかどうかを把握することが考えられる。その際には、具体的な子どもの姿を見取るに相応しい評価規準を設定し、評価方法や評価場面を適切に位置づけることが欠かせない。つまり、総合学習の評価は、各学校がそれぞれの学習状況に応じて適切な評価規準（具体的な評価観点）、評価方法、そして評価を行う場面を定めて行うことになる。

　総合学習における子どもの学習状況評価の方法については、信頼される評価の方法である、多面的な評価の方法である、学習状況の過程を評価する方法であること、の３つが重要である。中学校学習指導要領解説（総合学習編）（2017年）においては、具体的な評価方法として以下の６つが提示されている。

①発表やプレゼンテーションなどの表現による評価

②話し合い、学習や活動の状況などの観察による評価

③レポート、ワークシート、ノート、作文、論文、絵などの制作物による評価

④学習活動の過程や成果などの記録や作品を計画的に集積したポートフォリオを活用した評価

⑤評価カードや学習記録などによる生徒の自己評価や相互評価

⑥教師や地域の人々による他者評価　など

　特に総合学習においては、子どもに対して個人として育まれる良い点や進歩の状況などを積極的に評価することや、それを通して子どもが自分の良い点や進歩の状況に気づくようにすることも大切である。子どもの多面的な成長を把握し、授業実践の改善に結びつく情報を多く得るために適切な評価方法について、各学校では不断の探究を続けていくことが望まれる。

3 特別活動の意義、目標および内容

（1） 特別活動の意義

特別活動は、**学級**（高校はホームルーム〔HR〕）**活動**、**児童**（中高は**生徒**）**会活動**、**クラブ活動**（小のみ）、**学校行事**から構成され、それぞれの集団での活動を通して学校生活を送るうえでの基盤となる力や社会で生きて働く力を育む活動として機能してきた。それは、協働性や異質なものを認め合う土壌を育むなど、生活集団、学習集団として機能するための基盤となる。また、集団への所属感や連帯感を育み、それが学級文化や学校文化の醸成へとつながることで、各学校の特色ある教育活動の展開を可能としている（「中学校学習指導要領解説〔特別活動編〕」2017年）。**部活動**については、生徒の自主的、自発的な参加により行われるものであり、学校教育の一環として教育課程との関連が図られるよう留意する。そして、学校や地域の実態に応じ、地域の人々の協力、社会教育施設や社会教育関係団体等の各種団体との連携などの運営上の工夫を行い、持続可能な運営体制が整えられるようにするものとされている。このように、部活動は、近年進められている外部指導員等の人材活用や、活動の地域移行や民間委託の可能性に対応する形で、「教育課程外の学校教育活動」として位置づけられている。

特別活動は、教科等とは異なる独自の目標と内容、指導原理を持ち、学校における人間形成に固有の役割を果たしている。2016年12月の中教審答申によれば、特別活動の指導を通して育成すべき資質・能力を明確にするための「視点」として、①「人間関係形成」、②「社会参画」、③「自己実現」という3つの事項が挙げられている。この3つの視点は、2017年改訂指導要領における特別活動の目標や指導法についての考え方を知るうえでのキーワードである。

特別活動の教育活動は、教科等と比較すると次のような5つの特色を持っている（山口満「第8章　特別活動とカリキュラム」『現代カリキュラム研究の動向と展望』

教育出版、2019 年、pp. 58-65)。

　第一は、**生活性**である。特別活動の指導にあたっては、学級や学校を子ども
たちの生活の場として捉え、より充実した豊かな生活を自らの手によって築く
ための学級づくり、学校づくりの協働的な実践に取り組ませることが大切であ
る。生活を豊かにし、学級や学校の文化をより豊かに創造することが特別活動
の本質である。

　第二は、**集団的、自治的な活動**である。特別活動の指導では、とりわけ話し
合い活動や集団討議、そして合意形成が重視される。これは学校を小さな社会
と捉え、自治的な集団活動を通して「社会的協力と社会的精神」の発達を促す
ことが目指されるからである。

　第三に、「なすことによって学ぶ (learning by doing)」といわれるように、実
践的な活動の場が構成され、**体験活動**を通しての学習が重視されることである。
この点で、座学としての性格が強い教科の学習とは明確に区別される。特別活
動における学習では、現実生活の中で課題を発見し、課題解決の取り組みを通
して主体的に学ぶ子どもの姿が想定されている。

　第四に、特別活動は、学校におけるあらゆる教育活動の基盤になるというこ
とである。学級活動やホームルームを軸にして、互いの安心・安全を保証する
人間関係や支持的風土をつくることは、**学級経営**の基本になる。このことが、
多様性を認め合い相互に支え合う学習集団をつくる。そして、これが効果的な
学習活動を行うための前提になる。

　そして第五に、特別活動は**全人的な教育**を目指すということである。教科の
教育が主として認知的な資質・能力の形成を目指すのに対して、社会的、情動
的な側面の形成を担うのが特別活動であり、日本の学校教育に、社会性の育成
を組み込んだ全人的な教育の枠組みを提供している。特別活動が伝統的な「日
本型教育」として海外において注目されるのは、日本の近代教育において大切
にされてきた「全人教育」の理念を教育課程の中に体現しているからである。

(2) 特別活動の目標と内容

　前述の通り、特別活動は、学級 (HR) 活動、児童 (生徒) 会活動、クラブ活動 (小のみ)、学校行事から構成される。指導要領においては、特別活動の目標が全体を統べるものとして示され、次いでそれぞれの活動の目標と内容が述べられている。これらの目標をまとめたものが以下である (クラブ活動は省略)。

　特別活動と諸活動の目標

特別活動

目標：集団や社会の形成者としての見方・考え方を働かせ、様々な集団活動に自主的、実践的に取り組み、互いのよさや可能性を発揮しながら集団や自己の生活上の課題を解決することを通して、次のとおり資質・能力を育成することを目指す。

(1) 多様な他者と協働する様々な集団活動の意義や活動を行う上で必要となることについて理解し、行動の仕方を身に付けるようにする。

(2) 集団や自己の生活、人間関係の課題を見いだし、解決するために話し合い、合意形成を図ったり、意思決定したりすることができるようにする。

(3) 自主的、実践的な集団活動を通して身に付けたことを生かして、集団や社会における生活及び人間関係をよりよく形成するとともに、自己 (中学は「人間として」) の生き方についての考えを深め、自己実現を図ろうとする態度を養う。

(高校は (3) 自主的、実践的な集団活動を通して身に付けたことを生かして、主体的に集団や社会に参画し、生活及び人間関係をよりよく形成するとともに、人間としての在り方生き方についての自覚を深め、自己実現を図ろうとする態度を養う。)

学級 (HR) 活動

目標：学級 (HR) や学校での生活をよりよくするための課題を見いだし、解決するために話し合い、合意形成し、役割を分担して協力して実践したり、学級 (HR)での話合いを生かして自己の課題の解決及び将来の生き方を描くために意思決定して実践したりすることに、自主的、実践的に取り組むことを通して、第1の目標に掲げる資質・能力を育成することを目指す。

児童 (生徒会) 活動

目標：異年齢の児童 (生徒) 同士で協力し、学校生活の充実と向上を図るための諸問題の解決に向けて、計画を立て役割を分担し、協力して運営することに自主的、

実践的に取り組むことを通して、第 1 の目標に掲げる資質・能力を育成することを目指す。

クラブ活動 (小学校のみ)
目標：異年齢の児童同士で協力し、共通の興味・関心を追求する集団活動の計画を立てて運営することに自主的、実践的に取り組むことを通して、個性の伸長を図りながら、第 1 の目標に掲げる資質・能力を育成することを目指す。

学校行事
目標：全校又は学年の児童 (中学：生徒) (高校：全校若しくは学年又はそれらに準ずる集団) で協力し、よりよい学校生活を築くための体験的な活動を通して、集団への所属感や連帯感を深め、公共の精神を養いながら、第 1 の目標に掲げる資質・能力を育成することを目指す。

学級 (HR) 活動は、毎週の 1 単位時間の授業として小中高の教育課程の中に位置づけられており、特別活動の基盤をなす。ここでの活動は、教師の適切な指導のもとに行われる児童生徒の自発的、自治的な活動である。扱われる内容は、主に (1) 学級・HR や学校における**生活づくり**への参画、(2) 日常の生活や学習への適応と自己の成長および健康安全、(3) 一人ひとりの**キャリア形成**と**自己実現**である。これら 3 つの内容領域ごとに、学級・HR 活動の活動内容を整理したものが表 8-2 である。

児童 (生徒) 会活動は学校の児童生徒全員で組織され、学校生活をより良く豊かなものにするために自発的・自治的に行われる活動である。これは、学年、学級を越えてすべての児童生徒から構成される集団での活動であり、異年齢の児童生徒同士で協力したり、より良く交流したり、協働して目標を実現しようとする活動である。その内容としては、(1) 児童 (生徒) 会の組織づくりと児童 (生徒) 会活動の計画や運営、(2) 異年齢集団による交流 (中高：学校行事への協力)、(3) 学校行事への協力 (中高：ボランティア活動などの社会参画) が挙げられる。

これまでの児童 (生徒) 会活動では、「すべての児童生徒」によって組織されていることが周知されないことも多かった。このため、こうした活動は限られた児童生徒のみによって行われているような誤解を生み、その活動が低調であるという問題が指摘されることもあった。しかし、昨今、行き過ぎた生徒指導

表 8-2　学級活動・ホームルーム活動の内容に関する小中高比較

	小学校	中学校	高等学校
(1) 学級・HR や学校における生活づくりへの参画	学級・HR や学校における生活上の諸問題の解決 学級・HR 内の組織づくりや役割の自覚 学校における多様な集団の生活の向上		
(2) 日常の生活や学習への適応と自己の成長および健康安全	基本的生活習慣		
	よりよい人間関係	自他の個性の理解と尊重、より良い人間関係	
		男女相互の理解と協力	
			国際理解と国際交流
		思春期の不安や悩み、性的な発達	青年期の悩みや課題とその解決
	心身ともに健康で安全な生活態度(や習慣)の形成		生命尊重、心身ともに健康で安全な生活態度や規律ある習慣
	食育の観点を踏まえた学校給食と望ましい食習慣の形成		
(3) 一人ひとりのキャリア形成と自己実現	現在や将来に希望や目標を持って生きる意欲や態度	社会生活、職業生活との接続を踏まえた主体的な学習態度の形成と学校図書館等の活用	学校生活と社会的・職業的自立の意義の理解
	主体的学習態度形成と学校図書館等活用		主体的学習態度確立と学校図書館等活用
	社会参画意識の醸成、働くことの意義	社会参画意識の醸成や勤労観・職業観の形成	
		主体的な進路の選択(決定)と将来設計	

＊ホームルームを HR と表記、(　) 内は中学または高校での表記を追加。
出典：木内隆生「学級活動・ホームルーム活動」日本特別活動学会『キーワードで拓く新しい特別活動』東洋館出版社、2019 年、p. 69 をもとに筆者が加筆。

や、非合理的な校則の存在などが広く知られ、早急な改善の必要性が認識されるようになってきた。こうしたまさに、児童生徒にとって学校生活をより良くするための取り組みにおいて、児童 (生徒) 会活動と積極的に連携する実践も報告されている (熊本市教育委員会「校則・生徒指導のあり方の見直しに関するガイドライン」2021 年 3 月など)。社会参画を目指した主権者教育の充実の観点からは、このように児童生徒が自発的、自治的に学校教育の改善に関わるという実践は高

く評価されている。今後も、児童 (生徒) 会活動の活動が学校をはじめとする生活社会の変革につながる実践事例を積み重ね、主権者教育や市民性教育の種を広く撒いていきたい。

　学校行事には明確な時数が配当されているわけではないが、学校教育におけるその存在感と存在意義は大きい。現在は、多くの学校が年間指導計画を HP 上で公表している。それを閲覧すれば、学校ではいかに多くの学校行事が行われているのかがわかるだろう。それぞれの行事には、具体的に設定されたねらいがある。各学校では、そのねらいを達成するために、それぞれの実情に合わせた行事の内容を工夫している。以下に、各学校行事における具体的なねらいとその内容例を挙げる。

　各行事のねらいと内容例
　(1) 儀式的行事
　学校生活に有意義な変化や折り目を付け、厳粛で清新な気分を味わい、新しい生
　　活の展開への動機付けとなるようにすること。
　【内容例】入学式、卒業式、始業式、立志式 (中)、終業式、修了式、開校記念に関
　　する儀式、教職員の着任式・離任式、新入生との対面式、朝会など
　(2) 文化的行事
　平素の学習活動の成果を発表し、自己の向上の意欲を一層高めたり、文化や芸術
　　に親しんだりするようにすること。
　【内容例】学芸会、学習発表会、展覧会、作品展示会、音楽会、読書感想発表会、
　　クラブ発表会、ディベート大会、音楽鑑賞会、演劇鑑賞会、美術館見学会、地
　　域の伝統文化等の鑑賞会など
　(3) 健康安全・体育的行事
　心身の健全な発達や健康の保持増進、事件や事故、災害等から身を守る安全な行
　　動や規律ある集団行動の体得、運動に親しむ態度の育成、責任感や連帯感の涵養、
　　体力の向上などに資するようにすること。
　【内容例】健康診断や給食に関する意識を高めるなどの健康に関する行事、防災訓
　　練、避難訓練や交通安全、防犯等の安全に関する行事、薬物乱用防止指導、運
　　動会や球技大会等の体育的な行事など
　(4) 遠足 (中高は旅行)・集団宿泊的行事

（自然の中での集団宿泊活動などの〔小のみ〕）平素と異なる生活環境にあって、見聞を広め、自然や文化などに親しむとともに、よりよい人間関係を築くなどの集団生活の在り方や公衆道徳などについての体験を積むことができるようにすること。

【内容例】遠足、修学旅行、移動教室、野外活動、集団宿泊活動など

(5) 勤労生産・奉仕的行事

小： 勤労の尊さや生産の喜びを体得するとともに、ボランティア活動などの社会奉仕の精神を養う体験が得られるようにすること。

中： 勤労の尊さや生産の喜びを体得し、職場体験活動などの勤労観・職業観に関わる啓発的な体験が得られるようにするとともに、共に助け合って生きることの喜びを体得し、ボランティア活動などの社会奉仕の精神を養う体験が得られるようにすること。

高： 勤労の尊さや創造することの喜びを体得し、就業体験活動などの勤労観・職業観の形成や進路の選択決定などに資する体験が得られるようにするとともに、共に助け合って生きることの喜びを体得し、ボランティア活動などの社会奉仕の精神を養う体験が得られるようにすること。

【内容例】小： 飼育栽培活動、校内美化活動、地域社会の清掃活動、公共施設等の清掃活動、福祉施設との交流活動など

中： 職場体験活動、各種の生産活動、上級学校や職場の訪問・見学、全校美化の行事、地域社会への協力や学校内外のボランティア活動など

高： 就業体験活動、各種の生産活動、上級学校や職場の訪問・見学、全校美化の行事、地域社会への協力や学校内外のボランティア活動など

4　特別活動の指導と評価

(1) 特別活動の指導の実際

特別活動の指導にあたって、各学校では特別活動の全体計画や各活動および学校行事の年間指導計画を作成する。その際、学校の創意工夫を生かすこと、学級や学校、地域の実態、生徒の発達の段階などを考慮すること、各教科、道徳科、総合学習などの指導との関連を図ること、児童生徒による自主的、実践的な活動が助長されるようにすること、そして、家庭や地域の人々との連携、

社会教育施設等の活用などを工夫することが重要である。

　さらに、特別活動では児童生徒の自主的、実践的な活動や自発的、自治的な活動が、教師の適切な指導のもとで効果的に展開されることが目指されている。この点に注目すれば、これまでの発想を超えて、教師ではなく児童生徒が自発的、自治的に活動計画を作成し、児童生徒による自主的、実践的な活動が展開できるように支援を行うことも重要である。例えば、児童生徒の手に学級(HR)運営を委ねたり、児童(生徒)会が中心となって従来の校則やルールを見直して改善したり、各学校行事の計画や運営を児童生徒に任せてみる、などという発想もあろう。このプロセスに教師が適切な支援者として関わるためには、失敗をすぐに正したり手助けしたりはせず、期待を込めて児童生徒が自分たちで考え判断して、変化することを待つことが望まれる。また、特別活動の支援者としての教師には、集団の場面で必要な指導や援助を行うガイダンスと、個々の児童生徒の多様な実態を踏まえ、一人ひとりが抱える課題に個別に対応した指導を行うカウンセリング(教育相談を含む)の双方を意識した指導を行うことも求められている。

　参考に、茨城県教育研修センターが公開している指導案を紹介する (https://www.center.ibk.ed.jp/?action=common_download_main&upload_id=6853)。

　これは、中学校3年生の特別活動(学級活動)において、「将来設計」を通して自己の在り方や生き方を考え設計する力を育成する目的で計画された学習指導案である。授業の中で、教師が生徒の自主的、実践的な学習活動を引き出すアドバイザーとして学習活動を支援している様子がわかる。生徒の主体的・対話的で深い学びを実現させるために効果的な関わり方の一例を示す意味でも参考になる実践である。

(2) 特別活動における評価

　特別活動の評価においてもっとも大切なことは、児童生徒一人ひとりの良さや可能性を、児童生徒の学習過程から積極的に認めることである。また、その活動で育成を目指す資質・能力がどのように成長しているか、各個人の活動状

況をもとに評価を進めていくということである。

　特別活動の評価は、学習成果をテスト等によって測定するような、いわゆる評定という意味を持ってはいない。それよりも、児童生徒のこれまでの学習成果を振り返って現状を知り、新たな目標や課題の設定につなげることが重視される。さらに、この評価には、教師にとって指導の改善のために有益な情報を得る手段としての側面もある。すなわち、これは評価というよりもむしろ、教師と児童生徒双方にとって今後の学びにつながる情報収集に近い。

　このためには、活動の結果だけでなくその過程における児童生徒の努力や意欲などを積極的に認めたり、児童生徒の良さを多面的・総合的に評価したりすることが大切である。そのため、児童生徒一人ひとりが、自らの学習状況やキャリア形成を見通したり振り返ったりすることができるようなポートフォリオ的な教材などを活用して自己評価や相互評価をするなどの工夫が求められる。なお、生徒の自己評価や相互評価は学習活動であり、それをそのまま学習評価とすることは適切ではないが、学習評価の参考資料として適切に活用することにより、児童生徒の学習意欲の向上につなげることができる。

【参考図書】
神谷拓『僕たちの部活動改革―部活自治・10のステップ』かもがわ出版、2020年
日本特別活動学会編『キーワードで拓く新しい特別活動』東洋館出版社、2019年
松村英治編著『令和時代の総合的な学習の時間入門』東洋館出版社、2021年

コラム6　好き・得意だと感じていることを武器に

　私が教員を志したのは大学4年の春である。始動が遅れたものの、2度目の採用試験で合格することができた。いきなり書きはじめてしまったが「おまえ誰だよ」と思われかねないので、ここで自己紹介とする。

　私は茨城県の高校で地歴科教諭として勤務している。2学年のクラス担任と生徒指導部、部活動は硬式野球部を担当している。高校時代の得意科目は数学、化学、地理。苦手科目は地理以外の社会科目すべて。人生に多大な影響を受けた高校の野球部の監督のようになりたいと思い、また、人生が大きく変わるような経験をした私が教育に携わることで後世にも同じような貴重な経験をさせることができるはずだと考え、高校教員になる決意をした。

　教員になるためには、採用試験をパスする必要がある。地歴科の免許を取得するにもかかわらず地理以外は拒絶していた私がどのように採用試験を突破しようかと、雑誌で全自治体のデータを分析した。条件は、①得意な地理のみで受験できる、②出身の青森県や大学で過ごした関東圏と地理的文化的に近い、③採用が一定数ある自治体。この条件に合致したのが茨城県であった。そうと決まれば、あとは出題の傾向通りにひたすら対策を講ずるのみ。その日からすべての時間を勉強にあてた。二次試験対策のため、学内で採用試験を受ける人を集めて勉強会を開いたり、筑波大学を訪問し集団討論の練習へ参加したりした。何度も不安に押しつぶされそうになったが大学の先生や職員の方に叱咤激励していただき、1年の浪人期間を経て晴れて採用されることとなった。気の向くままに昔話をしてきたが、以下これから教員を目指す学生のみなさんへのメッセージとする。

　教員は多種多様である。スポーツで著名だった、ITに明るい、ユーモアに長ける、おしゃべり上手など例を挙げると枚挙に暇がない。このように教員とは個々人の特徴をありのままに生かすことができる素敵な職業である。ぜひ、あなたが好き・得意だと感じていることを武器にできるよう磨き続けてほしい。

　私は教員として2つの学校を経験したが、学校や学科、地域等により生徒の特性は種種である。情報としては知っていても、いざ自分が経験したことのない世界に飛び込むと想像し得ない世界が広がっている。未知の世界に飛び込み、見ず知らずの人と接する経験を積むことも教員となる際の肥やしとなるであろう。私が再び学生になれるならば自転車で世界一周をしようと決めている。

　最後に、「教師は授業で勝負する」という名言がある。授業力こそが生徒からの信頼を獲得するために必要な力である。「私は地理屋であり、それだけ教えればいい」と思っていた当時の自分に伝えたい。「あなたは地歴科の教員で、日本史や世界史も一から勉強することになるよ」と。時間を自由に使うことのできる今、教科・科目を目一杯勉強し授業の基礎力を養うことをおすすめする。

　今後、後輩の皆さんが教員として全国で活躍すること期待している。

村舘公大（茨城県高等学校教諭・地理）

第9章

教育方法の技術および ICT の理解と活用

大学授業ポスターセッション［アメリカ］

　西洋に近代教育思想が生まれてから、これまで様々な教育理論や教育方法が生み出された。例えば「近代教育思想の祖」と呼ばれるルソーの子どもを中心とする消極教育や、ルソーの影響を受けたペスタロッチは人間を教育するために普遍的な教育方法を探求した。そして、「教育学」を体系化したドイツの教育学者ヘルバルトは、学習の心理的過程を提示し、段階を経て認識が獲得されるという段階教授法を展開した。19 世紀末には、アメリカの教育学者デューイが、学習者同士がプロジェクト活動において共同的な経験とリフレクションの試行錯誤を繰り返していく学習活動を提唱し、進歩主義的教育運動の主導的な役割を果たした。

　戦後日本の学校教育においては、このような欧米の近代教育思想が学校教育に輸入され、子ども中心主義・経験主義重視か、系統主義を基とする学習方法かをめぐる論争が繰り広げられてきた。こうした変遷の中、近年では、学習者の能動性や主体性を重視する教育方法と ICT を活用した教育に大きな期待が寄せられている。本章では、これからの日本の学校教育で求められる教育方法の技術と ICT の理解と活用について検討をする。

1 戦後の教育方法と学校教育の情報化と ICT 教育

(1) 戦後日本の学校教育と教育方法

　第二次世界大戦後の日本では、アメリカ占領軍の間接統治のもとで、軍国主義教師の追放、軍事教育の禁止、修身・地理・歴史教育の停止などをはじめとする教育改革が進められた。こうした教育改革の方向性を導くのに大きな役割を担ったのは連合国総司令部の部局の一つである民間情報局教育課 (Civil Information and Education Section：CIE) であった。CIE は、文部省 (当時) 側との協議を通してアメリカ国内のいくつかのプランからヴァージニアプランなどを参考に社会科新設を導き、戦後日本の**新教育**に影響を与えた。

　新教育では、戦前の教育体制の批判に基づき、民主主義社会を支える教育を理念とし、子どもの個性や興味・関心、発達段階に応じた指導などを重視する教育方法の開発が推進された。この新教育の中心に据えられていたのは新設された社会科 (初期社会科) であり、教科ごとの単元学習ではなく、初期社会科を主軸に設定された中心課程に沿って学習内容を統合したカリキュラム (コアカリキュラム) も提起された。この初期社会科には、経験主義や問題解決学習を提唱したデューイをはじめとする近代教育家の思想が色濃く反映されていた。

　しかしこの新教育は、1950 年前後から展開された問題解決学習と系統学習をめぐる論争や学力をめぐる論争の渦の中で批判の的となった。具体的には、新教育は基礎学力を軽視していると批判した国分一太郎や、新教育はお店屋さんごっこに終始している「はいまわる経験主義」であると批判した矢川徳光などをはじめ、知識の系統学習を重視する数学教育協議会や科学教育研究協議会からも新教育批判が展開された。このように様々な立場から、新教育批判につながる動きがみられたが、中でも革新派の教育学者たちによる批判は強力なものであった。

　また、日本が主権を回復した 1952 年以降は、保守派による国家統制的な系統的学習を推し進める動きが強くなった。その結果、それまでの数々の新教育

をめぐる論争が実質的に現場で実ることがないまま、子ども中心という進歩主義教育、為すことで学ぶという経験主義、生活を教材にして授業をつくるという問題解決学習を重視した教育方法は主流とならずに、系統学習を重視した教育方法が発展する土壌ができたといえる。その後、1960年代から70年代にかけての高校進学率の急激な増加は、ペーパーテスト至上主義による受験戦争の激化を引き起こし、学習内容の高度化に対応した知識教授型の教育方法が重視されることとなった。

1969年の中学校学習指導要領改訂ではさらに学習内容が増え、いわゆる「新幹線授業」が行われるようになると、落ちこぼれや校内暴力・いじめといった問題が多発し、1970年代には大きな社会問題として世間で取り上げられるようになった。そのため、1970年代後半には中央教育審議会から「ゆとりと充実」が提言され、その方針は、1984年に設置された臨時教育審議会に引き継がれ、「個性重視の原則」などとともにゆとり教育の基礎的な環境整備が進められた。

そして、1996年の中央教育審議会の答申では「生きる力」が目標の一つとして挙げられ、その方針を受け1998年の学習指導要領改訂では、**総合的な学習の時間**が創設された。その目標には、「横断的・総合的な学習や探究的な学習を通して、自ら課題を見付け、自ら学び、自ら考え、主体的に判断し、よりよく問題を解決する資質や能力を育成するとともに、学び方やものの考え方を身に付け、問題の解決や探究活動に主体的、創造的、協同的に取り組む態度を育て、自己の生き方を考えることができるようにする」と掲げられた。

しかし2000年頃からの「学力低下」論争の盛り上がりやPISAショックといった「ゆとり教育」への逆風が吹き荒れた結果、総合的な学習の時間はその目標や理念について、学校現場や世論の十分な理解がされないまま迷走し、総合的な学習の時間の教育方法の検討・開発が十分にされることなく、2007年の学習指導要領改訂では総合的な学習の時間は削減を余儀なくされた。

そして、総合的な学習の時間導入の問題点などの総括が十分に行われないまま、アクティブ・ラーニング導入の議論が進められた。しかし、学校現場で前

のめりのアクティブ・ラーニングの実践が増加する状況に対して、2016 年の中央教育審議会の答申では、「指導法を一定の型にはめ、教育の質の改善のための取組が、狭い意味での授業の方法や技術の改善に終始するのではないかといった懸念」と記述され、アクティブ・ラーニングの本質的理解が伴わない、ただ議論をさせれば教育効果が得られるという考え方に注意を促した。そして、2016 年の学習指導要領改訂では、アクティブ・ラーニングという用語の使用は避け、代わりに「**主体的・対話的で深い学び**」という言葉を用い、それによる授業改善を求めている。

　こうして戦後日本の学校教育を振り返ると、「新教育」の目玉であった初期社会科や「総合的な学習の時間」が掲げる目標と、「主体的・対話的で深い学び」の目標が類似している点が指摘できる。つまり、初期社会科や「総合的な学習の時間」の教育方法が教員によって十分に開発されず発展しなかった原因について分析しなければ、「主体的・対話的で深い学び」を重視する教育方法の発展も難しいといえるであろう。

（2）学校の情報化と ICT 教育

　1985 年の臨時教育審議会「情報化の進展と学校教育のあり方」の答申を契機に、コンピュータなどの機器が日本の学校現場へ本格的に導入されはじめ、環境整備が進められた。その後、「生きる力」を掲げた 1996 年の中央教育審議会答申「21 世紀を展望した我が国の教育の在り方について」では、情報化と教育における「高度情報通信社会に対応する『新しい学校』の構築」が示された。その後の 1998 年の学習指導要領改訂では、「各教科等の指導に当たっては、生徒がコンピュータや情報通信ネットワークなどの情報手段を積極的に活用できるようにするための学習活動の充実に努めるとともに、視聴覚教材や教育機器などの教材・教具の適切な活用を図ること」と明示された。

　2008 年 1 月の中央教育審議会答申「幼稚園、小学校、中学校、高等学校及び特別支援学校の学習指導要領等の改善について」では、「ICT 環境の整備、教師の ICT 指導力の向上、校務の ICT 化等の教育の情報化が重要」である点

が示された。一方で、諸外国に比べて日本の学校における ICT 環境整備が遅れている現状が指摘され、情報機器や教材の整備や支援体制等、ICT 環境に関する条件整備の必要性を提言している。

ICT（Information and Communication Technology）という用語は、高橋純・寺嶋浩介編著『初等中等教育における ICT の活用』（ミネルヴァ書房、2018 年）によると、1990 年代末から本格的に用いられ、2004 年に総務省より発表された u-Japan 構想「世界最先端の ICT 国家」以降、一般にも広く用いられるようになったと述べられている。

2010 年代には、これまで以上に **ICT 教育**に関するプロジェクトが数多く立ち上げられた。例えば、2014 年には「ICT を活用した教育の推進に関する懇談会」が報告書を出し、「ICT の活用による教育の質の向上」や「情報モラルの教育の充実」などが示された。また、2017 年 8 月には「学校における ICT 環境整備の在り方に関する有識者会議」が最終まとめを公表し、「新学習指導要領の実施等に向けた ICT 環境整備の必要性」などが提言された。

この最終まとめが公表される 5 ヶ月前には、小学校および中学校の学習指導要領が公示され、中学校学習指導要領「総則」の「教科等横断的な視点に立った資質・能力の育成」では、「各学校においては、生徒の発達の段階を考慮し、言語能力、情報活用能力（情報モラルを含む。）、問題発見・解決能力等の学習の基盤となる資質・能力を育成していくことができるよう、各教科等の特質を生かし、教科等横断的な視点から教育課程の編成を図るものとする」と明示された。さらに「主体的・対話的で深い学びの実現に向けた授業改善」では、「各学校において、コンピュータや情報通信ネットワークなどの情報手段を活用するために必要な環境を整え、これらを適切に活用した学習活動の充実を図ること。また、各種の統計資料や新聞、視聴覚教材や教育機器などの教材・教具の適切な活用を図ること」と明示され、「主体的・対話的で深い学び」には ICT 教育の活用が重要である視点が示された。

2　日本のICT教育の現状とGIGAスクール構想

（1）日本の情報化とその課題

　日本の情報化の現状について総務省の資料からみてみると、総務省「2020（令和2）年版　情報通信白書」の「日本の情報通信機器の世帯保有率」（図9-1）からは、2010年以降に急速にスマートフォンが普及していることが読み取れる。また、タブレット型端末やウェアラブル型端末が増加傾向にある一方で、パソコンの普及率は減少傾向にある。つまり、情報通信機器を表すものといえばパソコンだけではなく、近年ではスマートフォンやタブレット型端末等のモバイルブロードバンドの存在感が高まっている。

　また、総務省「2021（令和3）年版　情報通信白書」の「モバイルブロードバンド普及率（2019年6月）」（図9-2）からは、先進諸国の中でも日本の普及率

図9-1　情報通信機器の世帯保有率の推移

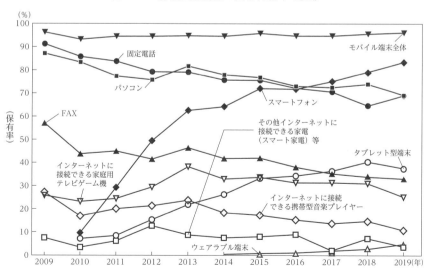

出典：総務省「令和2年版　情報通信白書」2020年、p. 336より。

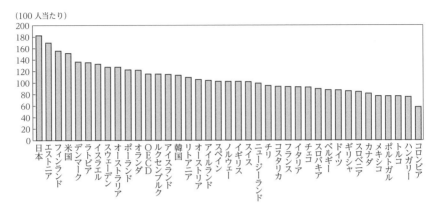

図 9-2 モバイルブロードバンド普及率（2019 年 6 月）

(100 人当たり)

縦軸目盛: 200, 180, 160, 140, 120, 100, 80, 60, 40, 20, 0

横軸（国名）: 日本, エストニア, フィンランド, 米国, デンマーク, ラトビア, イスラエル, スウェーデン, オーストラリア, ポーランド, オランダ, OECD, ルクセンブルク, アイスランド, 韓国, リトアニア, オーストリア, アイルランド, スペイン, ノルウェー, イギリス, スイス, ニュージーランド, チリ, コスタリカ, フランス, イタリア, チェコ, スロバキア, ベルギー, ギリシャ, ドイツ, スロベニア, カナダ, メキシコ, ポルトガル, トルコ, ハンガリー, コロンビア

出典：総務省「令和 3 年版　情報通信白書」2021 年、p. 14 より。

は上位に位置していることがわかる。このデータからは、日本では他国に比べ、モバイルブロードバンドへのアクセスが日常生活において頻繁に行われている状況を示している。

　このようなパソコンやスマートフォンなどのデジタル機器の高い普及率が、学校外での学習にどのように影響しているか、OECD が進めている PISA (Programme for International Student Assessment) と呼ばれる義務教育修了段階の 15 歳を対象とした国際的な学習到達度に関する調査データから読み解くことができる。国立教育政策研究所「OECD 生徒の学習到達度調査 2018 年調査 (PISA 2018) のポイント」の「学校外での平日のデジタル機器の利用状況」(図 9-3) から、ICT 活用の調査結果についてみてみると、他国と比較して、ネット上でのチャットや一人用ゲームを利用する頻度の高い生徒の割合が高い一方で、コンピュータを使って宿題をする頻度が OECD 平均より低いことが読み取れる。つまり、スマートフォンを代表とする日本の高い普及率のデジタル機器は、生徒にとってはチャットやゲームなどの余暇を楽しむために多用される一方で、学校外の学びに活用される頻度はとても低いことが示されている。そして、SNS の利用頻度が高いことが、昨今問題となっている「ネットいじめ」

図 9-3　学校外での平日のデジタル機器の利用状況

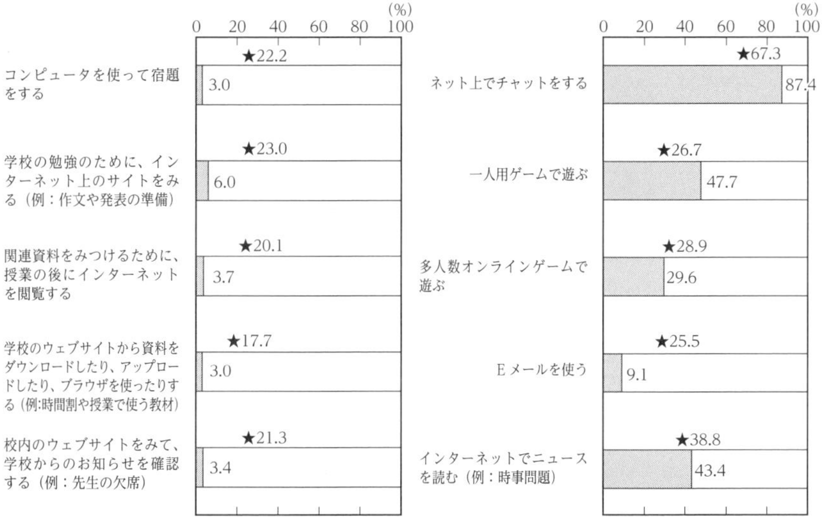

左側のグラフ（単位：%、目盛 0〜100）
- コンピュータを使って宿題をする：★22.2／3.0
- 学校の勉強のために、インターネット上のサイトをみる（例：作文や発表の準備）：★23.0／6.0
- 関連資料をみつけるために、授業の後にインターネットを閲覧する：★20.1／3.7
- 学校のウェブサイトから資料をダウンロードしたり、アップロードしたり、ブラウザを使ったりする（例：時間割や授業で使う教材）：★17.7／3.0
- 校内のウェブサイトをみて、学校からのお知らせを確認する（例：先生の欠席）：★21.3／3.4

右側のグラフ（単位：%、目盛 0〜100）
- ネット上でチャットをする：★67.3／87.4
- 一人用ゲームで遊ぶ：★26.7／47.7
- 多人数オンラインゲームで遊ぶ：★28.9／29.6
- E メールを使う：★25.5／9.1
- インターネットでニュースを読む（例：時事問題）：★38.8／43.4

注：灰色帯は日本の、★は OECD 平均の「毎日」「ほぼ毎日」の合計。
出典：国立教育政策研究所「OECD 生徒の学習到達度調査 2018 年調査（PISA 2018）のポイント」2018 年、p. 10 より。

の問題につながっていることも含めて対策を講じる必要がある。

　SNS の利用は、現代の情報社会において様々な面において利点がある一方で、オンラインでのコミュニケーションに問題が生じることが多く、生徒の発達段階に応じた指導が必要となってくる。オンライン上でのコミュニケーションや情報の扱い方などに対して、お互いの権利を尊重し合い行動に責任を持ち、情報社会で提供されるサービスやコミュニケーション・ツールに関して適切な判断をしながら使用するように指導する**情報モラル**教育のさらなる進展が求められている。

(2) 日本の ICT 教育の課題

　国立教育政策研究所「OECD 生徒の学習到達度調査（PISA）〜 2018 年調査補足資料〜生徒の学校・学校外における ICT 利用」の「1 週間のうち、教室

の授業でデジタル機器を使う時間の国際比較」の設問で、「普段の 1 週間のうち、教室の授業でデジタル機器をどのくらい利用しますか」に対する「国語」の授業についての調査結果をみると、日本は「利用する」との回答が 14.0%（週に 1 時間以上：3.0%、週に 30 分以上 1 時間未満：2.4%、週に 30 分未満 8.6%の合計）であった一方で、OECD 平均は 44.5%（週に 1 時間以上：12.3%、週に 30 分以上 1 時間未満：10.3%、週に 30 分未満 21.9%の合計）との結果であった。「数学」「理科」も、日本は OECD 加盟国・地域の中でデジタル教材をもっとも利用しないという結果であり、「社会」「英語」は最下位ではないが下位のため、日本は OECD 加盟国・地域の中でもっとも授業に ICT を活用しない国であることが明らかになった。

　日本の学校教育において ICT 活用の取り組みが十分でない点については、OECD の国際教員指導環境調査（Teaching and Learning International Survey：TALIS）2018 においても確認できる。国立教育政策研究所「OECD 国際教員指導環境調査（TALIS）2018 報告書―学び続ける教員と校長―のポイント」では、「児童生徒に課題や学級での活動に ICT（情報通信技術）を活用させる」の設問で、「いつも」または「しばしば」と回答した日本の中学校教員割合は 17.9%であった。これは 2013 年の前回調査の 9.9%と比較して増加しているものの、2018 年参加 48 ヶ国平均の 51.3%と比べると、日本の ICT 活用状況は世界から大きく後退しているといえる。

　また、同調査の「デジタル技術の利用によって児童生徒の学習を支援する（例：コンピュータ、タブレット、電子黒板）」の設問で、「非常に良く」または「かなり」できているとの回答した日本の中学校教員割合は 35.0%であり、参加 48 ヶ国平均の 51.3%と比べると、ICT を活用した教育実践に対して自己効力感を持つ教員の割合が低いことが示された。さらに、教員研修のニーズに関する「指導用の ICT（情報通信技術）技能」の設問で、「高い」または「ある程度」と回答した日本の中学校教員の割合は 39.0%であり、2018 年参加 48 ヶ国平均の 20.0%と比べると、指導用の ICT 技能への関心の高さが読み取れる。

　PISA2018 や TALIS2018 の調査からは、世界各国と比べ、日本の教室で

は ICT の活用が低いことが示され、教室内での活用の低さが学校外の学びに十分に活用されない状況にもつながっているといえるであろう。

(3) ICT 環境整備と GIGA スクール構想

　文部科学省「教育の情報化に関する手引（追補版）」(2020 年) では、2017 年の「学校における ICT 環境整備の在り方に関する有識者会議最終まとめ」を踏まえて、「2018 (平成 30) 年度以降の学校における ICT 環境の整備方針」が策定され、2020 年度からの学習指導要領の実施を見据えた ICT 環境についての整備方針が示されたと述べている。また、ICT 環境の整備に必要な経費については、「教育の ICT 化に向けた環境整備 5 か年計画 (2018 ～ 2022 年度)」が策定され、ICT 環境整備の方針と目標として、「学習者コンピュータ・3 クラスに 1 クラス分程度の整備」や「大型提示装置・実物投影機・100％整備」などが掲げられている。

　さらに、2019 年 12 月に閣議決定された「安心と成長の未来を拓く総合経済対策」では、「義務教育段階において、2023 (令和 5) 年度までに、全学年の児童生徒一人ひとりが端末を持ち、十分に活用できる環境の実現を目指す」といった方針が示され、2019 (令和元) 年度補正予算案では、児童生徒向けの 1 人 1 台端末と、高速大容量の通信ネットワークを一体的に整備するための経費が計上された。このような動きを受け萩生田文部科学大臣 (当時) は、「子供たち一人ひとりに個別最適化され、創造性を育む教育 ICT 環境の実現に向けて～令和時代のスタンダードとしての 1 人 1 台端末環境～」についてのメッセージを発信し、GIGA スクール実現推進本部を設置して、GIGA (Global and Innovation Gateway for All) スクール構想の実現を進めている。

　文部科学省作成のリーフレット「GIGA スクール構想の実現へ」によると、**GIGA スクール構想**とは、「1 人 1 台端末と、高速大容量の通信ネットワークを一体的に整備することで、特別な支援を必要とする子供を含め、多様な子供たちを誰一人取り残すことなく、公正に個別最適化され、資質・能力が一層確実に育成できる教育環境を実現する」とされ、「これまでの我が国の教育実践

と最先端のベストミックスを図ることにより、教師・児童生徒の力を最大限に引き出す」ことを強調している。

3　世界のICT教育とデジタル教育

(1) デジタル・シティズンシップとは何か

　新学習指導要領における「情報モラル」は、SNSの不適切投稿などの危険性に対応することが主なねらいである。そのような危険を回避するために、生徒のデジタルへのアクセスに対する抑制的な啓発活動が軸となっているといえる。一方で、欧米では日本の「情報モラル」のようなICT教育の内容に加えて、**デジタル・シティズンシップ** (digital citizenship) という考え方が広がっており、様々な白書が発刊されるなどICTやデジタル教育への活用研究が盛んである。つまり、PISA2018やTALIS2018で示された結果から日本のICT教育が抱える課題から脱却するために、欧米の研究から得られる知見を参考にして、学校のデジタル機器の環境整備だけではなく、日本の教育文化に適した教育政策やICT教育の方法を考えていく必要があるだろう。そのために、まずは欧州のデジタル・シティズンシップ教育についてみていくことにする。

　2019年に欧州評議会によって発行された "Digital Citizenship Education Handbook"（「デジタル・シティズンシップ教育ハンドブック」）によると、デジタル・シティズン（市民）とは、地域、国家、グローバル・レベルにおいてオンラインとオフライン（対面社会）に積極的に、責任を持って参加する能力を持つ市民と定義されている。このような市民を育成するためにデジタル・シティズンシップ教育は、生涯教育として幼少期の家庭教育から、その後の学校教育や学校外での学習環境においても行われている。デジタル・シティズンシップに必要な能力は、学校や職場、社会など様々な場において日々生じる課題への対応力や人権と異文化間の相違を尊重することも求められる。デジタル・シティズンシップ教育は、デジタルの世界において、他者の権利を尊重することのできる包括的で創造的な場にするために必須なスキルを子どもたちに習得させること

を目指している。

　また、2018 年に欧州評議会によって提示された "Reference Framework of Competences for Democratic Culture"（「民主的文化の能力参照枠」、以下 RFCDC）では、「文化的に多様な民主的社会で平等な存在として共生すること」を掲げ、子どもたちの支援を目指している。そして、欧州評議会から 2019 年に発刊された "Digital citizenship... and your child - What every parent needs to know and do"（以下、欧州評議会〔2019〕）では、RFCDC の理念を基礎として、オンラインで情報を入手し、コミュニケーションをとることによって生ずる危険から子どもを保護するためにはどのような方法をとるべきかという視点から、積極的にデジタルの活用を支援する必要性が盛り込まれたのである。言い換えると、オンラインでのコミュニケーションの危険から子どもを保護するという視点も大切である一方で、今後、デジタルの使用を通して社会やコミュニティーで責任を持って行動できる市民に必要なコンピテンス（能力）を伸ばすために、何が必要であるかが問われているのである。

　民主的文化の市民として、他者の意見や見解を尊重することは重要であり、オンラインの社会やコミュニティーにおいても同様のことがいえる。デジタルを活用するときに生じる権利や責任といったデジタル・シティズンとして必須の要素を、どのように育んでいくべきであろうか。理念的には、民主主義文化に参加するために必要な能力として、Competence for Democratic Culture（**民主主義的な文化のためのコンピテンス**、以下 CDC）が標榜されており、価値、態度、スキル、知識と批判的理解の 4 つの領域と、その領域ごとに必要なコンピテンスが網羅されている。そしてこの CDC が、デジタル・シティズンシップ教育を支える基礎と位置づけられている（図9-4）。この基礎のうえに、デジタル・シティズンシップは、3 つの分野とさらに細分化された 10 のデジタル・シティズンシップ領域で成り立っている（図9-5）。

　この 3 分野は、「オンラインにいること」「オンライン上での福祉・幸福」「オンライン上の権利」という上位概念である。1 つ目の分野である「オンラインにいること」には、「アクセスとインクルージョン」「学習と創造性」「メディ

図 9-4　デジタル・シティズンシップのコンピテンス発達の欧州評議会モデル

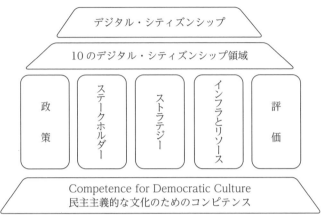

出典：“Digital Citizenship Education Handbook” p. 15 より筆者訳。

図 9-5　デジタル・シティズンシップの 3 分野と 10 領域

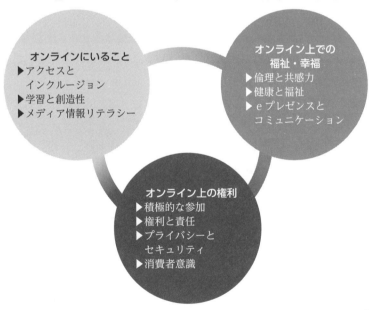

出典：“Digital citizenship... and your child - What every parent needs to know and do（2019）” p. 5 より筆者訳。

ア情報リテラシー」という領域が下位概念として含まれている。2つ目の分野である「オンライン上での福祉・幸福」の分野には、「倫理と共感力」「健康と福祉」「eプレゼンスとコミュニケーション」の領域がある。3つ目の分野である「オンライン上の権利」には、「積極的な参加」「権利と責任」「プライバシーとセキュリティ」「消費者意識」という領域がある。

　ここでは、「オンライン上の権利」の分野にある「**権利と責任**」の領域をみてみよう。この領域は、デジタル・シティズンは、プライバシー、安全性、情報の入手、包摂、表現の自由などの権利を享受できるという考え方のもとにたっている。一方で、安全で責任のあるデジタルの利用ができる環境を保障するためには、倫理や共感力も必要であることを示唆している。このような権利と責任を涵養するためには、どのようにしたらよいのであろうか。

　2つ目の分野である「オンライン上での福祉・幸福」にある領域の「**倫理と共感力**」をみてみよう。ここで示されているのは、オンライン上で他者に倫理的なふるまいをしたり、交流を図ることができる能力があることである。他者の感情や価値を認識し、理解しようとする共感力は、特にオンライン上でやりとりをする際に必須なスキルといえ、他者の権利を尊重しながら、自身もデジタル・シティズンとして社会に関わることは今後より求められるといえる。

(2) 新しい社会に対応する学習イノベーションへの転換

　前項で取り上げた、欧州評議会(2019)では、オンラインとオフライン社会の境界がますます消滅しつつある現実を考えたときに、デジタル・シティズンシップの掲げる理念や目標は、民主主義文化の中で共生するために大切であると述べられている。つまり、民主主義文化において共生するということは、多様性を尊重し、他者とのコミュニケーションを通じて意見の相違に対して理解を示しながら、社会が直面する問題を解決することが必要なのである。それは、学校教育によって問題に取り組む学習者の主体性を育み、生産性のある対話を重ねていく姿勢を涵養することによって可能となる。デジタル・シティズンシップ教育においても、このような視点を取り入れていくことが必要であるといえる。

実際に、デジタル・テクノロジーを学校に導入する場合、このようにオンライン、オフライン上の社会への参加を支援するという観点だけではなく、国の教育政策や教育方法においてどのような目標を設定し、どのような能力やスキルを子どもたちに習得させたいのか、どのように活用すれば学習効果が高いのか、など幅広く具体的な施策を考えていく必要がある。日本においては、文部科学省の掲げる「GIGA スクール構想」が、それがどのような方向性を持ち、何が学校現場に求められているのかをきちんと精査していかなければならない。

　特に、次節で取り上げるが、ICT 教育を進める際に重要な点は、教師の役割である。佐藤学『第四次産業革命と教育の未来—ポストコロナ時代の ICT 教育』(岩波書店、2021 年) では、日本の学校教育は、従来のコンピュータ教育をそのまま継承している傾向があり、教育方法の補助教材の域を脱していないことは否めなく、それはすなわちデジタル機器に教師の代替としての役割を担わせることにつながると指摘されている。しかし、深い思考や探求を通して得られる構成主義的な学びを促進するためには、デジタル社会における教育システムやビジョンを再考し、教師の役割を再定義することが必要であろう。

　従来の日本の学校教育は、系統主義重視の知識伝達型の方法で、子どもたちが教師から与えられた知識を記憶することを学習とみなすことが多い。一方で、新しい学習観は、ある課題を解決するために他者と考えを共有し、解決に導けるように協働していく中で学びを得ることができる構成主義重視の問題解決学習や、子ども自らの経験から探求したい問いを自身がたて、内容の理解のみにとどまることなく、分析、評価などを含む高次の思考力が必要な探求学習などが含まれる。

　このような学習者主体の能動的な学習形態は、デジタル機器を活用する ICT 教育と親和性が高く、デジタル・テクノロジーによって子どもたちの興味、関心、習熟度に応じた形で学習をカスタマイズする個別化学習が提供でき、その個別化された学習方法によって、学習者の自律性を育てる一つの手段となり得る。ただし、それは ICT 教育が個別化された学習だけを意味するのではなく、学習者同士で意見を共有し、コミュニケーションをとりながら学び合うことの

できる学習環境としての役割を果たすことも可能となる。そのような環境を担保するためには、教師が ICT の利点だけではなく、教育の本質を見据えた方法で活用するべきであり、ICT がそのような点においては限界があることも押さえておきたい。

以上みてきたような、ICT を活用した問題解決学習や探求学習などの学習者主体の学習形態において基礎となる能力は、批判的思考力に基づく情報の入手、適切な理解、解釈、精査ができる能力のことである。そして欧州評議会 (2019) でも述べられているように、このような高いレベルの認知的能力が必要とされる高次の思考力が基礎となったうえで、学習者が情報を上手に活用し、新たな考えやモノを生み出す創造性を発揮できるのである。つまり、教育の中でデジタル・リテラシーを育成することが、このような新たな学習観に対応した学習を可能とする。

4 ICT を活用した学校教育の可能性と課題

(1)「令和の日本型学校教育」と ICT の活用

2021 (令和 3) 年の 1 月、中央教育審議会は「『令和の日本型学校教育』の構築を目指して～全ての子供たちの可能性を引き出す、個別最適な学びと、協働的な学びの実現～」を答申した。この答申の「はじめに」では、2020 年代を通じて実現を目指す学校教育を**令和の日本型学校教育**とし、その姿を「全ての子供たちの可能性を引き出す、**個別最適な学びと、協働的な学び**」と示された。そして、ICT の活用と少人数によるきめ細かな指導体制の整備により、「個に応じた指導」を学習者視点から整理した概念である「個別最適な学び」と、これまでも日本型学校教育において重視されてきた、「協働的な学び」とを一体的に充実することを目指すと明示された。

さらに「個に応じた指導」には、「子供一人一人の特性や学習進度、学習到達度等に応じ、指導方法・教材や学習時間等の柔軟な提供・設定を行うこと」などの**指導の個別化**と、「情報の収集、整理・分析、まとめ・表現を行う等、

教師が子供一人一人に応じた学習活動や学習課題に取り組む機会を提供することで、子供自身が学習が最適となるよう調整する」といった**「学習の個性化」**も必要であるとする。加えて、「個別最適な学び」と「協働的な学び」を一体的に充実し、「主体的・対話的で深い学び」の実現に向けた授業改善につなげていくことが必要であるとも示す。

そして「『令和の日本型学校教育』の構築に向けた ICT の活用に関する基本的な考え方」において、個別最適な学びと、協働的な学びを実現するためには、学校教育の基盤的なツールとして ICT は必要不可欠なものであるとし、日本の学校教育における ICT の活用が国際的に大きく後れをとってきた中で、GIGA スクール構想を実現し ICT を最適に組み合わせることが必要としている。一方で、「ICT を活用すること自体が目的化してしまわないよう、十分に留意することが必要である」と注意を促している。

「令和の日本型学校教育」にある ICT を活用した学習場面は、図 9-6 のような場面が想定されており、一斉学習よりも個別学習や協働学習への活用が多く求められている。それはつまり、系統主義を重視した教師主導型の一斉授業よりも、経験主義や問題解決学習を重視した「総合的な学習の時間」や「主体的・対話的で深い学び」という教育方法を多く取り入れることを求めている。GIGA スクール構想のもとで 1 人 1 台端末の環境が整ったとしても、系統主義を重視した一斉授業が主流である限り、ICT の可能性を十分に生かした活用にはならず、目指す教育方法の実施には至らないのではないだろうか。

(2)「未来の学校」が掲げる学びのパラダイム・シフト

2020 年に開催された世界経済フォーラムで、"Schools of the Future : Defining New Models of Education for the Fourth Industrial Revolution"（「未来の学校—第 4 次産業革命のための新しい教育モデルを定義する」、以下「未来の学校」）というレポートに反映されているビジョンが、新しい産業社会の変化に応じて教育の質も変えていく必要性をうたっており、「個別最適な学び」や「協働的な学び」という令和の学校教育の支柱となる概念にも重なる部分がある。「未来の学校」

図9-6　学校における ICT を活用した学習場面

A　一斉学習

挿絵や写真等を拡大・縮小、画面への書き込み等を活用してわかりやすく説明することにより、子供たちの興味・関心を高めることが可能となります。

▶A1：教員による教材の提示

画像の拡大提示や書き込み、音声、動画などの活用

B　個別学習

デジタル教材などの活用により、自らの疑問について深く調べることや、自分に合った進度で学習することが容易となります。また、一人一人の学習履歴を把握することにより、個々の理解や関心の程度に応じた学びを構築することが可能となります。

▶B1：個に応じる学習

一人一人の習熟の程度等に応じた学習

▶B2：調査活動

インターネットを用いた情報収集、写真や動画等による記録

▶B3：思考を深める学習

シミュレーションなどのデジタル教材を用いた思考を深める学習

▶B4：表現・制作

マルチメディアを用いた資料、作品の制作

▶B5：家庭学習

情報端末の持ち帰りによる家庭学習

C　協働学習

タブレット PC や電子黒板等を活用し、教室内の授業や他地域・海外の学校との交流学習において子供同士による意見交換、発表などお互いを高めあう学びを通じて、思考力、判断力、表現力などを育成することが可能となります。

▶C1：発表や話合い

グループや学級全体での発表・話合い

▶C2：協働での意見整理

複数の意見・考えを議論して整理

▶C3：協働制作

グループでの分担、協働による作品の制作

▶C4：学校の壁を越えた学習

遠隔地や海外の学校等との交流授業

出典：文部科学省「学びのイノベーション事業」（https://www.mext.go.jp/a_menu/shotou/zyouhou/detail/1408183.htm）より。

にある教育の重点課題をみていくことで、「令和の日本型学校教育」における
ICT 教育の示唆につながるのではないだろうか。

　「未来の学校」では、第四次産業革命という流れの中で、AI（人工知能）、ロボッ
ト、インターネットやビッグデータの発展や活用により、われわれの日常生活
が加速度的に変化することになるといわれている。そこで、このような社会の
到来に対応できる新しい教育モデルの開発のために重点的な 8 つの課題を提
示した。

　8 つの課題とは、①グローバル・シティズンシップに必要なスキル、②イノ
ベーションと創造性のスキル、③テクノロジーのスキル、④対人関係のスキル、
⑤個別化された自分のペースで進められる学習、⑥利用可能で包括的な学習、
⑦問題解決型と協同学習、⑧生涯にわたる生徒主体の学習、が盛り込まれてい
る。この 8 つの重点課題は相互に関連性があり、来る新しい社会に責任を持ち、
積極的に貢献できる子どもたちを育成することを目指している。

　「未来の学校」で掲げられた 8 つの重点課題において、未来の学校教育は、
積極的な人的交流や対話をすることを大切にするという点が示唆されている。
つまり、テクノロジーを使用できるというハード・スキルだけではなく、共感
力、社会認識、グローバルな市民性などの人間中心スキルの涵養をすることが
重要であり、そのようなソフト・スキルは、子どもたちが将来包括的で公平な
社会を形成することを可能とするものである。

(3) ICT 教育と教師の役割

　「未来の学校」で提示されている 8 つの重点課題では、系統主義重視の知識
伝達型や暗記を重視する受け身の学習から、他者との協働やコミュニケーショ
ンなどを通じて批判的思考を伸ばす相互作用的な学習への転換を図ることを目
指している。このような学びを実現するために、ICT 教育は学校教育でどの
ように機能するべきなのか、新しい教育観と ICT 教育の目指す方向性を踏ま
えて教師はどのような役割を担うべきなのだろうか。

　「未来の学校」で述べられているように、求められる教師の役割は、子ども

たちがデジタル・スキルを活用しながら、問題解決のために意見を交換し、解決策を調整するなどの対人コミュニケーションを通して協働学習を行うこと、つまりインタラクティブな学習環境を提供することであるといえる。佐藤（2021）が指摘しているように、新しい社会に対応できる教育への転換は、創造、探求、協同のスキルが必要となる学習形態によりシフトしていくことになるだろう。「令和の日本型学校教育」にある「全ての子供たちの可能性を引き出す、個別最適な学びと、協働的な学び」は、指導の個別化と学習の個別化が図られていく中で、構成主義を重視した協働学習の中でICTが活用されることを目指すべきである。

　また、そのような学習環境の中での教師の役割として重要な点は、学習者の主体的、能動的な学びを支援するという役割である。問題解決学習や探求学習では、学習者が課題に向き合い、完成にたどり着けるまでの過程において予想される問題や困難を考慮したうえで、支援をすることが必要である。そのためには、子どもたちが問題に直面したときに足場掛けを行う、彼らの学習への内発的動機を高めることで学習責任を持たせる、相互作用的な学習により学び合いを促進させるなど、「ファシリテーター」としての役割が重要となる。

　このように、デジタル・テクノロジーの発展によって教育方法、学習形態、教師の役割などを含む様々な側面のパラダイム・シフトが到来しつつあるが、特に教師の役割に関しては注視していく必要がある。デジタル・テクノロジーを活用した教師の役割は、デジタル機器が教師の代わりを果たすのでもなければ、従来型の教育方法の周辺機器であるということでもない、という点を強調しておきたい。学習の目的を子どもたちに見出させ、学習に能動的に関わらせ、子どもの知的関心に応じた形の学びを保障するために、デジタル・機器を学習者主体の学びに活用できるようにすることが必要である。

【参考図書】
坂本旬ほか『デジタル・シティズンシップ―コンピュータ1人1台時代の善き使い手をめざす学び』大月書店、2020年

バトラー後藤裕子『デジタルで変わる子どもたち―学習・言語能力の現在と未来』
　ちくま新書、2021 年

コラム7　生徒指導はチームワーク！

　教員になって19年目となった。大学卒業当時、東京都は商業科教員の採用をしていなかったため、2年間、東京都立高等学校（定時制高等学校・全日制高等学校）において、臨時的任用教職員として勤務した。その後、NHK学園高等学校（広域通信制）に職を得て、現在まで商業科の教員として勤務している。

　NHK学園高等学校の学習は、①NHK高校講座を視聴する、②レポートを提出する、③スクーリングに出席する、④試験を受験する、で成り立っている。高校1年次から入学した場合、最短3年間で高等学校卒業となる。

　教員の業務内容は、多岐にわたる。大きく分けると、教科、分掌、担任、地区の4つの業務である。教科業務は、ビジネス基礎をメインで担当している。スクーリング、レポート（郵送用・インターネット用の2種類）の作成と添削、試験作成と採点、そして、現在放送中の「NHK高校講座ビジネス基礎」の監修が主な業務内容である。また、全国高等学校通信制教育研究会が作成している補助教材、学習書を執筆中である。

　分掌業務については現在、教務部主任として、スクーリング運営（時間割作成、使用教室の調整等）や、レポート作成等、生徒の学習がスムーズに進むよう、他の部署や業者と連携して業務を行っている。

　担任業務は、現在、2年次の受け持ちで、転編入生が多いクラスのため、毎月のように転入生が入学してくる。保護者、スクールカウンセラー等と連携しながら生徒指導等を行っている。また、本校は広域通信制のため、全国約40ヶ所にスクーリング会場があり面接指導を実施している。日常的には、地元の先生方に授業・行事等運営をお願いし、本校と現地とで連携して生徒指導にもあたっている。私は、現在、名古屋担当である。

　本校は、不登校経験等を持つ生徒が多数入学し、教育相談を強化していることもあり、特別支援免許、社会福祉士の資格等を取得している教員が多い。私自身も特別支援免許を取得した。多様な生徒と接するうえで、ヒントとなる学びも多かった。また、悩んでいた点も、これで良かったのだという自信にもつながり、取得して良かったと思っている。

　様々な生徒と接するにあたり、学生時代から、多くの方々と触れ合うとともに、幅広い経験をすることが大切だと思う。また、物事を様々な角度から観察し、柔軟に対応できる力を身につけておくことが重要である。生徒指導は、必ずしもマニュアル通りにはいかない。前回、うまくいったからといって、次も、同じ対応でうまくいくとは限らない。様々なケースを想定して、臨機応変に対応していく必要がある。そのためにも、一人で抱え込まず、教員、スクールカウンセラー等チームとなって、相談しながら連携して対応していくことをぜひとも心にとめてほしい。

宮坂恵美子（NHK学園高等学校教諭・商業）

第10章

生徒指導と進路指導

神奈川県中央児童相談所

1　生徒指導の意義と原理

　これまで、どのような生徒指導を受けてきただろうか。かつては「丸刈り校則」があったといえば、驚くのではないだろうか。では、「黒染め」や「地毛証明書」についてはどうだろう。かつて学生に、学校や教員に関わり、記憶に残るできごとについて尋ねたことがある。ある学生は「髪の色がもともと少し茶色くて、染めていると疑われたうえに黒く染めてこいといわれた。染髪がだめなのに黒く染めてこいといわれる意味がわからなかった」と書いた。理不尽な記憶だろう。子どもたちは、表面上従っているようにみえても本質を見抜いている。このようなできごとにも関わることだが、生徒指導において**子どもの権利**概念や**共感的理解**は欠かすことのできない要素である。したがってこの節では、**子どもの権利**概念、**共感的理解**をベースにして、生徒指導について学んでいくこととする。

(1) 生徒指導の前提としての子どもの権利

　人権思想はロック (John Locke, 1632-1704)、モンテスキュー (Charles-Louis de Montesquieu, 1689-1755) などによって主張され、ヨーロッパやアメリカでの市民革命を支えたといわれる。しかし、現実には、その権利はすべての人間に保障されたわけではなかった。例えばフランス人権宣言において、奴隷、労働者、障がいを持った人々、女性、子どもなどは、排除されていたのである。また、かつて哲学者パスカル (Blaise Pascal, 1623-1662) は、「子どもは人間ではない」という言葉を残している。したがって人権を含め、**子どもの権利**への認識は長い時間をかけて獲得されてきたものと考えることが適切だろう。

　子どもを保護・救済の対象として捉えてはいたものの、1924 年の「ジュネーブ・子どもの権利宣言」や、子どもを権利の主体として位置づけた 1959 年の「子どもの権利宣言」を経て、**子どもの権利条約**(児童の権利に関する条約)」が 1989 年の第 44 回国連総会において採択された。この条約は、18 歳未満のすべての者を「子ども」と定義し、国際人権規約において定められている権利を「子ども」にまで拡大し、「子ども」の人権尊重の観点から必要となる事項を規定したものである。差別の禁止はもとより、マイノリティーの子どもの権利、障がいを有する子どもの権利、意見を表明する権利などについても具体的に規定されている。

　しかしながら学校では、中野富士見中学校の「葬式ごっこ」(1986 年)、神戸高塚高校校門圧死事件 (1990 年)、桜宮高等学校体罰事件 (2012 年) など、子どもの人権が守られているとはいえないできごとが様々に起こっている。永井はいじめによる自殺などを例に挙げつつ、安易な対症療法的な発想にのみ陥ることは戒められなければならず、被害者、加害者も含めて、すべての子どもの人権が保障されるべく、**子どもの権利条約**の理念に照らした検証が求められるとしている (永井憲一編著『子どもの人権と裁判—子どもの権利条約に即して』法政大学現代法研究所、1998 年、p. 16)。

　さらに近年、「生徒指導をきっかけ、あるいは原因とした子どもの自殺」と定義される「指導死」の報告もある。この「指導死」は、1952 年から 2013

年にかけて 68 件起こっている（大貫隆志編著『「指導死」―追いつめられ、死を選ん
だ七人の子どもたち。』高文研、2013 年、p. 255）。このような状況をどのように考
えるべきなのだろうか。無論、教育だけで解決できない課題は少なくない。そ
の意味で、何か問題が起こると学校や教員の責任にする風潮は、理不尽に学校
現場を萎縮させ、本来改善すべき事項から目をそらすという危険性もあるだろ
う。それらの点は認識しつつも、生徒指導に関わり、あらためて「子どもの権
利」の視点から考えていく必要があろう。

(2) 教育課程における生徒指導の位置づけ

　教育課程は、「教育の目標を達成するために、国の定める教育基本法や学校
教育法その他の法令及び学習指導要領や教育委員会で定める規則などに従い、
学校において編成される教育計画」のことである。

　では、生徒指導の意義とは何であろうか。『生徒指導提要』（文部科学省、2010
年：ただし現在、近年の中教審答申の内容等に基づき、改訂作業が進められている）には、
以下のように説明されている。

　　　生徒指導とは、一人一人の児童生徒の人格を尊重し、個性の伸長を図りながら、
　　社会的資質や行動力を高めることを目指して行われる教育活動のことです。す
　　なわち、生徒指導は、すべての児童生徒のそれぞれの人格のよりよき発達を目
　　指すとともに、学校生活がすべての児童生徒にとって有意義で興味深く、充実
　　したものになることを目指しています。生徒指導は学校の教育目標を達成する
　　上で重要な機能を果たすものであり、学習指導と並んで学校教育において重要
　　な意義を持つものと言えます。

　また、積極的な意義には、「教育課程の内外において一人一人の児童生徒の
健全な成長を促し、児童生徒自ら現在及び将来における自己実現を図っていく
ための**自己指導能力**の育成」がある。このように、生徒指導は学習指導ととも
に学校の教育活動の柱となっており、教育課程のすべての領域において機能す
ることが求められている。しかし、それだけでなく、休み時間や放課後に行わ

れる個別的な指導や、学業の不振な児童生徒のための補充指導、随時の教育相談など教育課程外の教育活動においても行われるものである。

　では、学習指導における生徒指導については、どのように考えていけばいいのだろう。子どもたちにとって、学校生活の中心は授業である。彼らにとってわかりやすい授業を行うことは教員の責任であり、この教科における学習指導においても生徒指導は行われる。それには①各教科等における学習活動が成立するために、一人ひとりの児童生徒が落ち着いた雰囲気のもとで学習に取り組めるよう、基本的な学習態度の在り方等について指導を行うこと、②各教科等の学習において、一人ひとりの児童生徒が、そのねらいの達成に向けて意欲的に学習に取り組めるよう、一人ひとりを生かした創意工夫ある指導を行うこと、という2つの側面がある。

　この点について、「これまで学習指導における生徒指導というと、どちらかといえば、前者のことに意識が向きがちであった」が、「これからは、一人一人の児童生徒にとって『わかる授業』の成立や、一人一人の児童生徒を生かした意欲的な学習の成立に向けた創意工夫ある学習指導が、一層必要性を増している」と、指摘されている（文部科学省『生徒指導提要』教育図書、2010年、p. 6）。そして、そのためには、子どもたちの良さや興味関心を生かした指導や、互いの考えを交流し、互いの良さに学び合う場を工夫した指導、一人ひとりが主体的に学ぶことができるよう課題の設定や学び方について自ら選択する場を工夫した指導など、様々な工夫をすることが考えられる。

　赤坂は、「わからんくせによそ見するなと言うけれど、わからんからこそよそ見するなり」という子どものつくった川柳を示しつつ、よそ見をする原因を子どもに求めるのではなく、自分の授業のやり方に求めるように述べている（赤坂雅裕「教科指導と生徒指導」小泉令三編著『よくわかる生徒指導・キャリア教育』ミネルヴァ書房、2011年、p. 20）。教員が授業の中で、子どもにとって「見えなかったもの」を「見えるように」、「できなかったもの」を「できるように」できていたならよそ見をする必要はないと考えられるからである。もしも、「わかる授業」を成立させないまま、「学習態度の在り方」を問うならば、それは責任

転嫁ともいえることであろう。

　学習内容に関わる不消化の状態は、**自己肯定感**や自信を失わせていく。さらには、学習の進度についていけない子どもたちにとって、毎日の授業は苦痛以外の何ものでもない。その結果として、授業妨害や授業エスケープなど怠学傾向に陥ったり、非行仲間への加入や犯罪行為に向かったりするなど様々な問題行為に向かうケースもみられる。学習態度について指導を行う前に、創意工夫ある指導を行っているか、「わかる授業」を成立させているか振り返る必要があるだろう。

(3) 生徒指導の方法と内容 (教育相談含む)

1　集団指導と個別指導

　生徒指導の方法は**集団指導**と**個別指導**に大別される。この 2 つは相互に関連し合い、「集団指導を通して個を育成し、個の成長が集団を発展させるという相互作用により、児童生徒の力を最大限に伸ばすことができる」という指導原理がある。

　集団指導における教育的意義は、①社会の一員としての自覚と責任の育成、②他者との協調性の育成、③集団の目標達成に貢献する態度の育成の 3 点が挙げられる。また個別指導における教育的意義は「一人一人の児童生徒のよさや違いを大切にしながら、彼らが、社会で自立していくために必要な力を身に付けていくことに対して支援すること」と捉えられている。

　集団指導と個別指導の指導原理は、図 10-1 で示した通りである。学校の教育活動において、一人ひとりの児童生徒の生きる力を伸ばすためには、集団指導と個別指導の両方が必要であり、どちらか一方に偏ることなく両者のバランスをとることが求められている。そしてそのどちらにおいても、①「成長を促す指導」、②「予防的指導」、③「課題解決的指導」という、3 つの目的があり、それぞれに沿って実施されなければならない。

　ところで、『中学校学習指導要領 (平成 29 年告示)』(2017 年 3 月) の総則においては、「主に集団の場面で必要な指導や援助を行う**ガイダンス**と、個々の生徒

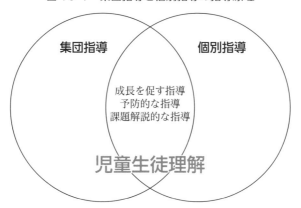

図10-1　集団指導と個別指導の指導原理

集団指導

個別指導

成長を促す指導
予防的な指導
課題解説的な指導

児童生徒理解

出典：『生徒指導提要』p. 14 より。

の多様な実態を踏まえ、一人一人が抱える課題に個別に対応した指導を行う**カウンセリング**の双方により、生徒の発達を支援すること」とされている。さらに、『中学校学習指導要領（平成29年告示）解説　総則編』（2017年7月）においても、「主に集団の場面で必要な指導や援助を行うガイダンスと、個々の生徒が抱える課題を受け止めながら、その解決に向けて、主に個別の会話・面談や言葉がけを通して指導や援助を行うカウンセリングの双方により、生徒の発達を支援することが重要である」とされている。こうした新学習指導要領が定義するガイダンスとカウンセリングは、集団指導と個別指導の指導原理そのものを意味すると解釈することが可能であろう。

　また、図10-1からは、集団指導においても個別指導においても、児童生徒理解が、ベースにあることが読み取れるだろう。「どのような教育活動においても、教育実践が成果を上げるための大前提の一つは**児童生徒理解**である」（文部科学省、2010、p. 40）。どちらの指導においても児童生徒理解に基づいて行われなければならない。児童生徒理解においては、発達段階や発達課題の観点から問題を捉えつつ、生徒それぞれの特徴や傾向を把握することや、子どもの状態に見合った個別的な見方を忘れてはならず、表に現れた問題の背後にある

ものを**共感的理解**の態度で探ろうとする姿勢が求められる。したがって、後述する中高生の時期と重なる青年期の心理と特徴に即した共感的理解が不可欠となる。

2 青年期の心理的特徴を踏まえた共感的理解

青年期 (およそ 12、13 歳頃から 22、23 歳頃までの時期であり、10 年あるいはそれ以上の幅がある) においてはアイデンティティ／自我同一性を確立すること、つまり自分とは何かを問い、それに対して思い悩みながらも一定の答えを出すことが最重要課題と考えられている (エリクソン [Erikson, E. H.])。また自我に目覚めると同時に、この時期の知的能力の高度化は、抽象的・理論的・批判的思考を発達させ、社会の矛盾にも気づかせていく。急速な身体的発達は、青年に大人になった自覚を持たせ独立への欲求を感じさせる。一方で、心の奥底では自分だけに頼り切れない不安感を抱き、大人に依存したいという欲求とが心の中で葛藤する。その結果、激しくいら立つなどの反応が示されることもある。

加藤は、青年は新しい自己に生きるという課題を達成するためには、古い自己を一度は否定する過程を通らなければならず、古い自己を育ててきたすべてのもの (両親、教師、社会など) に批判的になることによって、現在の自己の独自性が維持されると考える、としている。そして、親や教師への批判も強くなるが、人間として正しく評価しようとする気持ちが強くなったといえるのであるから、いろいろ対立があっても、大人や教師はこのような青年の成長を認め、理解しようとする態度を失ってはならないと指摘している (加藤隆勝「青年期の発達的特徴とその理解」飯田芳郎他編著『新生徒指導事典』第一法規出版、1980 年、p. 76)。

また、このような青年期と非行は密接に関わる。「令和元年 少年非行等の概況統計」をみてみると、刑法犯少年の構成比は、高校生が 30.5％とピークであり、次いで中学生の 23.4％、その後大学生になると 4.5％とかなり減少している。伊藤は、「駄目な奴」「見込みのない子ども」と決めつけず、環境調整を試みることで、大きな改善がみられるのが非行を示す子どもの特徴であり、事実として存在する社会経済的、家庭的不公平から目をそらすことなく、一人

一人の発達を支援していく姿勢を学校が持っていることが重要だとする（伊藤直文「非行（万引き、窃盗、暴力行為）」小泉令三編著『よくわかる生徒指導・キャリア教育』ミネルヴァ書房、2011年、p. 129）。

　この時期の子どもたちは、「自分は何者であるのか」「これからどう生きていくのか」という問いの答えを求めて思い悩みながら、よりどころが見いだせず不安定な状態になることも多い。このような不安が非行に結びつくこともある。表に現れた「問題」だけに着目し、叱り、責めるだけでは状況の改善は期待できない。青年期の心理的特徴を念頭に置きつつ、その背後にある感情を探ろうとする姿勢や、社会、経済的な要因などにも配慮した支援が大切である。

　共感的理解とは心理学者のカール・R・ロジャーズ（Carl R. Rogers）が提示した心理理解の方法である。彼は、「第一に、共感は疎外を解き放ちます。しばしの間であろうとも、受け手は人間世界につながった自分を見出します。…（中略）…**共感的理解**から生じる第二の結果は、受け手が価値、思いやり、存在を受けとめられた感じを持つ事です」と説明する（カール・R・ロジャーズ［1980］、畠瀬直子監訳『人間尊重の心理学』創元社、2007年、pp. 131-132）。つまり、**共感的理解**は、相手に一人ぼっちではないという思いを抱かせ**自己肯定感**を促す力がある。教員に期待される「共感」については、一旦自分の価値観を横に置き、偏見を捨てつつ、「相手の気持ちに寄り添うこと」、あるいは「注意深く**耳を傾けること**」「相手の立場に立って理解しようとすること」などと捉えればいいだろう。

　共感的理解は、自己受容の高まりや、アイデンティティ獲得にも影響を与える（ロジャーズ、2007、pp. 134-135）。一方、「われわれのアイデンティティは部分的には、他者による承認、あるいはその不在、さらにはしばしば誤った承認によって形作られる」（テイラー：Charles Taylor, "The Politics of Recognition", Ed. Amy Gutmann, *Multiculturalism*, Princeton University Press, 1994, p. 25）。つまり、アイデンティティは、他者との対話的な関係に依存し、重要な他者との接触の過程を通じて形づくられ、また歪められもする。このようなことから考え合わせても、アイデンティティを確立するべき青年期の対応として、受容・共感的

に生徒と関わることには、理論的な妥当性が指摘できる。

③　教育相談におけるカウンセリング技法

「児童生徒それぞれの発達に即して人格の成長への援助を図る」**教育相談**は、生徒指導の一環として位置づけられるものであり、その中心的な役割を担うと同時に、教員であれば誰であっても身につけなければならない教育方法の一つである（文部科学省、2010、pp. 92-99）。

そして、「つながる言葉かけ」「**傾聴**」「受容」「繰り返し」「明確化」など、**カウンセリング技法**を活用することによって、子どもたちが教員と話す際の抵抗が低減する可能性がある。例えば呼び出し面接をする際は、「……のこと、心配しているんだ。今日の午後時間とれるかな」等、子どもが前向きな気持ちになるように相談に誘い、相談に来た際には、「よく来てくれたね、ありがとう……」など、歓迎・感謝する言葉である「つながる言葉かけ」をしながら、進めていく必要がある。「先生は私のことを心配している」と伝わるだけでも十分である。その場で結論を出そう、約束させようと焦ることなく、長期的な視点で人格の成長への援助を図る姿勢が求められる。

2　生徒指導に関する法制度等（校則の問題を含む）

(1) 体罰の禁止

学校における児童生徒への**体罰**は、法律により禁止されている。**懲戒**は行えるものの、体罰は行ってはならない（**学校教育法11条**）。しかし実態はどうであろうか。国連の子どもの権利委員会（CRC）は、**子どもの権利条約**実施に関する第3回日本政府報告に対し出した所見（2010年）において、日本における体罰の禁止が効果的に履行されていないことに懸念を表明し、すべての環境において体罰の禁止を効果的に行うことを強く勧告した。2019年の第4回・第5回統合定期報告書に関する総括所見においても、引き続き緊急の措置がとられるべき分野として「体罰」が挙げられている。

では、懲戒と体罰は、どのように区別されるのか。学校における懲戒とは、

児童生徒の教育上必要があると認められるときに、児童生徒を叱責したり処罰したりすることであり、制裁としての性質を持つ。一方、通常体罰と判断される行為は、身体に対する侵害を内容とするものや、被罰者に肉体的苦痛を与えるようなものが含まれる。ただし、児童生徒から教員等に対する暴力行為に対して、教員等が防衛のためにやむを得ずした**有形力の行使**や、他の児童生徒に被害を及ぼすような暴力行為に対して、これを制止したり、目前の危険を回避するためにやむを得ずした有形力の行使は、正当な行為とされる。具体的事例としては、「児童が教員の指導に反抗して教員の足を蹴ったため、児童の背後に回り、体をきつく押さえる」などである（文科省「懲戒・体罰等に関する事例」参照のこと〔https://www.mext.go.jp/a_menu/shotou/seitoshidou/1331908.htm〕）。

　大貫は、体罰の本質について「身体の痛さの問題ではなくて、人間としての誇りを踏みにじられる痛さ、自分を否定されるくやしさの問題なのです。体罰は殴られる側にとって人間的な屈辱、精神の損傷をもたらします」（大貫、2013、p. 216）と述べている。教員は、体罰が法律上の禁止事項であることを理解し、学校の中で教育の名を借りた暴力を許さないという強い意識を持つ必要がある。

　校則は、学校が教育目的を実現する過程において、児童生徒が順守すべき学習上、生活上の規律として定められているものである。校則について定める法令の規定はないが、学校が教育目的を達成するために必要かつ合理的範囲内において校則を制定し、児童生徒の行動などに一定の制限を課すことができる、と解釈されている。校則を制定する権限は校長にあり、学校がその特色を生かし、創意工夫ある定め方ができる。ただし、しつけや道徳、健康などに関する事項で、細かいところまで規制するような内容は校則とするのではなく、児童生徒の主体的な取り組みに任せることで足りると考えられている。

　校則の運用については、児童生徒の内面的な自覚を促し、自主的に守るように指導を行っていくことが重要であり、教員が規則にとらわれ、規則を守らせることのみの指導になっていないか注意を払う必要がある。同時に、校則に違反した児童生徒に懲戒等の措置をとる場合も、児童生徒の個々の事情に十分配慮し、単なる制裁的な処分にとどまることなく、その後の指導のあり方も含め

て教育的効果に配慮しなければならない。

　そのためにも生徒の実情、保護者の考え方、地域の状況、社会の常識などを踏まえたものになっているか、といった観点から、校則の不断の点検と見直しが求められる。積極的に校則を見直す必要性に関しては、『生徒指導提要』においても強調されている（文部科学省、2010、p. 193）。

　学校教育において、社会規範の順守について適切な指導を行うことは重要であり、その意味で教育的意義を有するとされる校則であるが、社会規範に関しては、ある行為が当為的（"なすべき"こと）かどうかは、国や地域といった文化、集団によって大きく異なり、またいかなる規範も時代背景や集団によって変容を遂げ、普遍的ではないとの指摘がある（北折充隆「社会規範とは何か—当為と所在に関するレビュー」名古屋大学大学院教育発達科学研究科『名古屋大学大学院教育発達科学研究科紀要』Vol. 47、2000年、pp. 155-165）。人格的自律権との関係で問題とされるべき余地があると指摘された（佐藤浩治『日本国憲法論』成文堂、2011年、p. 191）中学高校生の丸刈りを、つい最近まで強制していた学校もあったのである。グローバル化が進展する現在、社会は日々新たな集団を内包し、価値観も多様化している。社会規範の遵守とともに、当為とは何かを問い続ける姿勢が求められるだろう。

(2) いじめ防止対策推進法と教育機会確保法

　近年**いじめ**と**不登校**という、深刻化する教育課題に関連する2つの法律が制定された。

　2013（平成25）年に**いじめ防止対策推進法**が公布された。この法律は、いじめが、いじめを受けた児童等の教育を受ける権利を著しく侵害し、その心身の健全な成長および人格の形成に重大な影響を与えるだけでなく、生命や身体に重大な危険を生じさせるおそれがあるものと捉え、いじめの防止等のための対策に関し基本理念を定めることをはじめ、防止等に関わる基本事項を定めている。

　学校に対しては、「**いじめ防止基本方針**」の策定と、いじめ防止に関わる校

内組織の設置を義務づけ、学校の設置者および学校が講ずべき基本的施策として「道徳教育等の充実」「早期発見のための措置」「相談体制の整備」を含む7点を挙げている。また、「所轄警察署との連携について定めること」や、「懲戒、出席停止制度の適切な運用等その他いじめの防止等に関する措置を定めること」といった強い姿勢を示している。

　この法律については、「厳罰化や道徳教育の押しつけ、保護者に対してまで、子どもの規範意識を涵養することを責務とするなど、具体的施策にも多くの問題がある」との疑問の声がある（石井小夜子「いじめ防止対策推進法の問題点」親と子と教職員の教育相談室編『相談室だより』No. 81、2013 年、pp. 1-5）。また、前述の子どもの権利委員会（第3回）は、日本の教育制度における過度な競争への懸念を表明し、締結国が子ども自身のいじめと闘う努力を強化し、いじめに関わる措置の策定に児童の視点を反映させるよう勧告を行っている。

　また、国立教育政策研究所は、特定の児童生徒ではなく、多くの児童生徒が入れ替わりながらいじめに巻き込まれていると指摘し、同時に友人関係や勉強に関するできごとや過度の競争意識が、いじめのストレッサー（ストレスの要因）に関わっているとしている（『いじめ追跡調査 2007-2009』『生徒指導リーフ増刊号いじめのない学校づくり』）。以上の疑問や指摘は、丁寧にストレスの要因に立ち返り、子どもたちの力を育む視点を大事にすること、そしていじめが有する構造的な側面にも目を向けることが、抜本的な解決に欠かせないことを示しているといえるだろう。

　2016（平成 28）年には、「**義務教育の段階における普通教育に相当する教育の機会の確保等に関する法律**（以下、教育機会確保法）」が公布された。背景には年々増加する不登校児童生徒の存在がある。第 13 条では学校以外の場における学習と、「不登校児童生徒の休養の必要性」が認められており、子どもたちや保護者が「登校しなければならない（させなければならない）」といった、重圧から解き放たれたといった評価がなされている。また、この法律を受け、『中学校学習指導要領（平成 29 年告示）解説　総則編』では「不登校生徒への配慮」として、以下のような説明がなされた。

不登校は、取り巻く環境によっては、どの生徒にも起こり得ることとして捉える必要がある。また、不登校とは、多様な要因・背景により、結果として不登校状態になっているということであり、その行為を「問題行動」と判断してはならない。加えて、不登校生徒が悪いという根強い偏見を払拭し、学校・家庭・社会が不登校生徒に寄り添い共感的理解と受容の姿勢をもつことが、生徒の自己肯定感を高めるためにも重要である。また、不登校生徒については、個々の状況に応じた必要な支援を行うことが必要であり、登校という結果のみを目標にするのではなく、生徒や保護者の意思を十分に尊重しつつ、生徒が自らの進路を主体的に捉えて、社会的に自立することを目指す必要がある。

　かつて「問題行動」の中に含まれていた「不登校」が、「『問題行動』と判断してはならない」とされ、「不登校生徒が悪いという根強い偏見を払拭し、学校・家庭・社会が不登校生徒に寄り添い共感的理解と受容の姿勢をもつこと」が重要であるとされたことの意味は大きい。

　一方で、**教育機会確保法**には、第3条に基本理念として「全ての児童生徒が豊かな学校生活を送り、安心して教育を受けられるよう、学校における環境の確保が図られるようにすること」と記されてはいるものの、安心して教育を受けられる環境確保に向けた具体的な道筋が示されているわけではない。「取り巻く環境によっては、どの生徒にも起こり得る」ことは事実としても、子どもたちに「不登校」を選択させる要因が学校にあると捉える視点は重要である。「登校することが重圧と感じられる学校」を変え、「不登校が生じないような学校」に向けた取り組みが不十分なまま、学校以外の場における学習と、「不登校児童生徒の休養の必要性」が認められれば、結果として不登校の子どもたちが学校から排除されてしまう危険性もあるのではないだろうか。

3　個別の課題を抱える生徒への対応—個別最適な学びを踏まえて

　2021年1月に出された答申「『令和の日本型学校教育』の構築を目指して〜全ての子供たちの可能性を引き出す、個別最適な学びと、協働的な学びの実

現～」においては、2020年代を通じて実現すべき「令和の日本型教育」の姿として、「**個別最適な学び**」(「個に応じた指導」〔指導の個別化と学習の個性化〕を学習者の視点から整理した概念）と「**協働的な学び**」の2つが挙げられている。そして、「**個別最適な学び**」が進められるよう、これまで以上に子どもの成長やつまずき、悩みなどの理解に努め〈中略〉主体的に学習を調整するよう促すために **ICT**（Information and Communication Technology：情報通信技術）の活用が重要であると指摘されている。

このように、ICTの活用が推進される状況の中で、子どもたちがインターネットやスマートフォンに触れる機会が一層増えることが想定される。

(1) インターネット・スマートフォンをめぐる課題と対応

コロナ禍という状況も後押しし、教育におけるICTの活用は、これまでになく推進されている。しかし、ICTには多くの利点や可能性がある一方で、関連するトラブルも少なくない。**SNS**（Social Networking Service）使用時における、写真掲載による意図しない情報の流出、プライバシー情報の書き込みなどにも配慮をする必要がある。また、スマートフォン向けの無料通信アプリについては、「既読」にまつわるトラブル、グループトークにおける誹謗中傷、グループトークからの強制退会、集団無視なども要注意である。

2015年3月に「『サイバー補導』昨年439人　援助交際など書き込み」という記事が掲載された。補導された子どもたちのうち高校生が309人（70.4％）と最多で、無職72人（16.4％）、中学生45人（10.3％）が続いた。目的は「援助交際など」が284人（64.7％）、「下着売買」が150人（34.2％）だった。また、非行・補導歴のない子どもが全体の6割を占めていたことから、保護者や教員が気づかないうちに、子どもたちが犯罪に巻き込まれている状況が推定される。その他、ワンクリック請求、フィッシング詐欺、アプリのダウンロードから個人情報等が抜き取られる事件なども多く起こっている。では、子どもたちが、「被害者とならない、加害者とならない、加害行為に手を貸さない」ためにはどのようにすればいいのだろうか。

文部科学省の『教育の情報化に関する手引』では、**情報モラル**について説明がなされている。情報モラルとは、「情報社会で適正に活動するための基となる考え方や態度」のことであり、その範囲は、「他者への影響を考え、人権、知的財産権など自他の権利を尊重し情報社会での行動に責任をもつこと」「危険回避など情報を正しく安全に利用できること」「コンピュータなどの情報機器の使用による健康とのかかわりを理解すること」など多岐にわたっている。また、総務省、文部科学省、通信関係団体などが連携して実施している「e-ネットキャラバン」では、保護者や学校の教職員、子どもたちを対象とするインターネットの安心・安全な利用に向けた啓発活動（全国規模で行う出前講座）を実施している。

　一方で、近年「**デジタル・シティズンシップ**」という概念が注目されている。「情報モラル」教育は概して保護主義的かつ抑制的であり、子ども・青年にSNSの危険性や利用ルールを守らせることに主眼があるが、デジタル・シティズンシップは未来の市民として必要不可欠な資質や能力の育成を目的にした、ポジティブな教育である（坂本旬「デジタル・シティズンシップとシティズンシップ教育」法政大学図書館司書課程『メディア情報リテラシー研究』第1巻第2号、2020年、pp. 4-11）。例えば、欧州評議会は、ユネスコが提唱するメディア情報リテラシーを組み込みつつ、デジタル・シティズンシップの目的を、「文化的に多様な民主主義社会の中で平等な存在として共に生きる」市民として子どもたちに準備させることと規定している（坂本、2020、p. 7）（ユネスコはメディア情報リテラシーを「批判的、倫理的、効果的な方法によって、あらゆる形式の情報・メディアコンテンツに様々なツールを使ってアクセスし、検索し、理解し、価値判断して活用し、創造し、共有するための一連のコンピテンシーで、市民が個人的、職業的、社会的活動に参加したり携わったりすることをエンパワーするもの」と定義している）。

　教員は、活用可能な資源を通してインターネットをめぐる新たなリスクや知識等の情報を得ながら**情報モラル教育**を行わなければならない。さらに今後は、子どもたちが情報を批判的に扱うことを前提とし、「民主主義社会の中で平等な存在として共に生きる」ことを目指したデジタル・シティズンシップ教育を

実践していくことが求められるであろう。

(2) いじめ・不登校をめぐる課題と対応

すでに第 2 節で述べたが、いじめと不登校、そのどちらも深刻な教育課題である。まず、文部科学省のいじめの定義をみてみよう。2006 年にいじめられる側の精神的・身体的苦痛の認知として見直された後、いじめ防止対策推進法の施行に伴い、2013 年度からは「児童生徒に対して、当該児童生徒が在籍する学校に在籍している等当該児童生徒と一定の人的関係のある他の児童生徒が行う心理的又は物理的な影響を与える行為 (インターネットを通じて行われるものも含む。) であって、当該行為の対象となった児童生徒が心身の苦痛を感じているもの」となっている。

令和元年度の調査結果によれば、小・中・高等学校および特別支援学校におけるいじめの認知件数は 61 万 2496 件 (前年度 54 万 3933 件) であり、前年度に比べ 6 万 8563 件 (12.6%) 増加している。さらに、**いじめの重大事態**の件数は 723 件 (前年度 602 件) であり、前年度に比べ 121 件 (20.1%) 増加し、いじめ防止対策推進法施行以降で最多となっている (※「重大事態」とは、「いじめにより当該学校に在籍する児童等の生命、心身又は財産に重大な被害が生じた疑いがあると認める」事態など、いじめ防止対策推進法第 28 条に規定された事態のこと)。

子どもたちの生命、心身に関わる最悪の事態は自殺である。自殺にまで追いつめられる子どもの心理とはどのようなものなのか。文部科学省が出している『教師が知っておきたい子どもの自殺予防』では、自殺に関わる子どもの心理の共通点として、どこにも「居場所がない」といった孤立感、「生きていても仕方がない」といった無価値観、強い怒り、苦しみが永遠に続くという思い込み、自殺以外の解決方法が全く思い浮かばなくなる心理的視野狭窄という心理状態などが挙げられている。いじめをめぐる対応を考える際には、早期発見・早期対応をはじめ、このような心理の共通点を念頭に置く必要がある。

不登校児童生徒数は依然として高い水準で推移している (令和元年度、国公私立小・中学校の不登校児童生徒数の合計：18 万 1272 人)。前節の (2) で、子どもたち

に「不登校」を選択させる要因が学校にあると捉える視点の重要性について述べたが、具体的な要因について、LGBTQ（Q：クエスチョニングには、自分の性自認や性的指向を決めたくない人などが含まれるとされる）を手掛かりとして考えていこう。セクシャルマイノリティであることを公表し、美術家として活動しているこうぶんこうぞうさんは、「男は男らしく！　そんな難しいことと違うでしょう。こうぶん、もっとシャキッとしなさい、男のくせに。あんただけよ、みんなと違うのは！」と、教員にいわれた経験について語っている。

　教室が自分らしい振る舞いが許され、どんな自分であっても周囲から受け入れられている安心感を実感できる場であれば、不登校は減っていくのではないだろうか。教室内には多様な子どもたちが存在している。日頃から教員が、違いを豊かさと捉え、尊重する意識と姿勢を持つことは大切であろう。子どもたちが笑顔で安心して学ぶことのできる環境を整えることは、教員の大切な役割である。来日間もない子どもに1ヶ月間、日本語などを教える日本語支援拠点施設を開設した自治体もある。例えば横浜市は、日本語を集中して勉強したり、日本の学校生活を体験したりすることで、外国から来た子どもや保護者が少しでも安心して日本の学校に通えるように支援するための施設を開設した（2017年に日本語支援拠点施設「ひまわり」を開設）。このような取り組みは、笑顔で安心して学ぶことのできる環境整備の一つと位置づけられるだろう。

　最後に、**不就学**について触れておきたい。2019年度にはじめて実施された「外国人の子どもの就学状況等調査」では、約2万人の外国人の子どもたちが就学していない可能性が示された。このような子どもたちをめぐる課題も看過されてはならない。

　安心して学ぶことのできる環境なしに、「個別最適な学び」を進めることはできない。多様性を尊重しつつ、子どもたちの安心感を大切にしながら、誰一人排除されない学習環境を整えていく必要性をあらためて確認したい。

4　進路指導とキャリア教育

(1) 進路指導・キャリア教育の意義と理論

　進路指導とは、「卒業時の進路をどう選択するかを含めて、更にどういう人間になり、どう生きていくことが望ましいのかといった長期的展望に立って指導・援助するという意味で『生き方の指導』とも言える教育活動」とされる（文部科学省『中学校キャリア教育の手引き』2011年、p. 35。以下、『手引き』）。

　また**キャリア教育**とは、「一人一人の社会的・職業的自立に向け、必要な基盤となる能力や態度を育てることを通して、**キャリア発達**を促す教育」（『手引き』p. 14）である。ちなみに、キャリア発達は、「社会の中で自分の役割を果たしながら、自分らしい生き方を実現していく過程」（『手引き』p. 16）である。そして、進路指導とキャリア教育は、「進路指導の定義・概念やねらいも、中学校におけるキャリア教育とほぼ同じと言ってよい」（『手引き』p. 37）と説明されている通りほぼ同じであるが、両者の間には、期間に関わる以下のような違いがある。

　また、『中学校学習指導要領（平成29年告示）解説　総則編』（以下、『解説総則編』）の第3章　教育課程の編成及び実施の「第4節　生徒の発達の支援　1 生徒

図10-2　キャリア教育と進路指導との関係

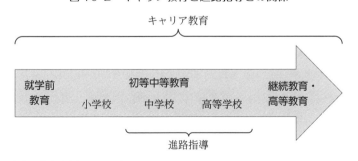

出典：『手引き』p. 38 より。

の発達を支える指導の充実」は 4 項に分かれており、その第 3 項目「(3) キャリア教育の充実」では、**キャリア教育**について以下のように説明している。

> (3) 生徒が、学ぶことと自己の将来とのつながりを見通しながら、社会的・職業的自立に向けて必要な基盤となる資質・能力を身に付けていくことができるよう、特別活動を要としつつ各教科等の特質に応じて、キャリア教育の充実を図ること。その中で、生徒が自らの生き方を考え主体的に進路を選択することができるよう、学校の教育活動全体を通じ、組織的かつ計画的な進路指導を行うこと。

　この説明からは、キャリア教育において「生徒が自らの生き方を考え主体的に進路を選択することができるよう」「生徒が、学ぶことと自己の将来とのつながりを見通し」つつ、「社会的・職業的自立に向けて必要な基盤となる資質・能力を身に付けていく」ことが求められていることがわかる。

　文部科学省は、キャリア教育が必要になった背景として、情報化・グローバル化などを挙げている。そして、「若者自身の資質等をめぐる課題」として、「勤労観、職業観の未熟さと確立の遅れ」「社会人、職業人としての基礎的資質・能力の発達の遅れ」「社会の一員としての経験不足と社会人としての意識の未発達傾向」を指摘している。そのうえで、学校教育に「学校の学習と社会とを関連付けた教育」「社会人としての基礎的資質・能力の育成」「自然体験、社会体験等の充実」などを求めている（『手引き』p. 10）。

　しかし、日本における労働をめぐる課題は、長時間・過密労働、過労（死）、非正規雇用、女性の労働をめぐる問題、ワーキングプアの広がり、失業対策・失業保護の後退をはじめ、枚挙に暇がない。名古は、80 年代に注目された、男性稼ぎ頭を生み出す日本型雇用・労使関係モデルが、90 年代初頭のバブル崩壊やグローバリゼーションの進展、さらに新自由主義に依拠する規制緩和政策のもと、その基盤が動揺し、労働者の雇用・労働に大きな影響を及ぼしたと論じている（名古道功『ドイツ労働法の変容』日本評論社、2018 年、pp. 404-412）。雇用の劣化は誰の目にも明らかであろう。

世界に目を向けると、例えばILO（国際労働機関：International Labour Organization）は、1999年に活動の主目標として**ディーセント・ワーク**（「働きがいのある人間らしい仕事／権利が保障され、十分な収入を生み出し、適切な社会保護が与えられる生産的な仕事」）を掲げ、その後も若者を含めた労働者を支援することに重点を置いている。また、このディーセント・ワークは、**SDGs**（持続可能な開発目標）の8番目「すべての人々のための持続的、包摂的かつ持続可能な経済成長、生産的な完全雇用およびディーセント・ワークを推進する」に位置づけられ、同目標の5番目「ジェンダー平等を実現しよう」を達成するうえで重要なものとされている。

　文部科学省が、「職場体験が求められる背景として、子どもたちの生活や意識の変容、学校から社会への移行をめぐる様々な課題、そして、何よりも望ましい勤労観、職業観を育む体験活動等の不足が指摘されています」と説明しているように、現在のキャリア教育は、「勤労観、職業観を育てる教育」に傾斜している。中学校のキャリア教育で重視されている職場体験では、事前に興味のある職業について調べる学習を行うことも多い。したがって、「自らの生き方を考え主体的に進路を選択する」うえで得られるものは多いであろうし、働く方々に直に接する中で勤労観や職業観について学ぶこともあるだろう。しかし、現在の日本における雇用の劣化等、労働をめぐる課題は、子どもたちに勤労観や職業観を身につけさせて解決できるものではないし、解決すべきものでもない。今後は、「社会的・職業的自立に向けて必要な基盤となる資質・能力を身に付けさせる」ことを通して、若者を働くことへ適応させるだけでなく、不当な解雇から身を守る知識をはじめ、労働者の権利に関わる情報を提供するなど、支援する視点も必要となる。

(2) 横浜市のキャリア教育としての「自分づくり教育」

　横浜市では、子どもたちが未来を生きていく力をつけるために、学校と社会が一丸となった**横浜市のキャリア教育**である「**自分づくり教育**」を実施している。その中に位置づく、「はまっ子未来カンパニープロジェクト」は、いわゆ

る企業家コンテストであり、学校と企業等の外部機関との連携のもと、子ども
たちが社会課題を解決していく取り組みである。「みんなで子どもたちを育て
る意識」を地域に根づかせる等の（第2回地域キャリア教育支援協議会の資料より）
横浜市のキャリア教育の原則からは、「勤労観、職業観を育てる教育」に傾斜
することなく、支え、育てる視点を読み取ることができる。子どもたちをみつ
め続けることで**自己肯定感**を育み（「横浜市の自分づくり教育〜様々な機会を経て育つ
『自分づくり』の芽〜」より）、自分づくりにつなげる横浜市の取り組みから学べる
点は多いのではないか。

【参考図書】
小森美登里『いじめのない教室をつくろう』WAVE 出版、2013 年
齋藤ひろみ『外国人児童生徒のための支援ガイドブック―子どもたちのライフコ
　　ースによりそって』凡人社、2011 年
堀正嗣『子どもの心の声を聴く―子どもアドボカシー入門』岩波書店、2020 年

コラム8　児童虐待対応にこそ当事者主体の支援を

　私は神奈川県に福祉職として入庁し、障害者入所施設、児童養護施設、児童相談所（以降、児相）、女性相談所、乳児院で勤務し、多くは子どもの支援に携わってきた。私が出会った子どもたち（特に虐待を受けた子ども）の姿と対応上配慮してほしいことを伝え、教員を目指す皆さんへの応援メッセージとしたい。

　高校卒業まで施設で生活していたAちゃんとはDV被害者としてシェルターに保護され再会した。「施設からの自宅外泊中、父親に裸にされて身体を触られていたが、ずっと言えなかった。」と告白を受けた。当時の私は、勉強は苦手だけれどひょうきん者、施設内で大きな問題を起こすこともないAちゃんが、病気と障害を抱えている父親から性的虐待を受けているなど想像もしなかった。まして、親子交流は良いことだと信じて疑わなかった。一点、幼い風貌に似合わず、胸や脚を露出する洋服を着て施設に帰ってくることが気掛かりではあった。後に性的虐待を学び、他の虐待に比べ潜在化したまま、被害が長期化し、心身に深刻な影響を及ぼすことを知った。もし、当時の私がこのことを知っていたら、Aちゃんの気持ちを"謙虚"に聴き、"想像力"を働かせていたら対応は違ったのかもしれない。

　夜間徘徊で警察からの身柄付き通告、母親は引取拒否で一時保護をしたBくん。担任と副校長から立て続けに「母親は学校の再三の注意を聞かない。何をしでかすかわからない子を家に帰すのか。施設入所させるべきでないか。」と苦情が入った。苦労の末、教育委員会、市町村の相談窓口、当事者であるBくん、父母を交えた合同ミーティング開催に漕ぎ着けた。Bくんのこれまでの経過を丁寧に聴き、ホワイトボードに書き出し共有化を図る過程で、外国籍で聴覚障害のある母親が家事育児を一手に担っていること、Bくんは幼い弟2人の面倒を見るようきつく言われ、母親から殴られていること等が見えてきた。学校と児相は度々話し合いを重ねてきたが、当事者の事情や意向を聴くことはおざなりになっていたのである。その後も度々、介入と支援のはざまで戸惑ったが、その際に支えとなったのは、子どもの安全のため、個人の変容を目指すのでなく、当事者との協働関係を構築するための支援「サインズ・オブ・セーフティー・アプローチ」を学んだことが大きい。経験の浅い者でも、所内外の会議やカンファレンスでブレない姿勢を示すことができた。

　学校や市町村とのやり取りの中で「『児相の子』ですよね」と排他的な言葉を何度か耳にしたことがある。誰一人として、『児相の子』『施設の子』はいない、『地域の子』であると思う。子どもを巡る支援において新米教員だから困った、ベテラン教員だから助かったという印象はない。大切なのは「当事者の声を"謙虚"に聴き、当事者の抱える背景と未来に"想像力"を働かせる姿勢」である。大学時代に被差別部落や米軍基地を訪ね、当事者の声を聴く貴重な経験の機会を得たことが私の土台になっているかもしれない。教員を目指す皆さんには、自分の経験の枠を超えた壮絶な育ちをしている子どもがいることにも想いを馳せてほしい。

牧野光子（神奈川県職員）

インクルーシブ教育への招待

(1) 画期的なサラマンカ宣言・同行動枠組み

　今から約 27 年前の 1994 年 6 月、障害のある子どもの教育にとって非常に画期的な国際文書が採択された。それは「特別ニーズ教育世界会議」(同年 6 月 7 ～ 10 日開催) においてである。スペインの古く、美しい町であるサラマンカでユネスコとスペイン政府が共同して同会義を開催したことにちなんで「サラマンカ宣言 (Salamanca Statement)」と命名されている。同宣言自体、分量は多くないが、長い「行動枠組み」が付されている (https://www.youtube.com/watch?v=MNeYg2be8v0)。

　同宣言の中核になっている部分は以下の通りである (下線、引用者)。

　　2.　われわれは以下のことを信じ、宣言する。
　　・すべての子どもが教育への権利を有しており、満足のいく水準の学習を達成し、維持する機会を与えられなければならない。
　　・すべての子どもが独自 (unique) の性格、関心、能力および学習ニーズを有している。
　　・こうした幅広い性格やニーズを考慮して、教育制度が作られ、教育計画が実施されるべきである。
　　・<u>特別な教育ニーズを持つ子どもたちは、そのニーズに対応できる子ども中心の教育実践 (childcentred pedagogy) を行う通常学校 (regular schools) にアクセスしなければならない。</u>
　　・<u>インクルーシブな方向性を持つ通常学校こそが差別的な態度と闘い、喜んで受け入れる地域を創り、インクルーシブ社会を建設し、万人のための教育を達成するためのもっとも効果的な手段である。さらにこうした学校は大多数</u>

の子どもたちに対して効果的な教育を提供し、効率性をあげ、結局は教育制度全体の経費節約をもたらすものである。

　これを受けて各国政府に対し「別の方法で行わざるを得ないという止むにやまれぬ理由がない限り、法律又は政策においては、通常学校にすべての子どもを就学させるインクルーシブ教育の原則を採用する」ことを求めている。

　この下線を引いた部分がもっとも重要な点である。この点を確認できるのが次の行動枠組みにおいてである。

　「インクルーシブな学校の基本原則は、すべての子どもたちがそれぞれに持っている困難さや違いにもかかわらず、出来る限り、一緒に学ぶべき（all child should learn together）とする点にある。」

　「インクルーシブな学校では特別な教育ニーズを持つ子どもは、かれらに効果的な教育を保障するために必要なあらゆる特別な支援も受けるべきである。」

　つまり、特別なニーズを持つ子どもたちはそうでない子どもたちから離れた場で教育を受けるのではなく、通常の学校で共に学ぶようにすべきだというのがインクルーシブ教育である。

　ここにいう「特別なニーズを持つ子ども」というのは障害のある子だけにとどまらず、英才児、遊牧民の子ども、言語・エスニシティ・文化面での少数者などこれまでの教育では十分にそのニーズを満たされてこなかった子どもたちを含んでいる。

イタリア・ファエンツィアの中学校での統合教育の様子

多くの国がこの宣言を採択して以降、各国ではインクルーシブ教育に向けた取り組みが加速する。ただし、宣言採択に賛成をしたものの日本では、この「インクルーシブ教育」という言葉の受け入れ自体、なかなか進まなかった。

　筆者がこの宣言の存在を知ったのは 2 年後の 1996 年のことであった。原文を手にした時、心が打ち震え、すぐに翻訳すべきと考え、実際に翻訳した。なぜか。

　実は日本においては 1970 年前後から、障害があっても特別な場である「特殊教育諸学校（盲学校・聾学校・養護学校）」ではなく、地域の通常学校に通いたい、兄弟で一緒に学校に行きたい、近所の子と同じ場で過ごしたいという願いを前面に打ち出し、通常学校への就学を求める運動が広がってきた。その願いの裏には、通常学校から分離された特殊教育諸学校での教育は障害者差別につながる、といった告発を多くの障害当事者が行うようになっていた。その象徴ともいうべきものが 1979 年度から実施の「養護学校義務化」に対する反対闘争であった。この運動が求めていた考えとサラマンカ宣言の理念は同じだ、この考え方は国際的にも支持されるものだという思いが筆者を翻訳へと突き動かしたのである。

　筆者は 1992 年 4 月から 1 年間、イタリアのミラノ大学で在外研究を行った。その目的の一つは、当時、世界で一番進んでいたイタリアの「統合教育」（イタリア語では integrazione scolastica、英語では integration in education）を調べることにあった。イタリアは 1975 年法以降、「特別学級」を廃止し、障害のある子どもの就学先は通常学校とするという取り組みを進めており、当時としては世界から注目され、統合教育の先進国と評価されていた。

　ただ、統合教育はインクルーシブ教育の前段階的な位置にあり、障害のない子どもたちが学んでいる構造や内容を前提とし、そこに障害のある子どもを受け入れるというもの。これに対し、インクルーシブ教育はすべての子どもが共に学べるように構造や内容を変革し、調整するものである。

　イタリアで長いこと「支援教員」として働いた後研究者への道を歩んだシモーナ・ダレッシオ (Simona D'Alessio) は、それまでの統合教育の試みを高く

評価しながらもインクルーシブ教育としてはまだ不十分としている。その理由は、通常学級での教育そのものの変革が徹底していない点にある。確かにイタリアでは特別学校が依然として存続している。

ここで、ユネスコと同じ国連に属する機関であるユニセフの明確なインクルーシブ教育を取り上げておく。それは「インクルーシブな教育では、正規の学校制度で、すべての生徒に有意義な学習機会を提供することが求められる。子どもの障がいの有無に関係なく、地元の学校で年齢に応じたクラスに参加しながら、必要に応じて個人に合わせたサポートを補完的に受けられるのが理想である」という定義である。

(2) 障害者の権利に関する条約（障害者権利条約）とインクルーシブ教育

こうしたインクルーシブ教育の取り組みがより徹底した形で結実したのが障害者権利条約である。同条約は 2006 年 12 月 13 日に国際連合総会で採択され、2008 年 5 月 3 日に発効した。日本は署名はしたものの、関連する国内法の整備に時間がかかり、批准したのは 2014（平成 26）年 1 月 22 日である。

同条約は第 24 条で教育について規定している。外務省訳の最初の部分を引用しておく（下線、原語の挿入は引用者）。

1　締約国は、教育についての障害者の権利を認める。締約国は、この権利を差別なしに、かつ、機会の均等を基礎として実現するため、<u>障害者を包容するあらゆる段階の教育制度及び生涯学習（an inclusive education system</u> at all levels and lifelong learning）を確保する。当該教育制度及び生涯学習は、次のことを目的とする。

（a）～（c）略

2　締約国は、1 の権利の実現に当たり、次のことを確保する。

（a）　障害者が<u>障害に基づいて一般的な教育制度（the general education</u> system）から排除されないこと及び障害のある児童が障害に基づいて無償のかつ義務的な初等教育から又は中等教育から排除されないこと。

（b）　障害者が、他の者との平等を基礎として、自己の生活する地域社会において、<u>障害者を包容し（inclusive）</u>、質が高く、かつ、無償の初等教育を享受す

ることができること及び中等教育を享受することができること。

(c) 個人に必要とされる合理的配慮 (reasonable accommodation) が提供されること。

(d) 障害者が、その効果的な教育を容易にするために必要な支援を一般的な教育制度の下で受けること。

(e) 学問的及び社会的な発達を最大にする環境において、完全な包容 (full inclusion) という目標に合致する効果的で個別化された支援措置がとられること。

　ここで留意しておきたい点がある。それは inclusive や inclusion の日本語訳である。このように外務省 (政府) は inclusive education を「包容する教育」、full inclusion を「完全な包容」と訳している。この訳には何か「包容」する側が一段高いに位置にあるようなニュアンスがある。そこで「包摂」とか「包摂共生」また「誰も排除しない」という訳をつける場合もあるが、本論ではカタカナ表記にしておく。

　いずれにしても、本条約第 24 条で規定しているのは、障害のある子どもを「一般的な教育制度」からは排除しないで、受け入れていくべきだし、そのために合理的配慮が必要であるというインクルーシブ教育の原則である。この点を明確に説明しているのが大谷恭子弁護士である。それは「障害者権利条約『言葉』考―『完全に包容された教育』」(https://www.dinf.ne.jp/doc/japanese/prdl/jsrd/norma/n409/n409015.html) で確認できる。

　　インクルーシブ教育制度とは、人間の多様性や尊厳と自尊感情を育て、能力を最大限に発達させ、社会に効果的に参加することを目的とした教育制度である。そして、一人ひとりの障害者は、障害のない人に用意された一般的な教育制度から排除されず、自分の生活する地域で、小中の義務教育だけではなく、高校での教育の機会を与えられ、これを実現するために各人に必要な合理的配慮が保障されなければならない (権利条約第 24 条 1 項・2 項 abc)。権利条約は、明確に、障害者に特別な学校や教育形態を設けて、障害者を地域の普通学校から排除することを否定し、一人ひとりに必要な合理的配慮を普通学校の中で保

障すると規定したのである。

　合理的配慮とは、社会が障害のある人に合わせて変化調整することであり、それがなければ実質的に権利を保障したことにならず、差別になるとされている。教育は、この合理的配慮だけではなく、教育を効果的に実現するための「支援」が必要になることもある。

　わが国の障害児教育は、永く分離別学教育でなされ、2007年からようやく特殊教育から特別支援教育への転換がなされた。この特別支援教育制度の中で各障害児になされていた支援は、あくまで個別支援であり、インクルーシブ教育における合理的配慮とは異なる。

　大谷弁護士は2010年1月に内閣に設置された「障がい者制度改革会議」のメンバーであり、障害者基本法の改正や障害者差別解消法制定に大きく貢献した。

　この条約発効以降、国連に置かれ、権利条約の実施状況を点検し、必要に応じ勧告を行っている「障害者権利委員会」が条約の各規定の解釈に関する一般的意見をまとめている。その中でインクルーシブ教育について重要なのが2016年の「第24条のインクルーシブ教育を受ける権利に関する一般的意見第4号」(2016年)と「第5条にかかわる平等及び無差別に関する一般的意見第6号」(2018年)である。

インクルーシブ教育を受ける権利に関する一般的意見第4号

　通常教育制度から障害のある生徒を排除することは禁止されなければならない。個人の能力の程度をインクルージョンの条件とすること、合理的配慮の提供の義務から免れるために過度の負担を主張することなど、機能障害またはその機能障害の程度に基づきインクルージョンを制限する何らかの法的または規制的条項による排除も含めて、禁止されるべきである。一般的な教育とは、すべての通常の学習環境と教育部門を意味する。直接的な排除は、特定の生徒を「教育不可能」であり、それゆえ、教育を受ける資格がないとして分類することだと言える。間接的な排除は、合理的配慮や支援なしに、入学条件として共通試験への合格という要件を課すことだと言える。(パラグラ

フ 18)

平等及び無差別に関する一般的意見第 6 号

　一部の締約国が、障害のある生徒にたいして、インクルーシブで質の高い教育を行っている普通学校（mainstream school）の平等な利用の提供を怠っていることは差別的であり、本条約の目的に反し、5 条及び 24 条に直接的に違反している。（パラグラフ 63）

　障害に基づき障害のある生徒を普通でインクルーシブな教育（mainstream and inclusive education）から阻害する教育の分離モデルは、本条約の 5 条及び 24 条 1（a）に違反している。5 条 3 は、締約国に対し、合理的配慮が提供されるようあらゆる適当な措置を講じることを要求している。その権利は 24 条 2（b）によって強化されており、そこでは障害者が生活する地域社会において障害者に対するインクルーシブ教育を確保することを要求している。（パラグラフ 64）

　以上から明らかなように、権利条約第 24 条が規定するインクルーシブ教育というのは、障害のある生徒を障害のない子どもが学ぶ場から分離せずに、普通の教育環境に受け入れて、その中で個別のニーズにあった教育を行うというものである。

　最後に強調しておきたいのは、障害者権利条約の基本にあるのは「障害の社会モデル」であるということ。これは個々人の「障害」に問題があるとし、社会に受け入れられるようにそれを克服すべきだとする「医学・個人モデル」ではない。障害のある人々が社会に受け入れられないのは社会の方にバリアーがあるからであり、したがってその社会的バリアーを解消すべきだとする考え方である。

(3) インクルーシブ教育と特別支援教育

　前述したように日本政府が障害者権利条約を批准したのは 2014 年 1 月であった。いずれ批准するという約束を意味する「署名」をしたのは 2007 年 9 月だから、批准まで 6 年 4 ヶ月を要している。その間、国内法の整備に時間をかけていたのであるが、教育分野においてもこれに応ずる動きがあった。し

かし、同条約が規定したインクルーシブ教育への根本的転換を図るものでなく、2006年6月の学校教育法の一部改正による翌年の4月1日からの特別支援教育制度を前提とするものであった。

なお、2007年4月からはじまった特別支援教育とは、それまでの障害のある子どもを「特殊の場」（盲学校、聾学校、養護学校という特殊教育諸学校や通常学校の中の特殊学級）で行われる教育ではなく、障害のある子どもの特別ニーズに応じた教育を多様な場において行うことを意味する。つまり特別支援学校・学級だけでなく通常学級においても特別支援教育を行うことにしたのである。

したがって、批准に際しての法制上の措置は2013年8月の学校教育法施行令の一部改正にとどまり、障害のある子どもの就学先を決定する過程において、市町村教育委員会は保護者の意見を聞くという条文（第18条の2）を新設しただけである。

そのため文部科学省は権利条約第24条のインクルーシブ教育と特別支援教育とのつじつま合わせをすることになり、次のように説明（下線は引用者）し、現在に至っている。

> 障害のある子供の学びの場については、障害者権利条約の理念を踏まえ、障害のある子供と障害のない子供が可能な限り共に教育を受けられるように条件整備を行うとともに、障害のある子供の自立と社会参加を見据え、一人一人の教育的ニーズに最も的確に応える指導を提供できるよう、通常の学級、通級による指導、特別支援学級、特別支援学校といった、連続性のある多様な学びの場の整備を行ってきました。(https://www.mext.go.jp/a_menu/shotou/tokubetu/001.htm)

この説明では最初の下線を引いた「可能な限り共に教育を受けられるように条件整備を行う」がインクルーシブ教育を意識したものであり、次の下線部は特別支援教育を前提とした記述である。

では「可能な限り共に教育を受けられる」というのは何か。図11-1のように通常学級において特別支援教育支援員などの支援を受けながら他の子どもと

学ぶだけでなく、以下のようなことも「共に教育を受けられる」ことに入ると文部科学省は位置づけている。

　　「障害のある子供と障害のない子供が共に学ぶ取組を、年間を通じて計画的に実施することが必要である。小中学校等内において、特別支援学級と通常の学級との間の日常的な交流及び共同学習を推進することはもちろんのこと、特別支援学校と小中学校等との間の交流及び共同学習を積極的に推進することが必要である」(『障害のある子供の教育支援の手引～子供たち一人一人の教育的ニーズを踏まえた学びの充実に向けて～』令和 3 年 6 月)

図 11-1　特別支援教育の対象の概念 (義務教育段階)

| 義務教育段階の全児童生徒数 989 万人 | 減少傾向 |

特別支援学校
視覚障害　知的障害　病弱・身体虚弱
聴覚障害　肢体不自由

2007年比で1.2倍
0.7%
(約 7 万 2000 人)

小学校・中学校

特別支援学級
視覚障害　肢体不自由　自閉症・情緒障害
聴覚障害　病弱・身体虚弱
知的障害　言語障害
(特別支援学級に在籍する学校教育法施行令第 22 条の 3 に該当する者：約 1 万 8000 人)

2007年比で2.1倍
2.4%
(約 23 万 6000 人)

4.2%
(約 41 万 7000 人)

増加傾向

通常の学級
　通級による指導
　視覚障害　肢体不自由　　　自閉症
　聴覚障害　病弱・身体虚弱　学習障害（LD）
　言語障害　情緒障害　注意欠陥多動性障害（ADHD）

2007年比で2.4倍
1.1%
(約 10 万 9000 人)

発達障害（LD・ADHD・高機能自閉症等）の可能性のある児童生徒：6.5%程度※の在籍率
　※この数値は、2012 年に文部科学省が行った調査において、学級担任を含む複数の教員により
　　判断された回答に基づくものであり、医師の診断によるものでない。
(通常の学級に在籍する学校教育法施行令第 22 条の 3 に該当する：約 2,000 人（うち通級：約 250 人）)

注：2017 年 5 月 1 日現在。
出典：文部科学省「日本の特別支援教育の状況について」(https://www.mext.go.jp/content/20200109-mxt_tokubetu01-00069_3_1.pdf)より。

いうまでもなく、これをインクルーシブ教育だというのは無理がある。EU特別ニーズ・インクルーシブ教育機構が行っている調査をみると、「インクルーシブ教育を受けているという意味は学校生活の80％以上の時間を通常学級で過ごしていること」と定義づけられている。

　したがって、わが国においてはインクルーシブ教育を規定した障害者権利条約の批准以降も、図のように、子ども数は減少しているのに特別支援学校・学級で学ぶ子どもたちが増え続けるという何とも理解しがたい状況が生まれている。

　2020年6月に「高齢者、障害者等の移動等の円滑化の促進に関する法律」（いわゆるバリアフリー法）の改正に伴い、文部科学省は調査研究協力者会議の「学校施設におけるバリアフリー化の加速に向けて〜誰もが安心して学び、育つことができる教育環境の構築を目指して〜」報告を受け、「学校施設バリアフリー化推進指針」を同年12月に改訂した。そこでは「『障害者基本法』や『障害を理由とする差別の解消の推進に関する法律』などの関連法の整備が進められるとともに、『障害者の権利に関する条約』が批准されたことに伴い、<u>国・地方公共団体等や事業者による合理的配慮を提供することや、インクルーシブ教育システムの理念を構築し、障害のある児童生徒等の教育環境を充実させることが求められている</u>」（下線、引用者）ことを強調している。

　「障害の社会モデル」に即したこの改訂指針により、学校施設にバリアーがあることを理由に障害のある子どもの通常学校・学級への就学を認めてこないという事態の改善にはつながるが、これまでの特別支援教育体制そのものを変えていくとの観点はない。引用文にあるように言葉・理念としては「インクルーシブ教育システム」が語られるが、現実のシステムはインクルーシブ教育とはますますかけ離れているのが日本の現実である。

　しかし、国際的にみてインクルーシブ教育確立の動きを戻すことはできない。予定が先送りになったが、2022年には障害者権利条約実施に対する権利委員会による日本の初審査が実施される。他国への審査・勧告状況からみて、おそらく日本の特別支援教育体制への懸念と是正勧告が出ると思われる。

校長となって見える学校経営

（1）新型コロナウイルス渦中の校長着任

　新型コロナウイルスがまん延しはじめた 2020 年 4 月 1 日、折しもこの年の 3 月 1 日から突然の全国一斉休校という前代未聞の政策の真っ最中に、私は仙台市教育委員会（以下、市教委）から「校長」という辞令をいただいた。「教頭」最後となった前任校は、全校生徒 500 人ほどの大規模校だった。離任前も生徒と別れを惜しむ間もなく、授業をどうするかや、次年度の態勢をどうするか、小学校で未履修の部分をどう中学校で補うかなど、山積する様々な問題の対応に追われた中での慌ただしい離任であった。

　4 月 1 日、8 時に着任して 9 時から着任の挨拶とその後すぐに職員会議。さっきはじめて顔を合わせたばかりの教職員と、さっそく新年度をどうするかについてが課題となった。今後考えられる問題点のみをそれぞれの担当から述べてもらい、会議は短時間で切り上げた。教職員も疲れているし、原案のないところで話し合っても時間がかかるだけだからである。緊急の課題は翌日の職員会議で決めることとして、すぐに校長として各職員からの情報収集と、特に教頭、教務主任と打ち合わせを持った。特に教頭からの情報と、教頭が職員や学校の現段階の状況についての把握や見立てがしっかりとできていたことが、本当に助かった。

　4 月 8 日からの新学期開始までの取り組みについては、春休み中ということで当面例年通りの新学期準備を進めることができた。ところが、ここで大きく学校を揺るがす仙台市からの発表があった。新型コロナウイルス感染者が増加傾向にあり、感染防止のため、一斉休校が 5 月いっぱいまで延長されること

になってしまったのだ。信じられないことに、休校の延期が市長から伝えられたのは、なんと当初予定されていた始業式（4月8日）前日の、深夜の管理職への緊急メールであった。確実に感染者が増えつつあった状況で、市教委もいかに混乱していたかがわかる。

　始業式が6月1日で、入学式は6月2日との通知であった。しかし、春休みは明日で終わってしまう。この先2ヶ月間、生徒をただ休ませるわけにはいかない。特に1年生は担任の顔も見たことがない中、中学生となっただけなので、保護者の不安も大きいと考えた。急遽小学校の協力を得て、旧6年生の名簿からメールアドレスを教えていただき、なんとか一斉配信メールを送ることができるようにした。次は、おおよそ2ヶ月分の課題の作成である。とりあえず2ヶ月分の授業の内容を、教科書を見ながら取り組んでもらえるようにした。各学年でプリントを冊子にして、家庭での取り組みも時間割に従って机に向かえるよう、時間割も作成して生徒に渡して取り組ませた。

　特に1年生の保護者については、担任教師から丁寧に電話に対応してもらった。顔も合わせていない中、最初の印象はとても大切だからである。しかしここでまた問題が残った。始業式や入学式をしていないので、生徒は新しい学年の教科書をもらっていないのである。やむを得ず、登校日を設けることとした。感染対策をどうするか。学校に生徒を登校させていいのかという問題もあったが、ポスティングと違い、重い教科書を生徒の家一軒一軒無責任に玄関先に置いていくわけにはいかない。1冊単位で正確に国から配付されているので、乱丁落丁もその場で確かめる必要がある。結論として、体育館でクラスごと出席簿順に細かく時間を指定して、時間を厳守して登校してもらうようにした。

　教科書配付日の登校日に1年生の顔を見ることができたことで、とりあえずの懸案事項をクリアすることができたが、これからの約2ヶ月で、教育課程の大幅な見直しと、長期戦となるであろう新型コロナウイルスの感染防止対策をどう進めていくかの方向性を決めていく必要があった。さらに教職員の感染対策も考えなければならない。それとともに、小学校との連携、PTAや地域との協働や連携も不可欠である。特に校長として、私が意識したのは、これ

らの人々との情報の発信と共有であった。なぜなら、多くの子どもたちが集う学校が感染の温床になってしまう可能性があることは、誰の目にも明らかである。この時期まだ新型コロナウイルスについて解明されていることが少なく、ワクチンの開発も道半ばで、人々の間には不安が募っていた。だからこそ、いつも以上に最新の情報を発信していくことが必要であると考えた。

(2) 連携がポイント

　着任してすぐに、敷地が隣接する小学校の校長室を訪れて、小中で新型コロナウイルス感染防止対策については、できるだけ共同歩調で進めることを確認した。ここでも幸いなことに、小学校の校長はすでに着任3年目の優秀な校長で、地域からの信頼もきわめて厚い校長だった。さらに、小中連携や地域との連携の必要性を感じていることも一緒であった。

　また、連合町内会長を校長室に招き、着任の挨拶と新型コロナウイルス感染防止対策については情報を速やかに伝え、共有することをお話しした。この連合町内会長は、本校がある団地内の様々な情報を把握しているだけでなく、町内においてきわめて信頼の厚い方であった。新型コロナウイルス感染防止対策のみならず防災上の問題含め、情報は速やかに共有すると、連合町内会長からも話されたことは心強かった。

　PTA会長は、前年度から代わったばかりだったが、私から風通しの良い関係を築くため、情報の共有をお願いした。PTA会長は全国規模の会社に勤める40代半ばの方であったが、組織内の管理職として組織管理もわきまえているフットワークが軽く気さくな方である。さっそくPTA内の問題点や、各役員の情報等について知ることができた。

　コロナ禍における管理校医との関係も重要と考えた。管理校医は創立以来本校に関わっていただいている方で、団地完成当時からの地域の医療を担ってきた医院の院長である。様々な対応で意見をいただかなければならないと考え、着任2日目には管理校医の医院へ出向き、お話を伺ってきた。万が一感染者が出た場合の対応など、この時点では仙台市や市教委でも統一したマニュアル

もない中、消毒や隔離などの対応について、たくさんのアドバイスをいただくことができ、心強く感じた。

　地域全体に学校の取り組みを広く知ってもらうために、教頭には、今まで市民センターなどの公共の場にしか配布していなかった「学校だより」を、団地内全戸に回覧するように話した。教頭の顔が地域にみえることも大切である。他の教職員に頼むようなことはせず、「学校だより」は必ず教頭自身が、地域の町内会長等に直接持参していくよう話した。

　私自身は、学校ブログで適宜学校の様子を発信することで、リアルタイムに客観的に学校の様子や生徒の動きを伝えることにした。教頭には、「学校だよりをつくるときは、ブログの文章をコピーしていいですよ」と常々言っている。自分が教頭の時も、毎月の学校だよりの発行には結構な労力を要した。町内会の回覧に間に合わせるように発行していたこともあって、締め切りに追われることもあった。教頭職は激務である。少しでも仕事の負担を軽くできればそれに越したことはない。

(3) 休校中の学習保障

　臨時休校が伸びたことで、前述した学習保障をどうするかという問題が生じた。GIGA スクール構想が実現するのはまだ先で、在宅で今すぐ活用できるのは学校 HP である。情報担当教諭に指示して、本校の HP をリニューアルし、各教科のページを作成した。また、平行して保護者の学習進度や未履修への不安を少しでも少なくすることと、教員にも学習計画の見直しをしてもらう目的で、6 月はじまりの各教科「シラバス」を教科主任が作成し、これを学校 HP で公開した。各学年の HP にも学年の情報や連絡を載せ、一斉配信メールを補完した。幸いほとんどの家庭にパソコンがあったことで、HP の活用はかなりの功を奏した。パソコンのない家庭でも、何とかタブレット端末やスマホなどで代用することができた。ほんの数名パソコンもスマホも見られない家庭があったが、保護者の了承を得たうえで、時間を指定して時間差で学校に来て、学校のパソコンを使って取り組ませることとした。

市教委も HP を使用した家庭での学習に注目しはじめており、コロナ以前はアクセスができなかった、学校の HP から YouTube へのアクセスが可能となったため、本校でも動画を見たうえで感想を書かせたり、予備校のサテライト授業のように既成の動画授業を視聴させて、家庭学習に取り組ませたりすることができるようになった。各教科のページにリンクを貼りつけて、単にプリントを行うだけの家庭学習から一歩前進することができた。

(4) 教職員との関係づくり

　この一斉休校期間中は、教職員の感染防止の観点から在宅での勤務も認められた。校長としては、さらに状況をみながら、できるだけ年休をとりやすい環境を整え、日にちを決めて交代で休みをとってもらった。

　実は、ここまでの段階で、定例の会議以外の会議は開いていない。前述したとおり会議や打ち合わせが多くなることで、教員の疲労感が増すことや、モチベーションが低下することを防ぎたかったというのが一番の理由である。幸い私の学校は校長室が職員室のすぐ隣にあって、ほぼつながっている。教頭と教務主任の 3 人で案を練ることはもちろんあったが、多くは私が直接各担当の机に出向いて炉辺で話すことが多かった。例えば教育課程については教務主任や学年主任と立ち話で話した。シラバスや研究活動については研究主任と、HP については情報担当と話す、などである。話していると周りの教員それとなく反応してくる。「○○よりも○○の方がいいのでは？」といった反応や、「その案いいですね」といった具合である。場合によっては、担当者同士で職員室の喫茶コーナー（といっても古いテーブルにクロスを敷いて、いくつかのパイプ椅子を置いたコーナー）に集まり、サロン的に打ち合わせたりもした。

　緊急時にはむしろ、トップダウンで進めることも大切だと思う。しかし、校長の独断で指示を出せば反発も招くし、かえって混乱することも多いことを知っている。着任したばかりということもあり、校長自らが動き教職員と話すことで、教職員と打ち解けるコミュニケーションにもなった。サロン化を進めたことで、教員が日常的に当事者意識を持ってそれぞれに考え、意見を出すと

いった雰囲気も生まれた。

　このような取り組みの中で、一斉休校終了後に生徒を迎えるにあたり、教職員に向けて、今年度の取り組みのアウトラインを示すことができた。校長から今後の「方向性」が示されたことで、コロナ渦の不安を抱きながらではあるが、学校の具体的な取り組みを決めることができた。そのことで、教職員の安心感や心のゆとりのみならず、新型コロナウイルスへの感染防止対策を徹底的に行いながら、一刻も早く今までの日常を取り戻そうとする決意も生まれた。

(5) 校長として実現したこと

　私が着任してから私自身の思いで強く提案し、実現したことが2つある。1つは「すべての教員がすべての子どもたちと関わり、子どもたちを育てる」意識を教員に持たせることである。実は本校はかつて700人規模の大規模校だった歴史がある。校内組織もその時代のままで、小規模の学校になった後も学年セクト意識が強い傾向があった。他学年の生徒にも積極的に関わり、管理職も含めて子どもたちに声掛けをすることで、学年間の風通しを良くしたいという思いがあった。教科担任としても、自分の学年以外の学年に行くことが多いので、子どもたちの様子をしっかりと把握して伝えてほしいと話した。

　特別支援学級（本校では校木にちなんで「すずらん学級」と名付けられている）にも、すべての教員に関わってもらえるように時間割を編成した。もともと前任の校長も、情緒学級と知的学級を分けずに一つの教室で学べるようにしていたので、時間割も編成しやすかった。各教員最低2時間はすずらん学級の授業を担当してもらった。一方、普通学級で学べると判断できる教科では、個別に対応し、積極的に交流学級に戻して普通学級で学ぶ機会を増やした。こういった対応は、2名のすずらん学級担任教員を中心に、それぞれの生徒の保護者の意見も聞きながら丁寧に進めた。全教員がすずらん学級に関わることで、日常的に職員間ですずらん学級の生徒の話題が上がるようになった。すずらん学級の生徒も、たくさんの教員と関わることで教員の話題が多くなった、とすずらん学級担任教員が話していたことは、インクルーシブ教育を考えるうえでも大切なことだ

と考えている。

　２つ目は、コロナ禍で一旦中止と決まっていた防災訓練を、実施したことである。町内会組織が中心となって休日に行われる地域総合防災訓練は、新型コロナウイルス感染拡大防止と、さらに、参加者や主催する町内会の役員の方々にも高齢者が多いこともあり、早々と中止が決定されていたのである。しかし、コロナ禍であっても災害は発生する。団地内地区の避難所に小・中学校が指定されている以上、「感染対策を十分に考慮した防災訓練」は必要と考え、学校再開直後の６月下旬に防災訓練を実施することとした。私の考えには小学校長も同意してくださり、小学６年生が、中学生に従って簡易トイレの組み立てや、AEDの使い方、体育館への避難所設営を手伝う形で、小中連携も実現した形での訓練となった。折しもその後2021年２月13日深夜、仙台市で震度６弱の大規模地震が発生し、避難所開設の指示が出たことは記憶に新しい。

　それとともに、１年生の校外学習を防災学習の一環として位置づけ、１学年主任および学年担当教員と話したうえで、当初山形県山寺方面で予定されていた校外学習を、石巻方面へと変更した。2011年３月11日に発生した東日本大震災から、すでに10年が経過しようとしていた。現中学１年生は当時２、３歳である。現場を訪れて、しっかりと伝えることが重要と考えた。職員会議で私から提案し、実現した。2020年10月１日、津波で何もかも失われた石巻市南浜地区を、私も１年生とともに訪れた（写真①）。燃え残った黒焦げの門脇小学校を目の前にする生徒の姿は、真剣そのものであっ

①　石巻市南浜地区で話を聞く生徒

②　被災した旧石巻市立門脇小学校の校舎を見る

た (写真②)。近くには資料館が設けられ
ており、私自身も当時の記憶がよみが
えった。その後、班ごとに語り部の方々
とタブレット端末を持ってかつての街
並 (だったところ) を歩く。語り部の方に
促されてタブレットをかざすと、タブ
レットには津波前の当時の町の様子が
よみがえった。失われた町並みがその
まま今の風景に重なる。真剣なまなざ
しでタブレットをみている 1 年生の生
徒たちをみて、現場に来なければ体験
できないこの活動は続けるべきだと強
く思った。さらに今年度の 1 年生は、
大きな被害を受けた旧石巻市立大川小
学校 (写真③) と私立気仙沼向洋高校旧校
舎 (気仙沼市東日本大震災遺構・伝承館) (写真
④) への訪問を実現している。

③　津波で教職員と小学生が犠牲となっ
た旧石巻市立大川小学校を高台より見
ながら、語り部の方の話を聞く

④　かつての高校である伝承館で当時の
ままの様子を目のあたりにする

(6) 校長でなければできない仕事

　「校長でなければできない仕事」、それは、紛れもなく「人事」である。昨年
度までの職員の年齢構成は 50 代以上と 20 代に極端に偏っており、担任教員
を身をもって指導していくような 30 代後半から 40 代の教師が男女ともに少
なかった。原因は長い間、定年退職・8 年経過という「異動しなければならな
い」教員 (必要人事) 以外の異動がほとんどなかったことである。私には「学校
は教員を育てる現場でもある」という思いが強くあり、このいびつな年齢構成
を変えたかった。さらに次年度 (今年度) は、仙台市においてコロナ禍における
GIGA スクール構想が本格実施となるので、若手を起用したかった。そのた
め私は小規模校のメリットを生かし、早い時期から教員一人ひとりとの面談の

機会を幾度か持った。8月に行われる市教委教職員課と最初の次年度人事ヒアリングから、学校の状況と私の思いを詳細に伝えた。結果として、教員の半分が入れ替わることとなり、平均年齢が6歳若返った。新任教員が同時に2人入り、新任の教頭が着任。教務主任も初めて経験する、新たに異動してきた教員であった。

　また、校務分掌組織がかつての大規模校だった時から何も変わっておらず、夏頃から構想は練っていたのだが、規模に合わせた大幅な再編を行った。さらにデジタル部を設けて、教務主任を部長として、ICTに比較的明るい若手を中心に組織した。養護教諭も、2016年の熊本の震災時にボランティアとして8ヶ月現地で活動してきた経験を持つ、30代半ばの優れた人材を得ることができた。組織の見直しにより、若手にも責任ある仕事が任される組織になった。4月当初は、新組織によるはじめての校務分掌も多く、各教員の負担感も多かったが、仕事に慣れるにつれ、やりがいを感じて、モチベーション高く取り組んでいる姿がみられるようになってきた。今年度も半ばを過ぎた現在、昨年度以上に風通しの良い、チームワークの優れた、機動力のある職員組織になってきていることを感じている。

　校長にとって大切なことは、学校や学校を取り巻く現状をしっかりと把握し、弱みを克服して強みに変えながら、学校経営へのしっかりとしたグランドデザインを持つことといえる。学校は、校長の思いを共有し、チームとして学校を支えようとする教員を育成していく場でもある。一方で、教員一人ひとりが自らの視点での捉えや看取りを通し、学校経営へ参画しようとする意欲を高められるよう、様々な仕掛けをつくるのもまた校長である。さらにそれは、未来の学校を受け継ぎ支えていく、次代の学校管理職を育てることにもつながると、自分の体験を通して強く感じている。

(7) 生徒に教えられ続けた教員生活

　最後に、いよいよ残りわずかな日々で私の教員生活が終わろうとしている。専修大学を卒業してから36年間、私にとって教員生活はもはや自分の人生そ

のものであり、これから教員を目指す皆さんへの「ワークライフバランス」のあり方としては、見本にはならないかもしれない。しかし、私にとって常に目の前にいる13歳から15歳までの中学生たちは、いつも私に問いを投げ掛けてきた。言葉による問いだけでなく、その姿や生き方でもそうであった。心を閉ざして話さない生徒、発達障害を抱える生徒、不登校に苦しむ生徒、非行を繰り返す生徒。私を成長させてくれたのは紛れもなく生徒たちである。生徒たちとどう向き合ったらいいのか、そこでの様々な葛藤や悩みが教員としての成長につながり、次に出会う生徒たちや保護者の方々との、より良い関係づくりへつながっていったと感じている。私は、わずか3年で、人間として第二の誕生ともいえるくらいの変化と成長を遂げる中学生の教育に関わりたいと思い、中学校の教員を目指した。しかもその3年間は、人生の基盤となるような貴重な3年間である。荒れていた中学校を建て直したいと、テレビで見ていたような熱血教師に憧れた。大学時代に関わった養護施設の中学生と、生活を共にしたことでの正義感も、もちろんあったと思う。

　しかし、結局私はいつも目前の生徒から学んでいたように思う。「共生共育」、教員が成長することで、生徒もまた成長することができることが間違いのない事実であることは、私自身の体験を通して自信を持って言える。教員としてだけでなく、「人」としての成長がさらにたくさんの人々との出会いを生み、それによってまた自分が鍛えられていくことが、教員としての自分の成長につながったのだと思う。

　36年間のうち26年は学級担任であり、それもほぼすべて1年生から3年生までの持ち上がりである。一度も学校現場を離れることはなかった。部活動もほぼ一貫して吹奏楽部の顧問であった。吹奏楽の世界を通した教員以外の人々との交流は、教員の世界を客観的に俯瞰できる、実に学びの多い時間であった。厳しい指摘もたくさん受けたが、教員の陥りがちな自分の立場からだけで物事を考えるような視野の狭さを防ぐことができたと思っている。

　最近、心が折れてしまったり、自信を失ってしまったりする教員が増えてきている。際限なく続く仕事や、保護者からのクレームに心が疲れてしまうのか

もしれない。しかし、それだけ教員の仕事は社会的に影響があるから期待もされるのである。紛れもなく子どもたちは、あなたとの出会いを楽しみに待っている。

「教育は人なり」。「あなた」に代わる「あなた」はいない。これだけ大変だといわれても教員を目指す人たちがいることが本当に嬉しいし、心からエールを送りたい。すべての経験が全人格を通して生きるこの教員というすばらしい仕事を、是非とも子どもたちと共に楽しんでほしいと、心から願うばかりである。

索　　引

〈編著者紹介〉

嶺井正也（みねい　まさや）
　専修大学名誉教授
　専門　教育政策、インクルーシブ教育、イタリア教育制度
　主な著作　『障害児と公教育』(明石書店、単著、1997 年)、『現代教育政策論の焦点』(八月書館、単著、2005 年)、『公平な社会を築く公教育論』(八千代出版、共著、2015 年)

森田司郎（もりた　しろう）
　専修大学法学部教授
　専門　カリキュラム論、教科外活動、特別活動論
　主な著作　『学校教育のカリキュラムと方法』(共同出版、共著、2013 年)、『公平な社会を築く公教育論』(八千代出版、共著、2015 年)、「道徳教育の課題とその対策に関する検討―カリキュラムの構造に注目して―」公教育計画学会『公教育計画研究　第 6 号』(2015 年)

福山文子（ふくやま　あやこ）
　専修大学経営学部准教授
　専門　教育行政、多文化教育、国際理解教育
　主な著作　『「移動する子どもたち」の異文化適応と教師の教育戦略』(八千代出版、単著、2016 年)、「『移動する子どもたち』の教育支援政策の課題と可能性―政府関連報告書を国際理解教育の視点から読み解く―」日本国際理解教育学会『国際理解教育』(2018 年)、「日本における多文化教育政策の展開」『社会科における多文化教育―多様性・社会正義・公正を学ぶ―』(明石書店、2019 年)

共に創り出す公教育へ
―社会知性を身につけた教師として―

2022 年 4 月 13 日　第 1 版 1 刷発行

編著者 ― 嶺井正也・森田司郎・福山文子
発行者 ― 森　口　恵美子
印刷所 ― 新 灯 印 刷 ㈱
製本所 ― グ　リ　ー　ン
発行所 ― 八千代出版株式会社

〒101
-0061　東京都千代田区神田三崎町 2-2-13

TEL　03 - 3262 - 0420
FAX　03 - 3237 - 0723
振替　00190 - 4 - 168060

＊定価はカバーに表示してあります。
＊落丁・乱丁本はお取替えいたします。